suhrkamp taschenbuch
wissenschaft 494

Der vorliegende Band faßt die neueren Arbeiten Paul Lorenzens zusammen, die der Begriffsklärung für einen sprachkritischen Aufbau handlungsbezogener Wissenschaften dienen.
Entsprechend der antiken Dreiteilung aller Theorie (»Philosophie«) in Logik, Physik und Ethik sind diese Beiträge den logischen Grundbegriffen, den Grundbegriffen der Technik und den Grundbegriffen der Politik gewidmet.
Paul Lorenzen, geb. 1915, em. o. Prof. für Philosophie an der Universität Erlangen–Nürnberg; mit W. Kamlah Gründer der sog. »Erlanger Schule«. – 1938 Promotion, 1946 Habilitation in Mathematik. 1952 apl. Prof. für Mathematik an der Universität Bonn; 1956 o. Prof. für Philosophie in Kiel, 1962 in Erlangen. – Gastprofessuren an zahlreichen ausländischen, bes. amerikanischen Universitäten. Wichtigste Veröffentlichungen: *Einführung in die operative Logik und Mathematik*, Berlin 1955 (2. Aufl. 1969); *Formale Logik*, Berlin 1958 (4. Aufl. 1970); *Die Entstehung der exakten Wissenschaften*, Berlin 1960; *Metamathematik*, Mannheim 1962; *Differential und Integral*, Franfurt a. M. 1965; *Logische Propädeutik* (mit W. Kamlah), Mannheim 1967 (2. Aufl. 1973); *Methodisches Denken*, Frankfurt a. M. 1968 (2. Aufl. 1974); *Normative Logic and Ethics*, Mannheim 1969; *Konstruktive Logik, Ethik und Wissenschaftstheorie* (mit O. Schwemmer), Mannheim 1973 (2. Aufl. 1975); *Konstruktive Wissenschaftstheorie*, Frankfurt a. M. 1974.

Paul Lorenzen

Grundbegriffe technischer und politischer Kultur

Zwölf Beiträge

Suhrkamp

CIP-Kurztitelaufnahme der Deutschen Bibliothek
Lorenzen, Paul:
Grundbegriffe technischer und
politischer Kultur : 12 Beitr. / Paul Lorenzen. –
1. Aufl. – Frankfurt am Main :
Suhrkamp, 1985.
(Suhrkamp-Taschenbuch Wissenschaft ; 494)
ISBN 3-518-28094-5
NE: GT

suhrkamp taschenbuch wissenschaft 494
Erste Auflage 1985

Satz: Wagner GmbH, Nördlingen
Druck: Nomos Verlagsgesellschaft, Baden-Baden
Printed in Germany
Umschlag nach Entwürfen von
Willy Fleckhaus und Rolf Staudt

1 2 3 4 5 6 – 90 89 88 87 86 85

Inhalt

Vorwort 7

I Logik

Rationale Grammatik 13

Praktische und theoretische Modalitäten 35

II Technik

Eine konstruktive Deutung des Dualismus in der Wahrscheinlichkeitstheorie 59

Protogeometrische Sprachspiele und geometrische Theorie 85

Konstruktive Analysis und das geometrische Kontinuum 106

Geometrie als meßtheoretisches Apriori der Physik 114

III Politik

Autonomie und empirische Sozialforschung 137

Konstruktive Wissenschaftstheorie und politische Vernunft 158

Versuch einer wissenschaftlichen Grundlegung des Demokratischen Sozialismus 168

Politische Anthropologie 185

Marx heute 194

Politische Vernunft und der Begriff Sozialismus 199

Nachweise 212

Vorwort

Diese zwölf Beiträge fassen die neueren Arbeiten des Autors zusammen, die der Begriffsklärung für einen sprachkritischen Aufbau handlungsbezogener Wissenschaften dienen.
Die Welt, in der wir handeln müssen, ist uns vorgegeben: wir Menschen leben im Unterschied zu den Tieren in politischen Ordnungen – und wir müssen gegenwärtig durch industrielle Technik in einer Welt überleben, in der uns keine traditionale Ordnung mehr trägt. Wir sind daher auf Grundbegriffe angewiesen, mit denen wir Wissenschaften (Theorien) zur Stützung der technischen Praxis und der politischen Praxis aufbauen können – nur so haben wir eine Chance, Krieg und Hunger zu vermeiden.
Entsprechend der antiken Dreiteilung aller Theorie (»Philosophie«) in Logik, Physik und Ethik sind diese Beiträge (I) den logischen Grundbegriffen, (II) den Grundbegriffen der Technik und (III) den Grundbegriffen der Politik gewidmet.
Die Kürze der Aufsätze macht deutlich, daß kein Anspruch auf Vollständigkeit erhoben wird: die hier schrittweise eingeführten Grundbegriffe lassen sich jederzeit durch Differenzierungen um weitere Begriffe vermehren. Die eingeführten Grundbegriffe bilden aber ein Begriffsgerüst, das als ein minimales Gerüst erforderlich ist, um solche Differenzierungen begründet vornehmen zu können. Von Begründungen wird gefordert, daß jede dogmatische Berufung auf Traditionen ausgeschlossen ist. Die Bemühung um kritisches Denken, anstelle von Dogmatismus, wird beim Leser vorausgesetzt. Viele halten sich für kritisch, aber nur eine dialogische Prüfung aller Wörter und Sätze kann bei faktischem Dissens zur Aufdeckung von Dogmen (bei mindestens einem der Dialogpartner) führen.
Abschnitt I ist der Logik gewidmet. Unter dem Titel »Rationale Grammatik« werden die Wortarten und Satzformen eingeführt, die für ein kritisches Reden erforderlich sind, insbesondere für ein Reden über Begriffe (im Unterschied zum Reden über Wörter). Der zweite Aufsatz behandelt die Unterscheidung theoretischer und praktischer Modalitäten: diese ist paradigmatisch für die Interdependenz von theoretischem und praktischem Reden.

Die vier Beiträge von Abschnitt II sind den Grundbegriffen technischer Theorien gewidmet. Es geht zunächst um den Wahrscheinlichkeitsbegriff (im Gegensatz zur Wahrheit und den Modalitäten), der aller Stochastik zugrunde liegt, und dann um die Grundbegriffe von Raum und Zeit (d. h. von Geometrie und Kinematik), insbesondere um die Theoriefähigkeit praktischer Kontinuität. Erst im letzten dieser Aufsätze wird eine Begründung der relativistischen Mechanik auf der Basis klassischer Geometrie und Kinematik skizziert.
Der Leser, der sich des Primats der Politik vor der Technik bewußt ist, wird dazu neigen, Abschnitt II zu überschlagen. In der Tat setzen die Grundbegriffe ethisch-politischer Theorie (außer politischer Praxis) nur Logik (Abschnitt I) voraus – auch in einem politischen Verband, der ohne theoriegestützte Technik leben kann (oder konnte), ist die ethisch-politische Grundfrage, wie Frieden durch Gerechtigkeit gesichert werden kann, schon eine Frage auf Leben und Tod.
Wird die normative Ordnung des Verbandes (neuzeitlich: des Staates) nicht mehr aufgrund traditionaler Autorität allgemein anerkannt, dann wird – unabhängig von der Höhe der technischen Kultur – Bürgerkrieg nur durch theoriegestützte Gesetzgebung vermeidbar. Zwischen einzelnen Staaten geht es um gerechte Verträge.
Eine solche post-traditionale Situation entstand welthistorisch zuerst in der Antike in Griechenland. Nach dem Mittelalter wiederholte sich der Zerfall ethisch-politischer Traditionen – bei uns ist die Posttraditionalität seit dem 18. Jh. akut, aber bisher ohne zu einer (im wörtlichen Sinne) befriedigenden ethisch-politischen Theorie geführt zu haben. Die Vermutung liegt nahe, daß die technische Komplexität der neuzeitlichen Kultur dies bisher verhindert hat. In der westlichen Welt wird seit dem 19. Jh. »Theorie« mit mathematisch-technischer Theorie (»science«) gleichgesetzt. Das hat zur sogenannten Wertfreiheit der Wissenschaften geführt. Die Paradigmen dieser (technischen) Wissenschaften sind die Euklidische Geometrie und die Newtonsche Mechanik.
Für den primär politisch interessierten Leser ist der technische Abschnitt II nur deshalb zwischen Logik (I) und Politik (III) gestellt, damit er Gelegenheit hat, die Methodik dieser Wissenschaften soweit zu verstehen, daß er sein politisches Denken von der (unbewußten) Faszination durch diese Paradigmen freihalten

kann. Wer z. B. von »Wertaxiomen« spricht, ahmt die modernen Lehrbücher der Geometrie nach (dazu sei auf meine *Elementargeometrie. Das Fundament der Analytischen Geometrie*, Mannheim/Wien/Zürich 1984, verwiesen). Wer von »Werthypothesen« spricht, imitiert die Mechanik. Erst die Einsicht, daß Geometrie und Mechanik nur als Stützen technischer Praxis begründbar sind, befreit die politischen Wissenschaften zu der ihnen adäquaten Methodik.

Abschnitt III enthält sechs Beiträge zu den Grundbegriffen politischer Kultur. Der Leser wird bemerken, daß sich ab 1980 nicht nur die Terminologie geändert hat, sondern auch durch Vereinfachung eine gewisse Zuspitzung möglich wurde: einerseits wird nicht mehr von »praktischer« Philosophie gesprochen, sondern von ethisch-politischen Prinzipien, andrerseits wird die Begründung des Vernunftprinzips nicht mehr als ein individualethisches Problem behandelt (wie z. B. der kategorische Imperativ bei Kant). Es wird statt dessen »nur« eine politische Begründung des Vernunftprinzips gegeben: als einzige Chance zur Friedenssicherung in einer posttraditionalen Welt.

Die Vereinfachung (für die im letzten Beitrag die rhetorische Formel: »Staat und die Familie. Sonst nichts.« gebraucht wird) kommt dadurch zustande, daß der Gesellschaftsbegriff nicht als Grundbegriff (sondern als sekundärer Begriff) erkennbar wird: die politische Ordnung gehört zum menschlichen Zusammenleben unabhängig von der Höhe der technisch-ökonomischen Kultur. Das Technische und das Ökonomische bestimmen zwar die reale Gestalt von Frieden und Gerechtigkeit, aber trotzdem kommen beide zu diesen Grundbegriffen (»Ideen«) nur zusätzlich hinzu.

Ersichtlich liegen diese Prinzipienüberlegungen quer zu den gegenwärtigen Strömungen unseres politischen Denkens: es wird ja kein Bekenntnis zu einem Pluralismus von Prinzipien abgelegt (obwohl sich der Autor keinerlei Illusionen über das gegenwärtige Durcheinander in Grundsatzfragen hingibt). Wer keine überfaktischen Prinzipien (»Ideen«) anerkennt, nennt sich stolz einen Realisten. Ein Realist ist aber *per definitionem* jemand, dessen Denkvermögen für den kritischen Umgang mit Ideen nicht ausreicht. Das ist zwar besser als idealistische Schwärmerei – aber für eine Friedenspolitik nicht genug.

Die beiden letzten Beiträge enthalten auch eine Interpretation des sogenannten demokratischen Sozialismus, durch die der Ökonomismus von Marx in einer »republikanischen«, d. h. am allgemeinen freien Konsens orientierten politischen Ordnung aufgehoben ist.

Erlangen, 11. Juni 1984 Paul Lorenzen

I
Logik

Rationale Grammatik

Rationale Grammatik ist ein Teil der Linguistik, also ein Teil der Sprachwissenschaft. Ich werde daher im folgenden über das Sprechen sprechen. Schon diese geläufige Wendung »über das Sprechen sprechen« zeigt eine Ausnahmesituation an: man kann nicht zum Reisen reisen oder das Hören hören usw. Alle Tätigkeiten, die einen Gegenstand haben – man reist an einen Ort, man hört einen Ton usw. – sind von diesem Gegenstand verschieden. Das ist normalerweise auch beim Sprechen so: man spricht über Reisen, über Töne usw. Man spricht *über* vom Sprechen *verschiedene* Gegenstände.

Die Ausnahme ist: man kann auch *über* das Sprechen sprechen. Etwas Ähnliches gibt es nur noch in der Mathematik: man kann mathematische Theorien über mathematische Theorien aufstellen. Das hat den Namen »Metamathematik« bekommen.

Wer über Sprache spricht, spricht aber keine Metasprache – alles, also auch sich selbst zum Gegenstand nehmen zu können, gehört schon zu den Fähigkeiten der Sprachen primitiver Kulturen, in denen es keinerlei Wissenschaft, keinerlei Mathematik gibt. *Worüber* auch immer ich sprechen werde, ich werde jedenfalls *sprechen*, ich werde Sprache benutzen.

Wir benutzen Sprache in unserer Lebenspraxis, der Dichter benutzt Sprache und der Wissenschaftler benutzt Sprache.

Wissenschaftliches Reden kann sich bei uns stets auf Traditionen berufen. Zur Einführung eines wissenschaftlichen Problems verweist man darauf, daß schon seit alters her – oder jedenfalls neuerdings von berühmten Kollegen – gerade dieses Problem als ein besonders interessantes behandelt worden sei.

Für unser Problem einer rationalen Grammatik trifft das ebenfalls zu. Unsere europäische *Tradition einer Grammatik*, die in der antiken Sophistik beginnt, verblaßt zwar gegenüber Paninis rationaler Sanskrit-Grammatik – aber dafür haben wir im 17. Jh., zu dem Pascal und Leibniz gehören, z. B. die *Grammaire raisonnée* von Port Royal und vielerlei Entwürfe rationaler Kunstsprachen. Die Linguistik ist gegenwärtig bei uns als generative Grammatik und als Transformationsgrammatik wesentlich an der modernen Logik orientiert. Logik gilt sogar für einen großen Teil der analytischen Wissenschaftstheoretiker als *die* Syntax aller wissenschaftlichen Kunstsprachen, also als *die* rationale Syntax schlechthin. Ich möchte dies als Ausgangspunkt meines Beitrags nehmen, um – in Distanzierung hiervon – für eine kritischere, über sich aufgeklärtere Linguistik zu plädieren. Ich werde dazu insbesondere auf eine rationale Syntax der Elementarsätze zu sprechen kommen, die es in der logischen Syntax überhaupt nicht gibt – und auf die Probleme einer über die Syntax hinausreichenden rationalen Semantik. Um die graue Theorie etwas bunter zu machen, werde ich dazu die Normierung von Farbwörtern behandeln.

Am Beispiel des Tetraeders der Begriffstheorie

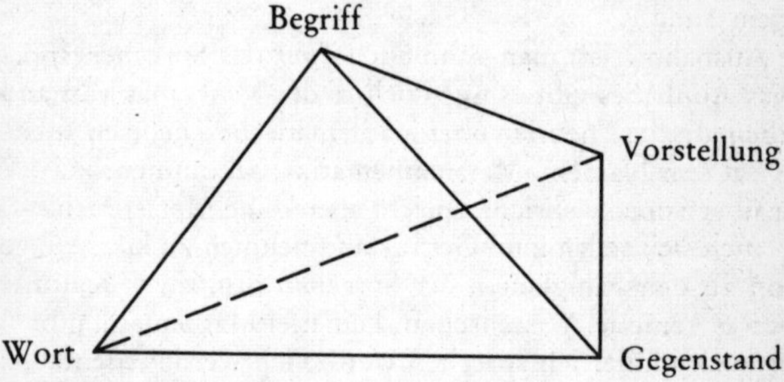

werde ich schließlich versuchen, zu zeigen, wie sich Linguistik durch wissenschaftliches Reden, also gewissermaßen am eigenen Zopf, aus dem Sumpf des Durcheinandergeredes über Begriffe ziehen könnte.

Diese Einführung hat sich – bisher – nur auf Traditionen berufen. Ich habe statt des Aufweises eines Problems nur auf einige Fakten der Wissenschaftsgeschichte hingewiesen, die zu dem Stichwort »Rationale Grammatik« gehören.

Als ein Wissenschaftler, der auf Wissenschaftstheorie spezialisiert ist, möchte ich daher in dieser Einführung doch noch den Versuch machen, das Problem »Rationale Grammatik« systematisch in den Zusammenhang der Wissenschaften einzuordnen – und die Wissenschaften systematisch in den größeren Zusammenhang unseres Handelns.

Dazu gehe ich von der *vorwissenschaftlichen Lebenspraxis* aus. Schon in ihr stellen sich z. B. technische Probleme, die nur durch viel Nachdenken zusammen mit systematisch geprüften Erfahrungen gelöst werden konnten. Alle physikalischen Theorien lassen sich auf diese Weise als Stützungen unserer technischen Praxis interpretieren.

»*Wissenschaft*« läßt sich daher allgemein definieren als theoretische Stützung von Praxis. Da die Technik nur die Aufgabe hat, Mittel zur Erreichung von Zwecken bereitzustellen, hat die politische Praxis, die Einigung über Zwecke erst ermöglicht, Priorität vor der technischen Praxis.

Politische Praxis dient dem normativ-geordneten Zusammenleben der Menschen. Der Mensch als *zoon politikon* unterscheidet sich von den sozial lebenden Tieren dadurch, daß es für ihn keine naturale Ordnung des Zusammenlebens gibt, er muß sich selber Normen setzen. Normen werden im einfachsten Falle durch generelle bedingte Imperative dargestellt – die politische Ordnung, ohne die Menschen nicht als Menschen leben können, setzt also schon Sprache und Logik voraus. Ob es uns nun gefällt oder nicht, wir leben in Staaten, in denen über die Änderung von Normen dauernd argumentiert werden muß. Wir haben daher eine Redepraxis des Argumentierens über Normen. Diese Redepraxis ist ein Teil der politischen Praxis – und hat daher Priorität vor jeder technischen Praxis.

Eine theoretische Stützung dieser Redepraxis sollte daher ebenfalls Priorität vor jeder technischen Theorie haben. Es liegt nahe zu vermuten, daß die politischen Wissenschaften eine theoretische Stützung der Normensetzung (also, wie es üblicherweise heißt: der Gesetzgebung) liefern. Leider ist das faktisch kaum der Fall – die Politologen vergrößern eher die Konflikte. Auch der engagierteste Linguist wird wohl nicht auf die Vermutung kommen, daß dieser desolate Zustand der politischen Wissenschaften *nur* an den vielen Verständigungsschwierigkeiten läge, die die Politologen unter sich haben. Aber daß sprachliche Mißverständnisse die Schwierigkeiten, zu einem wissenschaftlichen Konsens zu kommen, noch *zusätzlich* vergrößern – diese Vermutung scheint mir plausibel. Und schon diese Vermutung rechtfertigt die Mühe, sich zu überlegen, wie man wohl – für die Zwecke wissenschaftlichen Argumentierens – unsere traditionellen Bildungssprachen (eine Hochform der sogenannten natürlichen Sprachen) *reformieren*, notfalls sogar schließlich durch eine künstliche Wissenschaftssprache (etwa wie das scholastische Latein) ersetzen könnte.

Das ist die Aufgabenstellung, unter der ich mich nun der »rationalen Grammatik« zuwende. Wir leben in Westdeutschland 1979 relativ gut miteinander, allerdings leben wir mehr oder weniger gut – und daß die Chancen schon gerecht verteilt seien, das kann man auch nicht sagen. Es bleibt genug zu denken und zu tun für jeden, der sich um mehr Gerechtigkeit Sorgen macht.

International sind die Ungerechtigkeiten sogar von den praktischen Politikern, obwohl diese Meister der Rhetorik sind, nicht wegzureden.

Der Terminus »Gerechtigkeit« macht hier keine Schwierigkeiten. Er braucht noch nicht definiert zu werden – es genügt zunächst, exemplarisch auf Fälle hinzuweisen, die jeder, der überhaupt Deutsch versteht, »ungerecht« nennt. Dadurch weiß man, wovon die Rede ist: solche und ähnliche Ungerechtigkeiten sollten weniger häufig werden.

Was ist nun zu tun, wenn Wissenschaftler, die versuchen, für diese Aufgabe wenigstens langfristige Richtlinien zu erarbeiten, in Verständigungsschwierigkeiten geraten? Als Wissenschaftler sind sie verpflichtet, wissenschaftlich zu argumentieren. Das soll heißen: für jede Definition und für jeden Satz, den sie benutzen wollen, müssen sie *auf eine konsensfähige Weise* argumentieren. Ein Konsens heißt dabei: gemeinsame Zustimmung, gemeinsame Ablehnung – oder gemeinsame Enthaltung vom Urteil. In der römischen Rechtssprache formuliert heißt der Konsens also: *Sic*, *Non* oder *Non-liquet*. Vernachlässigt man hier das Non-liquet – zu deutsch: es ist noch ungeklärt –, so verlangt man von der politischen Wissenschaft, daß sie jede einschlägige Frage entscheiden solle. Das tun aber selbst die technischen Wissenschaften nicht. Auf die Frage, ob es unendlich viele Primzahlzwillinge gibt oder nicht, darauf lautet die Antwort der Mathematiker zur Zeit: Non-liquet. Nur Wissenschaften können sich diesen scheinbaren Luxus des *Non-liquet* leisten – in der Praxis, ob sie nun technisch oder politisch ist, muß entschieden werden. Die Forderung nach konsensfähigem Argumentieren, das bei faktischem Dissens eben nur ein *Non-liquet*, eine gemeinsame Enthaltung vom Urteil, ergibt, unterscheidet dieses auch von jeder Rhetorik, die den anderen von einer Meinung überzeugen will. Stimmt der andere nicht zu – besteht also faktisch Dissens –, so heißt das in der Rhetorik nur, daß jeder bei seiner Meinung bleibt.

Unter Wissenschaftlern heißt faktischer Dissens aber für alle Beteiligten gemeinsam, daß das Problem noch ungeklärt ist. Es muß noch weiter argumentiert werden – und bis dahin bleibt keiner bei seiner Meinung. Privat mag jeder so seine Vermutungen oder Wünsche haben. Es gehört aber zur Disziplin des wissenschaftlichen Denkens, bei faktischem Dissens ein *Non-liquet* anzuerkennen. Jeder Wissenschaftler erkennt dadurch den anderen als Wissenschaftler an. Diese Disziplinierung des Redens zum wissenschaftlichen Argumentieren lernt man nur, indem man eine Wissenschaft lernt.

Nehmen wir also an, daß zwei Politologen, die in der besten Absicht auf diese Weise miteinander diskutieren, trotzdem in Verständigungsschwierigkeiten geraten. Als Wissenschaftler wollen sie diese Hürde gemeinsam nehmen. Was tun?

Nun, in der Metaphorik des Hürdenlaufens gesprochen: sie sollten gemeinsam weit genug zurückgehen, um dann mit einem neuen, längeren Anlauf die Hürde zu nehmen.

Was heißt das aber ohne Metaphern? Es heißt, daß die Wissenschaftler sich zunächst eines gemeinsamen Grundbestandes von sprachlichen Mitteln vergewissern sollten. Erst danach sollten sie – gemeinsam schrittweise vorgehend – diesen Grundbestand so erweitern, daß sie dann auch wieder über das Problem sprechen können, bei dem sie in Schwierigkeiten geraten waren. Das gibt keine Garantie zur Entscheidung, sondern führt vielleicht nur zu einem *Non-liquet* – das ist aber dann ein gemeinsames *Non-liquet* zu einer Frage, die von beiden in gleicher Weise verstanden wird.

Angenommen, unsere Wissenschaftler seien besonnen genug, wenigstens diesen Vorschlag zu akzeptieren, so werden sie also damit beginnen, nach einem gemeinsamen Grundbestand von sprachlichen Mitteln zu suchen.

In üblicher Bildungssprache formuliert, werden sie also nach gemeinsamen *Kategorien* suchen. So nennt man ja Grundbegriffe, mit denen weitere Begriffe erst definierbar werden.

Sind unsere Wissenschaftler unglücklicherweise so gebildet, daß sie bei »Kategorie« sofort solche Wörter wie »Raum«, »Zeit«, »Ursache«, »Zweck«, »Sein« oder »Werden« assoziieren, so wird ihnen wohl nichts übrigbleiben, als schließlich Rat bei professionellen Philosophen zu suchen.

Ich möchte statt dessen empfehlen, daß sie zu einem historisch gebildeten Linguisten gehen: dieser würde sie darüber belehren, daß der Terminus »Kategorie« von Aristoteles herkommt und dort zunächst nur für syntaktische Unterscheidungen gebraucht wird. Sie betreffen nur die Form der Sprache, nicht die Materie (den Inhalt, wie wir in einem schiefen Bild sagen). Man nehme daher eine gemeinsame Materie – an ihr kann man, indem alle inhaltlichen Schwierigkeiten vermieden werden, sich zunächst einer gemeinsamen Syntax vergewissern.

Da eine *rationale Syntax* unabhängig von den Besonderheiten der natürlichen Sprachen sein sollte, möge man sich vorstellen, daß etwa ein chinesischer und ein russischer Wissenschaftler – ich gebe ihnen die Namen Mao und Leo – den Versuch machen, für einen neuen Anlauf bis auf einen gemeinsamen Grundbestand an syntaktischen Mitteln zurückzugehen.

Als unproblematische Materie nehmen sie etwa das Ballspielen: jeder hat ja wohl wenigstens als Kind Ball gespielt.

Man kann Ball auch ohne Worte spielen. In dieser vorsprachlichen Praxis kann man sich des Gebrauchs einfacher Wörter »empraktisch« – wie Bühler das genannt hat – vergewissern.

Da ich nun nicht weiß, welche natürliche Sprache unsere beiden Gelehrten beim Ballspielen gebrauchen werden, gebe ich ihre Äußerungen mit deutschen *Wurzel*wörtern wieder. Statt dessen könnte man z. B. auch Basic English verwenden.

Ich hoffe, daß es für den Leser leicht ist, sich praktische Situationen vorzustellen, in denen Leo *Imperativsätze* äußert, die die folgenden Formen haben:

I.		
		! Wirf
		! Wirf Ball
	Mao	! Wirf Ball

oder *Indikativsätze* der Formen

II.		
		Ball tut Fall
	Nicht:	Mao tut Wirf

Da uns materiale Unterscheidungen wie etwa zwischen Werfen und Fallen nicht interessieren, achten wir nur auf die Syntax. Wir lernen in I. Imperativsätze, Tatwörter und Dingwörter kennen, außerdem einen Eigennamen. Diese Termini gehören zu einer *rationalen* Grammatik, nicht etwa nur zur empirischen Grammatik natürlicher Sprachen – es kommt gar nicht darauf an, daß z. B. im

Indogermanischen Tatwörter anders flektiert werden als Dingwörter. Auch die Stellung des Dingwortes *nach* dem Tatwort ist selbstverständlich bloß konventionell. Die Unterscheidung zwischen Tat und Ding (als Objekt der Tat, wie man sagt) ist aber rational: sie ist der Praxis, hier dem Ballwerfen, angemessen. Tatwörter sind diejenigen Wörter, die schon allein einen Imperativsatz bilden können, Dingwörter ergänzen diese Imperativsätze.

In II. lernen wir Indikativsätze kennen, für die hier – konventionell – eine Kopula (»tut«) verwendet wurde. Indikativsätze dienen der Orientierung vor weiterem Handeln. Sie treten affirmativ oder negativ auf, wobei hier – wiederum konventionell – für die Affirmation kein Wort, für die Negation ein Negator (»nicht«) verwendet wurde. International wird in der Logik für den Negator ein spezielles Minuszeichen ($\neg$) als Schriftzeichen gebraucht.

Was im Deutschen selbstverständlich ist, daß nämlich der Ball ebenso wie der Mensch Mao als Täter auftritt, ist aber schwerlich als »rational«, also transkulturell zu empfehlen. An Menschen gerichtet, ist der Imperativ »!Wirf« angemessen, an Bälle Imperative zu richten, ist nicht angemessen. Der Ball tut nichts, er ist bloß in Bewegung. Für eine rationale Grammatik möchte ich daher zwei Kopulae vorschlagen: π für Taten, $\varkappa$ für Bewegungen. Taten und Bewegungen möchte ich dann terminologisch als *Geschehnisse* zusammenfassen.

Die Welt*geschichte* besteht dadurch *per definitionem* aus Taten und Bewegungen von Dingen. Tat, Bewegung und Ding sind nämlich die – bisher einzigen – Kategorien unserer rationalen Syntax.

Die Täter der Taten sind Menschen oder Tiere, wobei diese Unterscheidung darauf beruht, daß Menschen als Sprecher auftreten, Tiere sind nicht-sprechende Täter. Man nennt Menschen und Tiere nach alter Tradition zusammen *Lebewesen*. Dazu ist aber zu bemerken, daß die Unterscheidung der sich bloß bewegenden Dinge in belebte (diese heißen dann: Pflanzen) und in unbelebte Dinge – daß diese Unterscheidung keine syntaktische Unterscheidung ist. »Leben« ist keine Kategorie. Es ist nur in der Biologie begründbar, die Pflanzen mit Tieren und Menschen zur »Lebensfamilie« zu rechnen, weil sie nach der Abstammungslehre mit diesen verwandt sind, d. h. gemeinsame Vorfahren haben. Die

Unterscheidung belebt – unbelebt ist in unserer Kultur selbstverständlich, Sprachen anderer Kulturen brauchten sie aber nicht zu haben – sie gehört nicht zur rationalen Grammatik.
Die bisher empraktisch begründeten Satzformen lassen sich noch vor der Einführung logischer Partikeln auf mehrere Weise erweitern. Ich beschränke mich dabei auf affirmative Indikativsätze. Der Satz »Leo tut wirf Ball« besteht aus einem Eigennamen, der Kopula π, einem Tatwort und einem Dingwort.
Rational rekonstruierbar sind Erweiterungen, die im Deutschen mit Lokalpräpositionen gebildet werden: der Ball wird z. B. »*zu* Mao« oder »*in* (ein) Fenster« geworfen. Mindestens 216 solcher Lokalpräpositionen lassen sich leicht rational begründen. Das ist dann eine Konstruktion, die über bloße Rekonstruktion hinausgeht.
Ferner können die Dingwörter nicht nur – wie bisher – als sogenannte direkte Objekte verwendet werden, sondern auch als indirekte. Das geschieht durch Begründung von Kasus, z. B. des Instrumentalis (wenn der Ball etwa »*mit* (einer) Schleuder« geworfen wird) oder des Dativs (wenn der Ball etwa »dem Leo« gegeben wird). Geben und Nehmen setzen dabei allerdings schon eine Kulturstufe voraus, in der es Besitz und Tausch gibt.
Welche Kasus in den natürlichen Sprachen vorhanden sind, ob sie eigene Kasusmorpheme haben, Präpositionen oder Postpositionen, das gehört zur empirischen Grammatik. Die rationale Grammatik kann nur einige Kasus aus dem »Sitz im Handeln«, den sie haben, rekonstruieren. Sie bleibt dabei als rationale Grammatik jederzeit offen für Erweiterungen.
Das Lexikon unserer wissenschaftlichen Kunstsprache enthält damit (Eigennamen seien vom Lexikon ausgeschlossen) vor allem Geschehniswörter und Dingwörter. Das sind Verba und Substantiva in der lateinischen Grammatik. Außerdem haben wir als »Partikeln« Kopula, Lokalpräpositionen und Kasusmorpheme.
Als Erweiterung läßt sich dann die Verwendung von Beiwörtern zu den Geschehnis- und Dingwörtern begründen – nämlich dann, wenn es auf zusätzliche Unterscheidungen im Handeln ankommt. Z. B. kann der Ball flach oder steil geworfen werden, und der Ball kann leicht oder schwer sein. Das führt zu »Beiwörtern«, die im Lateinischen als Adverbien oder Adjektive auftreten: Geschehnisbeiwörter und Dingbeiwörter. Oft sind diese zusätzlichen Unterscheidungen durch Beiwörter für das Handeln so wichtig, daß es

sich empfiehlt, in eigenen Indikativsätzen zu formulieren, ob der Ball nun leicht oder schwer *ist*, ob der Wurf nun flach oder steil *ist*. Im Deutschen gebrauchen wir eine eigene Kopula »ist«, das ist konventionell – die Unterscheidung dieser Sätze von den bisherigen *Geschehnissätzen* ist aber rational, transkulturell begründbar. Für eine rationale Syntax möchte ich daher eine Kopula ε vorschlagen, so daß wir als weitere Indikativsätze solche *Seinssätze* wie »Ball ε schwer«, »Wirf ε flach« erhalten. Die Wörter vor der Kopula heißen Subjekte, die Beiwörter heißen Prädikate. Snell hat in seinem berühmten *Aufbau der Sprache* für Beiwörter als Prädikate eine andere Kopula vorgeschlagen als für Ding- oder Geschehniswörter, die als Art- bzw. Gattungsprädikate verwendet werden. Man kann sich jedoch auch mit einer Kopula behelfen. Ich erwähne nur, daß die Prädikate ein- oder mehrstellig sind.

Auch diese Seinssätze aus Subjekten und einem Prädikat können erweitert werden, insbesondere wäre eine rationale Rekonstruktion der Partikel, die wir im Deutschen als bestimmte und unbestimmte Artikel kennen, jetzt angebracht. Ich verzichte hier darauf, es bliebe ja auch dann bei einem Lexikon, das nur vier Wortarten und Partikel enthält. Der deutsche Satz »Leo tut einen schweren Ball flach in ein Fenster werfen« enthält diese vier Wortarten und Partikel.

Gegenüber dem Versuch, Syntax auf Logik zu reduzieren, ist dabei zu betonen, daß dieser Satz logisch elementar ist: er enthält auch bei rationaler Rekonstruktion keine logischen Partikeln.

Diese *logischen Partikeln* treten vielmehr erst auf, wenn Elementarsätze schon zur Verfügung stehen. Die Wörter werden aus einem Lexikon entnommen und dann nach einer Syntax zusammengesetzt. Die einfachsten logischen Partikeln verbinden Elementarsätze zu komplexen Sätzen, sie heißen daher »Junktoren«. Ein Sonderfall ist der *Negator*, der vor einen Satz gesetzt wird. Hier entsteht ein logisch-komplexer Satz durch Erweiterung *eines* Satzes.

Die Junktoren verbinden stets *zwei* Sätze. Aber wozu? Wo ist der »Sitz im Handeln« für solche Verbindungen? Ich erläutere dies hier nur für den Fall des *Subjunktors*, der rational rekonstruiert, was im Deutschen als Bedingungsgefüge auftritt.

Den einfachsten Fall liefern bedingte Imperative, z. B.: »Wenn Sie Frau Meyer treffen, grüßen Sie sie, bitte, von mir!«

Abgesehen von den Pronomina (die als Vertreter für Eigennamen rational zu rekonstruieren wären) haben wir hier zwei Elementarsätze, deren rationale Struktur schon geklärt ist. Diese beiden Sätze B und A werden verbunden durch

Wenn B, dann bitte A,

symbolisiert: $B \rightarrow\ !\,A$

Was zu tun ist, um dieser Bitte zu folgen, ist empraktisch leicht zu lernen. Alle Rechtsnormen, wie z. B. die archaische Norm »Mörder werden mit dem Tode bestraft«, sind generelle bedingte Imperative. Vorausgesetzt ist nämlich eine Rechtsorganisation, in der für den Richter der Imperativ gilt: »Wenn x ein Mörder ist, bestrafe x mit dem Tode!«

Der Imperativ ist generell, weil er mit einer Variablen x formuliert ist. Für diese ist hier jeder Eigenname einsetzbar. Genauer haben wir es also mit einer *Form* von Imperativsätzen zu tun, die erst durch Vorsetzen des Allquantors »für alle x« wieder zu einem Satz wird.

Die Quantoren, der *Allquantor* und der *Einsquantor*, sind logische Partikeln, die aus Satzformen Sätze machen: die Variablen der Satzformen werden durch die Quantoren gebunden.

Daß die Variablen in Rechtsnormen Variable für Eigennamen sind, ist logisch irrelevant. Die Standardlehrbücher der Logik führen die Quantoren zwar stets nur für Subjektvariable in elementaren Seinssätzen ein, in denen einem (oder mehreren) Subjekt(en) ein Prädikat zugesprochen wird – aber das ist eine dogmatische Beschränkung der Syntax der Elementarsätze, die dadurch nicht besser wird, daß man sie »logischen Atomismus« oder gar eine »Ontologie« nennt. Wenn z. B. ein Schreibwarengeschäft annonciert, daß Filzstifte »in allen Farben vorrätig« seien, so haben wir hier einen Allquantor, der eine Variable für Farbwörter (das sind Adjektive, also Dingbeiwörter) bindet: »Für alle x sind x-farbige Filzstifte vorrätig.«

Neben den beiden Quantoren und dem Negator gibt es außer dem Subjunktor noch zwei Junktoren: *Konjunktor* und *Adjunktor*, für die im Deutschen gewöhnlich »und« bzw. »oder« gebraucht werden. Hat man den Subjunktor zur Verfügung, so sind Konjunktor und Adjunktor leicht zu begründen. Ich habe vorhin z. B. vom Adjunktor Gebrauch gemacht, als ich nach den Taten und Bewegungen (die nur exemplarisch eingeführt wurden) den

Terminus »Geschehnisse« dadurch definiert habe, daß »Geschehnis« für »Tat oder Bewegung« stehen soll. Alle Geschehnisse sind per definitionem Taten *oder* Bewegungen. Für den Nicht-Logiker ist es manchmal verwirrend, daß man diese Definition auch folgendermaßen formulieren kann: »Taten *und* Bewegungen sollen Geschehnisse heißen.« Das ist in der Tat eine mißverständliche Formulierung. Es soll ja nicht alles, was eine Tat und (zugleich) eine Bewegung ist, ein Geschehnis heißen, sondern alle Taten sollen Geschehnisse heißen *und* alle Bewegungen sollen Geschehnisse heißen.

Diese Konjunktion der beiden Bedingungssätze

(1) Wenn etwas Tat ist, dann auch Geschehnis.

und

(2) Wenn etwas Bewegung ist, dann auch Geschehnis.

ist äquivalent mit dem einen Bedingungssatz

(3) Wenn etwas Tat *oder* Bewegung ist, dann auch Geschehnis.

Diese Äquivalenz, die aufgrund des redepraktischen Umgangs mit »und« und »oder« beweisbar ist, ist dann zugleich die praktische Begründung für die Verwendung eines Adjunktors.

Mit den angeführten 6 logischen Partikeln (dem Negator, 3 Junktoren und 2 Quantoren) ist die Logik vollständig: alle weiteren logischen Untersuchungen gelten dem denkökonomischen Gebrauch dieser 6 Partikel. Es ließe sich allenfalls darüber streiten, ob die Theorie der Gleichheit (insbesondere der Identität) einschließlich der Theorie der Kennzeichnungen offiziell noch zur Logik gerechnet werden sollte – oder als eine Theorie, die nur insofern allgemein ist, als sie überall da nützlich ist, wo eine Synonymität verwendet wird.

Das ist nur ein terminologischer Streit – die logischen Partikeln, insbesondere die Quantoren, sind jedenfalls auch für Elementarsätze anwendbar, die keine Eigennamen enthalten.

Ich verlasse damit die empraktische Begründung der logischen Partikeln in der Hoffnung, daß deutlich geworden ist, daß Logik etwas ist, was zur rationalen Syntax der Elementarsätze hinzukommt: Logik ist kein Ersatz für eine rationale Syntax, sondern eine Erweiterung.

Nach der rationalen Syntax sei jetzt die *rationale Semantik* behandelt. Diese können wir gleich am obigen Beispiel des Geschäfts

mit Filzstiften in allen Farben studieren. Verlangen Sie etwa einen rotgelben Filzstift! Nehmen wir an, Sie bekommen ihn, indem zusätzlich etwas von »Orange« gemurmelt wird. Anschließend verlangen Sie einen gelbroten Filzstift. Daraus wird sehr wahrscheinlich schon eine Diskussion über semantische Probleme entstehen. Es wird etwa argumentiert, daß die Farbe »orange« heiße und »rotgelb« nur ein deutschtümelndes Synonym sei, ebenso wie »gelbrot« – letzteres allerdings nur Goethe zuliebe. Oder ob Sie etwa »braun« meinten? Verneinen Sie das, weil Ihnen Braun ein *dunkles* Rotgelb sei, dann wird Ihnen vielleicht ein hellbrauner Stift gezeigt – na ja, dann verteidigen Sie einmal, daß nach Ihrer Meinung auch Hellbraun noch eine Mischung von Rotgelb sei, die zwar Weiß enthalte, aber auch *Schwarz*, und Ihnen in diesem Sinne zu dunkel sei.
Es ist ein Kreuz mit einer rationalen Semantik der Farbwörter. Schopenhauer forderte einmal, daß ein Buch eines Kollegen polizeilich verboten werden sollte, weil dieser darin ein grünliches Rot erwähnt hatte. Syntaktisch ist das ersichtlich einwandfrei. Welche Instanz normiert den Gebrauch der Wörter über die Syntax hinaus? Syntax wird in allen Schulen gelehrt, wie die Orthographie, warum gibt es keine staatliche Orthosemantik?
Soweit es die Farbwörter angeht, sind wir im Deutschen noch gut daran, denn es gibt bei uns für Lichtquellen eindeutig vier Hauptfarben: Rot, Gelb, Grün und Blau.
Seitdem die Physiker an unserer Bildungssprache mitmischen, ist es rational, die reinen Farben (d. h. diejenigen ohne Weiß- oder Schwarzanteil) auf einem Kreis anzuordnen und dabei Komplementärfarben (die additiv gemischt Weiß ergeben) einander gegenüber anzuordnen. Das läßt sich mit den germanischen vier Hauptfarben leicht machen.

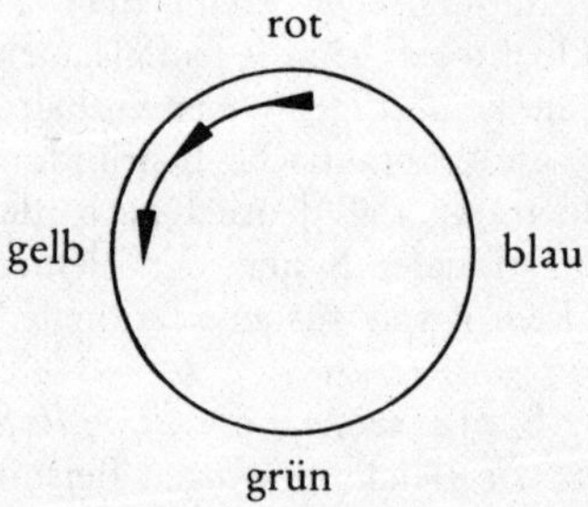

(in Goethescher Anordnung: Rot oben und steigende Frequenzen gegen den Uhrzeigersinn)
Schopenhauer war mit seinem Verbot also rational im Recht (ob allerdings die Polizei dafür zuständig sein sollte, ist eine andere Frage). Physikalisch sind alle Übergänge von Rot zu Gelb, zu Grün, zu Blau und zurück zu Rot kontinuierlich. Wieviel Differenzierungen sind sprachlich vernünftig? Goethe hat in seinen Untersuchungen über die sinnlich-sittlichen Wirkungen der Farben dafür plädiert, daß die komplementären Intervalle des Blauen und Gelben differenziert werden sollten. Dadurch entsteht aus dem Viererkreis ein Sechserkreis:

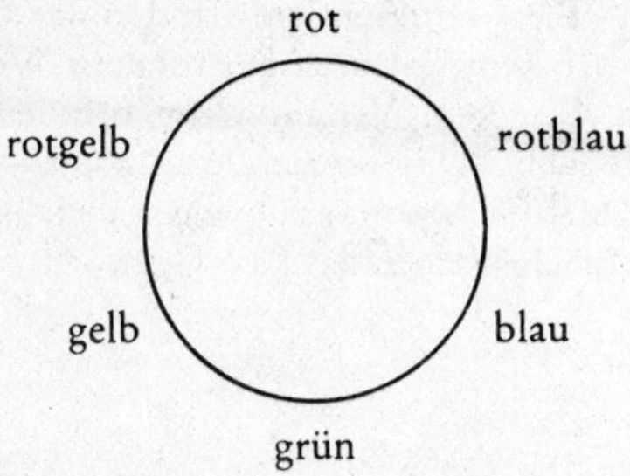

Das Gelb ist jetzt komplementär zum Rotblau (auch Violett geheißen) – und das begründet sich dadurch, daß Violett die letzte sichtbare Spektralfarbe (vor dem Ultraviolett) ist. Grün erhält dadurch den Status einer Zwischenfarbe, und so entsteht das Goethesche Farbdreieck:

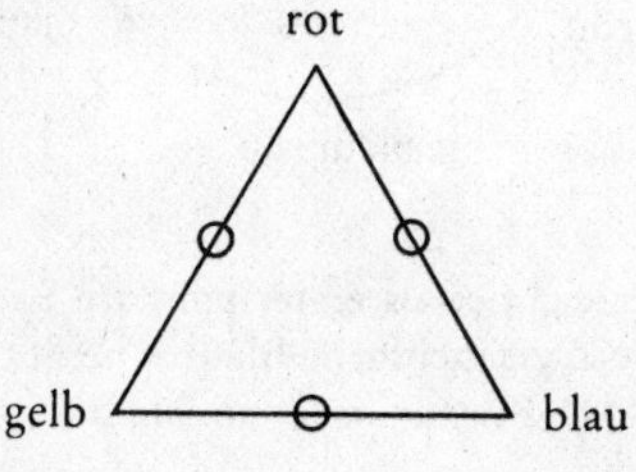

Das ist ein gleichseitiges Dreieck, das auf jeder Seite noch eine Zwischenfarbe trägt.

Die Goetheschen Zusatzbegründungen für dieses Dreieck, daß nämlich Blau getrübtes Schwarz, Gelb getrübtes Weiß sei, sind leider falsch. Hier irrte Goethe, obwohl er sonst in seiner Farbenlehre tausendmal recht hatte gegen die Physiker.
Etymologisch kann man allerdings sagen, daß Blau für dunkel-glänzend steht, Gelb für hell-glänzend. Während »Rot« bis ins Indogermanische als Farbwort zurückgeht, »Grün« jedenfalls mit »Gras« stammverwandt ist (und daher sprachlich als Grasgrün bestimmt ist), ist »Gelb« mit »Glanz« verwandt, die indogermanische Wurzel steht – laut *Duden* – für »bläulich, grünlich, gelblich« glänzend oder blank. Blank ist aber mit blau verwandt, hier steht die indogermanische Wurzel ebenfalls – laut *Duden* – für »glänzend«. »Blei« repräsentiert den dunklen Glanz, die Bjelorussen sind aber keine Blaurussen, sondern Weißrussen. Auf Etymologie ist eben kein Verlaß, wenn man einen rationalen Sprachgebrauch sucht. Differenziert man nicht – wie Goethe – nur das Paar Blau – Gelb, sondern – wie seit Helmholtz üblich – in einem zweiten Schritt auch das Paar Grün – Rot, dann entsteht ein Achterkreis

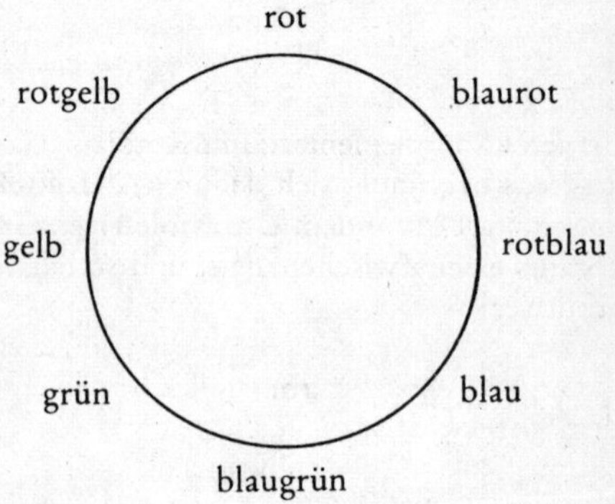

Rot ist hier ausgezeichnet als erste sichtbare Spektralfarbe (nach dem Infrarot). Die Zwischenfarbe Blaurot heißt traditionell »Purpur«. Läßt man das Purpur weg, so bleiben die 7 Farben des Regenbogens übrig.
Die vier Hauptfarben bilden jetzt ein Farbtrapez, das vier Zwischenfarben trägt. Auf seine Basis gedreht, sieht es so aus

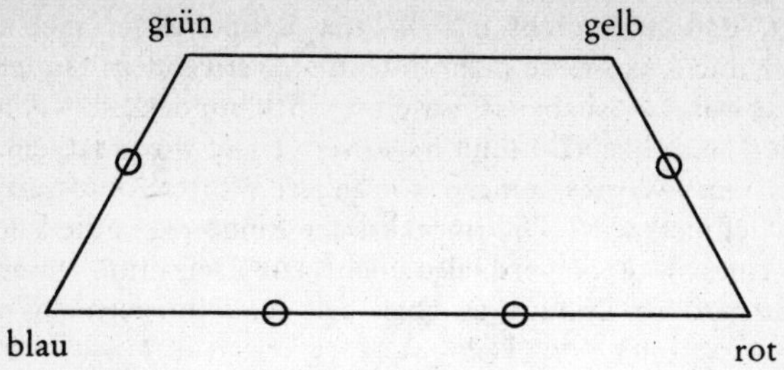

Um den Streit zu beenden, der zwischen den Vertretern des Sechser- bzw. Achterkreises besteht, hat Ostwald eine 24er Teilung vorgeschlagen, da 24 das kleinste gemeinsame Vielfache von 6 und 8 ist. Für die Semantik der Farbwörter hilft das allerdings nichts, weil dadurch z. B. nicht entschieden wird, welcher der Farbtöne zwischen Violett und Blaugrün nun »Blau« heißen soll. Mir scheint, daß dies keine sinnvolle Frage mehr ist. Das Farbtrapez ist jedenfalls eine angemessene Differenzierung des ursprünglichen Viererkreises. Wären die Physiker mit ihrer Theorie des Regenbogens nicht dazwischengekommen, so hätte ja der Viererkreis sowieso gereicht: die Praxis nimmt zu den Hauptfarben nur Farbwörter hinzu, die zu besonderen Dingen gehören, z. B. den Veilchen, den Purpurschnecken oder den Türkissteinen. Und kapriziert man sich nicht – wie die Physiker – auf reine Farben, sondern nimmt man z. B. die viel häufiger vorkommenden verblaßten Farben, dann genügt nach meiner Erfahrung von einem gewissen Helligkeitsgrad an schon der Viererkreis der Hauptfarben.

Für die Normierungsprobleme einer rationalen Semantik habe ich die Farbwörter herausgegriffen – ähnliche Probleme stellen sich fast auf jedem Gebiet, über das man spricht. Modern sind ja »semantische Strategien« bei den praktischen Politikern. Das haben aber die Rhetoren schon in der Antike mit Erfolg praktiziert. Nur für die wissenschaftliche Politik stellt sich das Problem einer *rationalen* Normierung auch solcher Wörter wie »Freiheit« und »Gerechtigkeit«.

Das Beispiel der Farbwörter zeigt, wie ich hoffe, deutlich, daß eine rationale Semantik nicht auf *Definitionen* beschränkt ist. Man hört ja immer wieder in Diskussionen, daß der eine auf Definitionen besteht – und der andere dann mit dem wahren Satz antwortet, daß man nicht *alle* Wörter definieren könne: einige Wörter dürfe, ja müsse man undefiniert verwenden. Dieser Satz ist zwar wahr, er ist aber selbstverständlich nur deshalb wahr, weil hier der Terminus »Definition« so verwendet wird, daß eine Definition eines Wortes immer schon andere Wörter voraussetzt, mit denen definiert wird. Die empraktische Einübung in die Verwendung eines Wortes wird also nicht zur Definition gerechnet. Gerade auf sie kommt es aber bei »undefinierten« Wörtern an.

Trotzdem sind ersichtlich Definitionen für eine rationale Semantik zweckmäßig – nämlich wiederum zur Sprachökonomie. Die wissenschaftlichen Fachsprachen machen denn auch reichlichen Gebrauch von Definitionen.

In den natürlichen Sprachen sind Definitionen selten, ein klarer Fall von Definitionen sind aber gewisse Verwandtschaftsbezeichnungen im Deutschen, z. B.

Schwager ⇋ Bruder des Ehepartners oder Ehepartner einer Schwester oder beides, z. B. wenn zwei Schwestern mit zwei Brüdern verheiratet sind.

Onkel ⇋ Bruder der Mutter oder des Vaters oder Ehepartner einer Schwester der Mutter oder des Vaters.

Die im Definiens vorkommenden Prädikate lassen sich – außer dem 2stelligen Prädikat »Ehepartner« – per definitionem weiter zurückführen auf das 2stellige Prädikat »Kind« (x ist Kind von y) und die Beiwörter »männlich« und »weiblich«, z. B.

x ist Mutter von y ⇋ y ist Kind von x und x ist weiblich

x ist Vater von y ⇋ y ist Kind von x und x ist männlich.

Ein Bruder von x ist dann ein männliches Kind mit demselben Vater und derselben Mutter wie x (aber von x verschieden). Schwester wird entsprechend definiert.

Zur Angabe von Definitionen sind also gewisse Wörter als Basiswörter auszuzeichnen. Das sind diejenigen Wörter, die nach Ersetzung aller Definita durch ihr Definiens übrigbleiben.

Wenn sich die Wissenschaftler, wie in unserem Beispiel Mao und Leo, bis zu gemeinsamer Praxis, notfalls bis zum Ballspielen, zurückbemühen würden – und dann in gemeinsamer Arbeit Schritt für Schritt Basiswörter empraktisch an Exempeln einüben würden, um dann durch semantische Normierungen und Definitionen über die bloße Syntax hinauszukommen, ja, dann sollte man doch meinen, daß theoretische Politiker (von der Rhetorik der praktischen Politiker rede ich nicht) auch bis zu einem Konsens über die Verwendung von Wörtern wie »Freiheit« und »Gerechtigkeit« kommen sollten. Der Konsens könnte z. B. ein Nonliquet sein: man beschließt gemeinsam, das Wort »Freiheit« bis auf weiteres überhaupt nicht zu gebrauchen. Die rationale Grammatik wäre auf diese Weise eine Grunddisziplin, die insbesondere für die politischen Wissenschaften sehr nützlich wäre.

Aber das ist gegenwärtig »utopisch«, d. h., es ist weder kurz- noch mittelfristig erreichbar.

Langfristig soll man bekanntlich gar nichts voraussagen, denn setzt man die Frist nur lang genug an, so wird eben alles Mögliche möglicherweise auch erreichbar.

Es gibt gegenwärtig vor allem eine Schwierigkeit, die schon die Linguistik selbst am Ausbau einer rationalen Grammatik hindert: das ist die Schwierigkeit des zu Anfang erwähnten Tetraeders

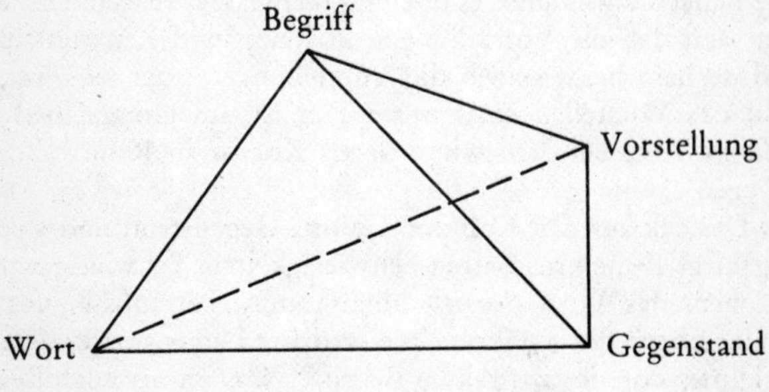

Ich möchte zum Schluß versuchen aufzuzeigen, wo hier die Schwierigkeit liegt.

Bisher habe ich nur von Wörtern und Gegenständen gesprochen: *Gegenstände* sind dabei die Geschehnisse und die Dinge.

Wir sprechen mit Wörtern über Gegenstände. Stellt man sich vor einen Baum und sagt man »Baum« – nun ja, das ist die erste Dimension problemloser Praxis. Alles ist konkret, wie man sagt.

Der Leser hat sich jedoch vermutlich nicht in Wirklichkeit vor einen Baum gestellt. Er hat sich nur einen Baum *vorgestellt*. Auch das ist noch ziemlich problemlos: ein elementares Stück Vorstellungspsychologie – und damit eine zweite Dimension – lernt jeder, der eine Sprache lernt. Man lernt, nicht nur über das zu reden, was gerade gegenwärtig ist. Man erinnert sich z. B. an Vergangenes, man hat also Erinnerungsvorstellungen – und über diese redet man, als ob man noch in der Vergangenheit wäre. Ersichtlich haben auch Tiere Erinnerungen, sie reden aber nicht darüber. Daher vergessen sie auch schneller – und vor allem teilen sie nicht die Freuden und Leiden der menschlichen Phantasievorstellungen. Man nehme die Mitteilung von Erinnerungen durch Wörter und Sätze. Bloße Neukombination dieser Wörter und Sätze liefert neue Vorstellungen. So entstehen Phantasievorstellungen – und auch über diese kann man reden, man kann sie mitteilen.

Die Vorstellungstätigkeit, ob Erinnerung oder Phantasie, ist eine Tätigkeit der Menschen, die – wie jede andere Tätigkeit – zu einer bestimmten Zeit geschieht. Der Mensch befindet sich an einem bestimmten Ort – und jetzt stellt er sich z. B. einen Baum vor, kurz danach etwas anderes oder gar nichts. Das ist gemeint, wenn man sagt, daß die Vorstellungen in Raum und Zeit stattfinden. Und deshalb heißen auch die Vorstellungen noch *konkret*, obwohl das Vorstellen ein *inneres* Tun ist, im Unterschied zum *äußeren* Tun, bei dem wir unseren Körper in Raum und Zeit bewegen.

Das Dreieck aus den Konkreta: Wort, Gegenstand und Vorstellung birgt keine ernsthaften Schwierigkeiten. Schwierig wird es erst, wenn das Wort »*Begriff*« hinzukommt. Wir müssen uns jetzt aus der Ebene der Konkreta in eine dritte Dimension erheben, in die Dimension der abstrakten Begriffe. Was immer auch Begriffe sind, sie sind keine Konkreta. Deshalb heißen sie »Abstrakta«. Aber das Wort »Begriff« ist konkret, und die Schwierigkeit besteht darin, eine angemessene Verwendung dieses Wortes zu begründen.

Die leider fast überall übliche Lösung besteht darin, daß man die Begriffe doch zu Konkreta macht. Entweder heißen plötzlich gewisse *Wörter* »Begriffe«, insbesondere wenn es sich um Termini einer Wissenschaftssprache handelt – oder die zu diesen Wörtern gehörenden *Vorstellungen* heißen »Begriffe«. Heißen schon die Wörter »Begriffe«, dann heißen die zugehörigen Vorstellungen meistens »Begriffsinhalte«. Damit bleibt man aber selbstverständlich in der Ebene der Konkreta. Eine Erhebung in die Höhe der Abstraktion hat noch nicht stattgefunden. Das ist also keine Lösung der Schwierigkeit, sie macht die Schwierigkeit nur deutlicher.

Es steht allerdings jedem an dieser Stelle frei, sich eine Weltanschauung zuzulegen, indem er behauptet, es gäbe nur Konkreta. Wir leben in einem pluralistischen Rechtsstaat. Weltanschauungen sind also staatlich geschützte Rechtsgüter.

Das war im Mittelalter anders. Wer sich zu deutlich zum Nominalismus bekannte, der Lehre, daß es – neben den Konkreta: Gegenständen oder Vorstellungen – nur Wörter gäbe, *nomina sunt flatus vocis*, war der Ketzerei verdächtig.

Da war man schon sicherer, wenn man behauptete, die Begriffe seien eine zweite Art von Vorstellungen: es gäbe neben den gewöhnlichen Vorstellungen, den Einzelvorstellungen, eine zweite Art, die sogenannten Allgemeinvorstellungen. Dies seien die Begriffe.

Dieser Versuch, die Begriffe psychologisch einzuordnen, ist bis in die Gegenwart sehr beliebt. Man nennt das heute »Psychologismus«. Er ist seit Frege und Husserl wissenschaftlich widerlegt – aber da keine Inquisition Irrlehren verfolgt, trifft man diese Lehre noch häufig an. Das Bedeutungswörterbuch gibt z. B. ohne weiteres als Bedeutung von Begriff auch »Vorstellung« an.

Als letztes bleibt noch die Behauptung übrig, die Begriffe seien neben den konkreten Gegenständen eine zweite Art von Gegenständen. Auch diese Lehre wurde schon im Mittelalter vertreten: man nennt das Realismus nach dem lateinischen Wort »res« für Gegenstand. Der Realismus ist zur Zeit noch herrschende Lehre bei den Mathematikern – und daher z. B. auch bei mathematischen Linguisten. Mathematiker haben es nicht mit Gegenständen zu tun, sondern nur mit Symbolen. Sie behaupten aber, ihre Symbole seien Eigennamen für eine nur ihnen zugängliche Art von Gegenständen, eben abstrakten Gegenständen wie Zahlen, Mengen und Funktionen.

Dieser Realismus wird üblicherweise vermischt mit dem Streit um die platonische Ideenlehre, nach der die Geometrie von Gegenständen eigener Art handele: Die Ebene der Geometrie sei als Idee verschieden von allen realen Ebenen, z. B. aus Holz, Stahl oder Glas.

Aristoteles meinte, die Ideen seien Begriffe – und Aristoteles war außerdem Psychologist, zumindest war er kein Realist. So ist es gekommen, daß der Realismus auch Platonismus heißt.

Man sieht, wie man bei dem Versuch, sich in die Höhen der Abstraktion zu erheben, vielmehr in einen Sumpf von Lehrmeinungen gerät. Für den Versuch, aus diesem Sumpf herauszukommen, lasse ich die Geometrie – und also die Ideenlehre – beiseite. Wir beschränken uns auf Begriffe, und das heißt auf den Versuch, für das Wort »Begriff« eine solche Verwendung zu begründen, daß im Endresultat Begriffe keine Konkreta sind.
Die Begründung, die ich jetzt skizzieren möchte, wird üblicherweise unter dem Titel »*Abstraktionstheorie*« vorgetragen. Vorläufer von ihr lassen sich bei Aristoteles und z. B. Leibniz finden, deutlicher wird sie bei Frege – sie wird aber erst in der konstruktiven Wissenschaftstheorie konsequent für alle Abstrakta, z. B. auch für die Mengen der Mathematiker, zugrunde gelegt.
Hier haben wir es nur damit zu tun, daß wir bildungssprachlich nicht nur z. B. von dem Wort »Mensch« reden, sondern auch von dem Begriff Mensch, nicht nur von dem Wort »Gerechtigkeit«, sondern auch von dem Begriff Gerechtigkeit.
Nach der Abstraktionstheorie ist diese Rede von Begriffen dadurch zu rekonstruieren, daß man von der *Synonymität* von Wörtern ausgeht. Aber schon hier begegnet man der Schwierigkeit, daß es aussichtslos erscheint zu definieren, wann zwei Wörter einer natürlichen Sprache synonym sind. Leichter ist es bei Wörtern aus verschiedenen Sprachen. Z. B. wird das englische »saturday« (der Tag des Saturn) ins Hochdeutsche als Sonnabend übersetzt. Diese Übersetzbarkeit, die bei Wochentagen kein Problem ist, heißt auch »Synonymität«. Etymologisch ist »saturday« auch mit Samstag (Sabbathstag) nicht verwandt. Die beiden deutschen Wörter sind zu »saturday« synonym. Sie sind auch zueinander synonym, denn zwei Wörter, die zu einem dritten synonym sind, sind eben auch zueinander synonym.
Das ist ein Lehrsatz, der sich aus der Definition der Synonymität ergibt. Eine solche Definition läßt sich für Wörter der natürlichen Sprachen aber nicht finden – gegen alle Versuche einer Definition sind immer wieder Gegenbeispiele gefunden.
Für eine rational konstruierte Wissenschaftssprache, die neben einer rationalen Syntax auch eine rationale Semantik enthält, also explizite Normen für die Verwendung der Wörter – für eine solche Wissenschaftssprache ist die Synonymität jedoch auf ganz einfache Weise zu definieren: zwei Wörter heißen synonym, wenn für sie dieselben Verwendungsnormen gelten.

Übersetzt man z. B. von einer Wissenschaftssprache in eine andere Wissenschaftssprache, so braucht nur kontrolliert zu werden, ob bei der Übersetzung alle semantischen Normierungen der einen Sprache auch in semantische Normierungen der anderen Sprache übergehen – und umgekehrt. Innerhalb einer Wissenschaftssprache ist es dagegen unzweckmäßig, synonyme Wörter zu verwenden: man solle die Entitäten nicht ohne Not vergrößern, empfahl schon Ockham, der große Nominalist der Spätscholastik.

Nehmen wir z. B. Termini der rationalen Syntax, wie Tat, Geschehnis oder Ding. Bei einer Übersetzung ins Englische würde statt »Ding« etwa »thing« gesagt. Das Wort »Ding« hat vier Buchstaben, das Wort »thing« ist aber – glücklicherweise – kein *four-letter-word*. Die Anzahl der Buchstaben, so könnte man hier bildungssprachlich sagen, betrifft nur die Wörter, sie betrifft nicht den *Begriff*, der durch die beiden synonymen Wörter *dargestellt* wird.

Diese Rede von Begriffen ist leicht rekonstruierbar. Man macht Aussagen, in denen ein Terminus einer wissenschaftlichen Sprache – hier z. B. das Wort »Ding« – vorkommt. Manche dieser Aussagen, z. B. Aussagen über die Anzahl der Buchstaben, sind für den Terminus aus der einen Sprache wahr, für den synonymen Terminus aus einer anderen Sprache nicht. Solche Aussagen heißen »nicht-synonymitätsinvariant«. Wenn das geklärt ist, so beschränke man sich anschließend auf synonymitätsinvariante Aussagen über die Termini einer wissenschaftlichen Sprache.

Wird z. B. der Terminus »Gegenstand« ins Englische durch »entity« übersetzt, dann ist »Dinge sind Gegenstände« eine synonymitätsinvariante Aussage: sie geht über in: »things are entities«.

Durch die Beschränkung auf synonymitätsinvariante Aussagen begibt man sich in die Höhe der Abstraktion: es wird von der Lautgestalt der synonymen Wörter abstrahiert, allein die Verwendungsnormen sind noch relevant. Statt nun im Falle einer synonymitätsinvarianten Aussage A über einen Terminus T explizit hinzuzufügen, daß diese Aussage synonymitätsinvariant ist, reformuliert man die Aussage A jetzt als eine Aussage über den Begriff T. Weil »Dinge sind Gegenstände« synonymitätsinvariant ist, reformuliert man diese Aussage als

»Ding ist ein Unterbegriff von Gegenstand«.

Damit hat man die Höhe der Abstraktion erreicht. Der Abstraktionsprozeß, der hier vollzogen wird – nämlich die Beschränkung auf synonymitätsinvariante Aussagen –, ist kein psychischer Prozeß, und erst recht kein Prozeß mit außersprachlichen Gegenständen, der Abstraktionsprozeß ist ein sprachlicher Prozeß.
Es sei ein sprachlicher Trick, so hat man auch gesagt. Quine, der berühmte amerikanische Logiker, spricht hier von »innocent abstraction«, weil man hier von Begriffen nur so redet, *als ob* es neue Gegenstände im Unterschied zu den Wörtern und konkreten Gegenständen wären. Die Behauptung ist hier immer, der Mathematiker habe es nicht nur mit solchen abstrakten Gegenständen zu tun, die sich einer Fiktion verdanken. Demgegenüber zeigt die konstruktive Mathematik, daß man mit dieser Fiktion auskommt, daß man sich also weder auf den Psychologismus noch auf den Realismus einlassen muß, um auch moderne Mathematik (ich muß hinzufügen: so weit sie nützlich ist) treiben zu können.
Für unser Problem einer rationalen Grammatik ist von diesem Grundlagenstreit der Mathematiker nur wichtig, daß man sich von ihm nicht irritieren läßt. In einer rationalen Sprache ist die Rede von Begriffen *per abstractionem* leicht einzuführen. Das sollte den Linguisten genügen.
Mit den Überlegungen zu einer rationalen Grammatik, zu rationaler Syntax und rationaler Semantik, begibt sich der Linguist in ein Gebiet, das *zwischen* dem Gebiet der empirischen Sprachforschung und dem Gebiet der Mathematik liegt.
Es besteht daher stets die Gefahr, sich dogmatisch an die Methoden eines dieser angrenzenden Gebiete anzuschließen. Weil die rationale Grammatik aber im Zusammenhange der Wissenschaften eine Grunddisziplin aller politischen Wissenschaften ist, in denen es um rationales Argumentieren über politische Normen geht, deshalb sollte, so scheint mir, rationale Grammatik trotz dieser Gefahren studiert werden.

Praktische und theoretische Modalitäten

In Begründungsfragen der Logik, speziell der Modallogik, herrscht noch immer das Paradigma der Hilbertschen *Grundlagen der Geometrie* vor. Logikkalküle vom »Hilbert-Typ« sind dadurch gekennzeichnet, daß – nach Wahl undefinierter logischer Grundpartikeln – alle anderen logischen Partikeln explizit aus den Grundpartikeln definiert werden, und daß einige Formeln als »Axiome« unbegründet als logisch-wahr formuliert werden: alle anderen logisch-wahren Formeln sind aus diesen Axiomen nach der Schlußregeln des *modus ponens* (der nur die Subjunktion als Partikel benutzt) abzuleiten.

Für die Junktoren- und Quantorenlogik ist dieses Paradigma seit Gentzen durch die adäquatere Methode der Sequenzenkalküle ins Wanken geraten. Als »natürliches Schließen« behalten aber auch die Sequenzenkalküle noch ein Charakteristikum der Hilbertschen Geometrie bei: gewisse Grundpartikeln bleiben undefiniert (man beruft sich nur auf eine »Intuition«, die durch Übersetzungen in die jeweilige Umgangssprache »vermittelt« wird) und auch die Schlußregeln werden nur »intuitiv« begründet – und deswegen »natürlich« genannt.

Nachdem Beth bemerkt hatte, daß die schnittfreien Sequenzenkalküle wesentlich einfacher zu handhaben sind, wenn man sie *upside-down* benutzt, ist durch die »dialogische« Logik eine *empraktische* Begründung der logischen Partikeln und ihrer Verwendung hinzugekommen, durch die die Junktoren- und Quantorenlogik unabhängig von bloß umgangssprachlich vermittelten Intuitionen geworden ist. Das Hilbertsche Paradigma ist durch diese – durchaus nicht »revolutionäre« – Entwicklung überflüssig geworden. Für die Modallogik ist dagegen das Begründungsproblem noch ungeklärt.

Im formalistischen Logikverständnis handelt es sich darum, die Kalküle der Quantorenlogik durch logische Partikeln □, ◇ (oder in alternativer Notation, die schreibtechnisch einfacher ist und außerdem die klassische Dualität sichtbar werden läßt: △, ▽) zu erweitern. Als intuitive Basis wird im Deutschen △ als »notwendig«, ▽ als »möglich« gelesen. Gleichwertig werden Übersetzungen mit müssen (△) und können (▽) verwendet.

Ein Sonderproblem entsteht dadurch, daß auch eine deontische Interpretation ($\triangle$ = geboten, sollen) (∇ = erlaubt, dürfen) intuitiv »plausibel« erscheint. Schon bei Aristoteles findet sich als zusätzliche Schlußregel für $\triangle$ der Übergang von Implikationen $A_1 \wedge \ldots \wedge A_m < A$ zu Implikationen $\triangle A_1 \wedge \ldots \wedge \triangle A_m < \triangle A$. Bei O. Becker (1952) wird statt dessen als Schlußregel die Linksmultiplikation

$$A < B \Rightarrow \triangle A < \triangle B$$

und als Axiom die Distributivität

$$\triangle (A \wedge B) >\!\!< \triangle A \wedge \triangle B$$

genommen.

Beschränkt man sich nicht auf Implikationen zwischen Modalformeln 1. Grades, sondern geht man zur »inhomogenen« Modallogik über, so legt das theophrastische Modalgefälle als weiteres Axiom nahe

$$\triangle A < A.$$

Diese Axiome ergeben mit der *Definition* von ∇ durch

$$\nabla A \leftrightharpoons \neg \triangle \neg A$$

als duale Regeln und Implikationen

$$A < B \Rightarrow \nabla A < \nabla B$$
$$\nabla (A \vee B) >\!\!< \nabla A \vee \nabla B$$
$$A < \nabla A$$

Als homogene Implikation folgt noch das selbstduale

$$\triangle A < \nabla A$$

Aufgrund der umgangssprachlichen – oder vielmehr bildungssprachlichen – Iteration der Modalitäten, z. B.: »was notwendig ist, muß notwendig sein« hat Lewis die Hinzunahme weiterer Axiome untersucht. Sein Axiom

$$(L)\ \triangle A < \triangle \triangle A$$

führt zu S. 4.
Sein intuitiv sehr gewagtes Axiom

$$(L_r)\ \nabla \triangle A < \triangle A$$

führt zu S 5 (das aber, wie man mittlerweile weiß, eine modalfreie quantorenlogische Interpretation hat).
Auch diese Lewisschen Zusatzaxiome sind für ▽ dualisierbar. Betrachtet man die Interpretationsbemühungen von nicht-formalistisch eingestellten Autoren, z. B. O. Becker, Carnap, v. Wright, so fällt auf, daß die sprachlich vermittelten Intuitionen (sei es nun die Umgangssprache oder die Bildungssprache, auf die man sich als vermeintlich letztes Fundament bezieht) beides gestatten: △ als Grundbegriff zu nehmen, aber auch ▽.
In der konstruktiven Wissenschaftstheorie ist bisher (vgl. Lorenzen/Schwemmer 1973) nur eine empraktische Begründung einer Modalität △ gegeben: über eine Definition der Notwendigkeit relativ zu einem Gesetzeswissen. In unveröffentlichten Arbeiten hat J. Roetti gezeigt, daß eine empraktische Begründung auch für ▽ als Grundbegriff gegeben werden kann, ja daß ▽ als eine *praktische* Modalität so interpretiert werden kann, daß sie gegenüber △ durch ihren unmittelbaren Praxisbezug ausgezeichnet ist. △ erweist sich hierbei als der adäquate Grundbegriff nur dann, wenn man schon die Stufe der Bildung von Theorien erreicht hat, die zur Stützung der Praxis dienen.
Die Modallogik mit praktischen und theoretischen Modalitäten liefert dadurch einen Fall, an dem exemplarisch das Verhältnis von Praxis und praxisstützender Theorie verdeutlicht werden kann.
Die Interpretation von ▽ als einer »praktischen Möglichkeit« tritt gegenwärtig zumeist in existenzphilosophischen Kontexten auf, so z. B. schon bei O. Becker, der sich auf Heideggers Möglichkeit als Existenzial des Daseins beruft.
Während in der klassischen Ontologie das faktisch Vorhandene als das Wirkliche vor der bloßen Möglichkeit (als dem noch nicht Wirklichen) ausgezeichnet ist, sieht die Existenzphilosophie die Wirklichkeit des Menschen darin, daß er nicht auf seine Faktizität beschränkt ist, sondern daß er mehr kann, als er ist. Mittlerweile, nachdem die existenzialistische Mode vorüber ist, ist wohl deutlich zu sehen, daß auch in der nüchternen kantischen Tradition (und von daher auch z. B. bei Hegel und bei Marx) der Mensch mehr kann, als er bisher zustande gebracht hat, ja daß er mehr (z. B. mehr Gerechtigkeit) zustande bringen *soll.* »Du kannst, denn Du sollst«, heißt es dazu ganz ohne existenzialistisches Pathos bei Kant.
Ohne auf die Irrungen und Wirrungen der anthropologischen

oder gar theologischen Spekulationen bis in unser Jahrhundert einzugehen, ist leicht einzusehen, daß jede Bemühung (wie z. B. die der konstruktiven Wissenschaftstheorie), die das Theoretisieren der Menschen von der Praxis, vom Handeln her begründet, davon ausgehen sollte, daß der Mensch handeln *könne*.
Kann-Sätze werden also unabhängig von den nationalen Besonderheiten der sogenannten natürlichen Sprachen in eine »Orthosprache«, die für Wissenschaftler zu konstruieren ist, einzuführen sein. Daß solche Kann-Sätze sinnvollerweise auch Bestandteil der Ortho-Theoriesprachen sein sollten, folgt daraus nicht.
In dieser Arbeit wird in § 1 die methodische Einführung von Kann-Sätzen untersucht (bis zum modallogischen quartum non datur) und in § 2 werden die theoretischen Modalitäten dann zur »Stützung« der praktischen Modalitäten eingeführt. § 3 behandelt die Konservativität der Iteration der Modalitäten. Diese gilt für den Lewiskalkül S 4, aber nicht mehr für S 5.

§ 1. Kann-Sätze in einer Wissenschaftssprache

Aus den Grundlagen der Mathematik ist die Interpretation gewisser Behauptungssätze durch Kann-Sätze geläufig. Wer behauptet, daß eine Zahl n mit A (n) »existiert«, der behauptet, er *könne* eine solche Zahl n hinschreiben – oder zumindest einen Term (eine Konstruktionsvorschrift) für eine solche Zahl. Im Anschluß an Wittgenstein hat darum der sogenannte Ultraintutionismus Folgerungen der Art gezogen, daß z. B. aus der Konstruierbarkeit von m und n nicht stets auf die Konstruierbarkeit von m^n geschlossen werden dürfe. In physikalistischer Karikatur wird daraus, daß für ein Zahlzeichen m = ||| . . . | aus Kreidestrichen, das etwa schon mehr als die Hälfte des Kreidevorrats der (endlichen!) Welt verbraucht hat, noch nicht einmal 2 m als Zahlzeichen »existiert«.
Im Brouwerschen Intuitionismus und im modernen Konstruktivismus wird auf dieses praktische Können keine Rücksicht genommen. Man geht vielmehr von der Konstruktionsregel

$$n \Rightarrow n|$$

aus, zu der »|« als Anfang genommen wird. Anschließend wird nur untersucht, was »nach dieser Regel« konstruierbar ist. Die

Konstruierbarkeit *nach Regeln* ist dabei nicht durch die Lebenszeit der Mathematiker, den Kreidevorrat oder ähnliches beschränkt. Z. B. wird die Potenz m^n durch Rekursion definiert – und der Beweis der (effektiven) Existenz von m^n mit Hilfe des Induktionsprinzips ist alles, was hier sinnvollerweise zur Verteidigung der Existenzbehauptung geboten ist.
Von A. A. Markow wurde diese Abstraktion von den praktischen Beschränkungen als die »Abstraktion der potentiellen Realisierbarkeit« bezeichnet. Dieser Ausdruck verleitet aber leider (vgl. z. B. W. Heitsch 1978) dazu, auch von einer »Abstraktion der absoluten Realisierbarkeit« zu reden – und schon sieht es so aus, als ob es bloßer Dogmatismus sei, wenn man die axiomatische Mengenlehre als dogmatisch kritisiert. Es scheint daher Vorsicht angebracht zu sein: beschränkt man sich auf die schlichten Behauptungen der konstruktiven Mathematik ohne bildungssprachliche Schnörkel (wie das aristotelische potentiell vs aktual), so bleibt die Beweislast für jede axiomatische Mengenlehre bei den Mengentheoretikern.
Für das eigentliche, nicht-mathematische Handeln (das also nicht nur mit Symbolen und sprachlichen Gegenständen handelt) spielen die Kann-Sätze eine anderer Rolle.
Es sei hier unterstellt, daß schon elementare Teile einer Orthosprache so weit rekonstruiert sind (vgl. die »rationale Grammatik« in Lorenzen/Schwemmer 1973), daß Tatsätze N π p (»N tut p«) zur Verfügung stehen. In einer Lebenssituation gelte es nun, beispielsweise über einen Graben zu springen. Wer springt? Nehmen wir an, daß einige springen, einige nicht. Durch Wiederholung dieser Situation lernt man von denjenigen, die gesprungen sind, zu sagen, daß sie springen *können*. Ein Sportlehrer findet leicht heraus, wer von seinen Schülern einen Hoch- oder Weitsprung *kann*, wer nicht. Beim Sprung vom Zehn-Meter-Brett ins Wasser ist es schon schwieriger. Wenn keinerlei Kunstsprung verlangt wird, sondern nur das bloße Springen – egal wie – nun ja, dann *kann* (eigentlich) jeder springen, aber viele tun es trotzdem nicht. Schließen wir Lernen durch Gewalt aus, so »können« es erfahrungsgemäß viele nicht. In psychologischer Differenzierung sagt man dann, daß sie nicht springen »mögen« oder nicht springen »wollen«.
Ohne Psychologie bleibt es bei der alten Regel der kritischen Vernunft: wer behauptet, er könne springen, der springe (*hic salta!*).

Es sei hier darauf verzichtet, eine Symbolisierung für dieses praktische Können einzuführen. Wir normieren die Sprache vielmehr nur darauf, daß es nicht um die Ausführung oder Unterlassung einer Handlung geht, sondern um das »Erreichen« eines zukünftigen Sachverhaltes. Sachverhalte werden dabei durch Aussagen *dargestellt*. In der Obsternte geht es z. B. darum, wer den Apfel erreicht (wer sich hinreichend reckt – recken, reichen, richten, regieren sind etymologisch verwandt).

Wer behauptet, ein Sachverhalt A (z. B. Ich habe den Apfel) sei »erreichbar«, der behauptet, er *könne* A erreichen.

Die Vernunft empfiehlt auch hier, so lange zu warten, bis A erreicht ist.

Aber ohne Planung, einschließlich der Tatkraft, die bisher Unerreichtes zu erreichen sucht, wird – das ist analytisch-wahr – nichts Neues erreicht.

Für die Praxis der Planung empfiehlt es sich daher, beim Reden über zukünftige Sachverhalte von ihrer »Erreichbarkeit« zu reden. Dieses Reden ist – wie hier angedeutet – empraktisch lehrbar: es wird in Handlungszusammenhängen (im Ernst des Lebens oder z. B. im Sport oder beim Äpfelpflücken) eingeübt.

Die Aussagen der Form »A ist erreichbar«, wofür wir kürzer schreiben Err A, sind jeweils auf eine Person oder Personengruppe bezogen, die darüber berät, ob A erreicht werden soll oder nicht. Als Bedingungen einer solchen normativen Beratung ist allemal zu klären, ob denn überhaupt A erreicht werden kann, also ob Err A.

Trivialerweise empfiehlt es sich, für solche Beratungen in komplizierten Fällen aus sprachökonomischen Gründen zumindest einige Definitionen hinzunehmen. Ausgehend von Err A entstehen nämlich durch Hinzunahme der Negation Err ¬ A, ¬ Err A und ¬ Err ¬ A. Hierfür seien hier die folgenden deutschen Wörter vorgeschlagen:

Verm	A (A ist vermeidbar)	⇋	Err ¬ A
Unerr	A (A ist unerreichbar)	⇋	¬ Err A
Unverm	A (A ist unvermeidbar)	⇋	¬ Err ¬ A.

Für die Konjunktion von Err und Verm sei noch das Wort »Verfügbar« als Terminus (Verf) vorgeschlagen.

Verf	A (A ist verfügbar)	⇋	Err A ∧ Verm A.

Das Wort »erreichbar« wird im Deutschen häufig auch dann verwendet, wenn gar nicht A erreichbar ist, sondern nur die (theoretische, vgl. § 2) Möglichkeit von A, insbesondere eine positive Wahrscheinlichkeit, vorhanden ist. Z. B. wirbt etwa eine Lotterie damit, daß als Höchstgewinn eine Million »erreichbar« sei. Was man hier *kann* (und soll), ist aber nur, daß man sich ein Los kauft, der Rest ist *unverfügbar*.
Das *tertium non datur* der klassischen Logik, angewendet auf die Konjunktion Verf A, liefert

$$\text{Verf A} \vee \neg \text{Verf A},$$

also ein *quartum non datur*

$$\text{Verf A} \vee \text{Unerr A} \vee \text{Unverm A}.$$

Als Konjunktion impliziert Verf selbstverständlich seine Konjunktionsglieder Err und Verm

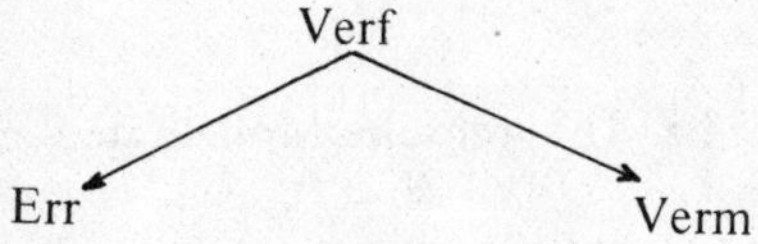

Das aus der (theoretischen) Modallogik bekannte Modalgefälle läßt den Leser vielleicht erwarten, daß die Unvermeidbarkeit die Erreichbarkeit impliziert. Das ist aber nicht der Fall: Unvermeidbarkeit und Unerreichbarkeit schließen einander nicht aus. Jeder Zufallsgenerator, etwa mit den Resultaten 0 und 1, liefert ein Beispiel: die 1 ist weder erreichbar noch vermeidbar, also unerreichbar *und* unvermeidbar.
Damit ist zugleich gezeigt, daß für die Unvermeidbarkeit auch die Distributivität (der theoretischen Notwendigkeit) nicht gilt. Denn, selbstverständlich ist $A \wedge \neg A$ stets vermeidbar (es ist auch stets unerreichbar, weil es unmöglich ist), aber im obigen Fall sind sowohl A (die 1), wie $\neg$ A (die 0) unvermeidbar. Es scheint mir daher angebracht zu sein, für die praktischen Modalitäten (mit Err als Grundmodalität) überhaupt nicht von einer »Modallogik« zu sprechen. Es kommt ja zu den Implikationen, die *junktorenlogisch* aus den Definitionen von Verm, Verf usw. folgen, keine einzige Implikation hinzu.

Um dies deutlich zu machen, nehme man etwa P n (n ist eine Primzahl) als Grundaussagen und definiere

$$
\begin{aligned}
&Qn && \leftrightharpoons P\,(n + 2)\\
&\bar{P}n && \leftrightharpoons \neg\, Pn\\
&\bar{Q}n && \leftrightharpoons \neg\, P\,(n + 2)\\
&Zn && \leftrightharpoons Pn \wedge Qn
\end{aligned}
$$

Ob es unendlich viele Primzahlzwillinge gibt (d. h. unendlich viele n mit Zn) wird durch diese Definitionen kein Problem einer »Zwillingslogik«, sondern bleibt ein arithmetisches Problem. Alle Fragen der Erreichbarkeit, Verfügbarkeit usw. bleiben entsprechend praktische Fragen – und die Junktorenlogik ist für die Definitionen gut genug.
Erst die theoretischen Modalitäten gestatten – für gewisse Zwecke – die Rechtfertigung einer eigenen Modallogik.

§ 2. Theoretische Modalitäten

Der Terminus »Gesetze« für generelle bedingte Aussagen (Alle P sind Q, Immer wenn A, dann B) ist aus dem politischen Bereich übernommen. Hier treten generelle bedingte Imperative auf: Wer betrogen hat, ersetze den Schaden! Jeder Erwerbstätige zahle Steuer! usw.
Unsere Gesetzbücher benutzen statt der Imperative die verschiedensten bildungssprachlichen Varianten, z. B. in § 249 des BGB: »Wer zum Schadenersatz *verpflichtet* ist, *hat* den Zustand *herzustellen*, der bestehen würde, wenn der zum Ersatz *verpflichtende Umstand* nicht eingetreten wäre.«
Bei Normierung auf »sollen« wäre dieser Satz aus § 249 etwa so zu formulieren: »Wer den Schaden ersetzen *soll, soll* den Zustand herstellen, der bestehen würde, wenn die *Bedingung*, aufgrund der Ersatz geleistet werden *soll*, nicht erfüllt worden wäre.«
Für die gegenwärtige Rechtspraxis ist eine solche Normierung kaum zu empfehlen, sie bleibt aber ein Desiderat der Rechtswissenschaft. Die Normierung läßt sich dadurch einen Schritt weiterführen, daß man die Soll-Sätze mit der Modalität »geboten« formuliert.

Den Imperativ: »Stelle (den Sachverhalt) A her!« ersetzt man durch »A soll hergestellt werden« oder durch »es ist geboten, A herzustellen«. Kürzer: »A ist geboten« und hierfür symbolisiert dann

△! A

Entsprechend zu den vier von »Err« ausgehenden Definitionen läßt sich hier definieren

△'! A ⇋ △! ¬ A
▽ ! A ⇋ ¬ △! ¬ A
▽'! A ⇋ ¬ △! A
⧖ ! A ⇋ ¬ △! ¬ A ∧ ¬ △! A

Als deutsche Termini seien für diese deontischen Modalitäten vorgeschlagen:

△'! A (A ist verboten)
▽ ! A (A ist unverboten)
▽'! A (A ist ungeboten)
⧖ ! A (A ist erlaubt)

Häufig wird »erlaubt« auch im Sinne von »unverboten« verwendet. Für ⧖ wird dann »freigestellt« als Terminus gebraucht.
Das deontische quartum non datur erhält man jetzt aus dem tertium non datur ⧖ ! A ∨ ¬ ⧖ ! A, nämlich

⧖ ! A ∨ △! A ∨ △'! A
(A ist erlaubt, geboten oder verboten)

Soweit sind diese Entwicklungen der Deontik parallel zu den praktischen Modalitäten. Aber die deontische Grundmodalität, die Gebotenheit, ist kein Terminus, der wie die Erreichbarkeit (das Können) nur unmittelbar in Handlungszusammenhängen eingeübt wird. Imperative lernt man selbstverständlich auch nur empraktisch. Aber die Gebotenheit läßt sich dadurch definieren, daß man sich explizit auf ein System ! Σ von generellen bedingten Imperativen, auf einen Gesetzeskodex, bezieht. Befindet man sich in einer Situation S (die Situation S ist dargestellt durch Aussagen, aus denen folgt, welche Bedingungen eines Systems ! Σ von generellen bedingten Imperativen erfüllt sind), dann liefert ! Σ für S ein System ! T von unbedingten Imperativen. (Vgl. hierzu die ausführlichere Erörterung in Lorenzen/Schwemmer 1973.)

Für die Situation S wird relativ zu ! Σ durch ! T definierbar, wann ein Sachverhalt A »geboten« ist

$$\triangle_{!T}\ !\,A \leftrightharpoons T < A$$

Nach dieser Definition sind insbesondere alle Imperative von ! T selbst »geboten«. So erklärt sich, warum der Gesetzgeber keine Basis*imperative* formuliert, sondern seine Gesetze schon als Soll-Sätze (als Gebotenheiten) formuliert.
Jetzt zeigt sich aber auch, daß diese Definition von △ ! zu einer »Modallogik« führt; weil es nämlich sinnvoll wird, nach den Implikationen zwischen Soll-Sätzen zu fragen, die gleichmäßig relativ zu allen Situationen S und Gesetzeskodizes ! Σ gelten.
Weil nach den Implikationen gefragt wird, die unabhängig von dem jeweiligen ! T sind, empfiehlt es sich, kurz »△ ! A« anstelle von »$\triangle_{!T}$! A« zu schreiben.
Als Sätze über die logischen Implikationen T < A ergeben sich dann sofort die Beckerschen Axiome der homogenen Modallogik

$$A < B \Rightarrow \triangle!\, A < \triangle!\, B$$

(d. h. wenn A < B, dann impliziert T < A stets T < B)

und $\triangle!\,(A \wedge B) >< \triangle!\, A \wedge \triangle!\, B$

(d. h. T < A ∧ B ist äquivalent mit T < A und T < B).

Es ergibt sich auch das weitere homogene Axiom

$$\triangle!\, A < \nabla!\, A$$

(was geboten ist, ist unverboten)

aus der selbstverständlichen Forderung (an jeden Gesetzgeber), daß ein Gesetzeskodex für keine Situation etwas zugleich gebietet und verbietet.
Für die deontische Modallogik erhalten wir daher die klassische Implikationsfigur

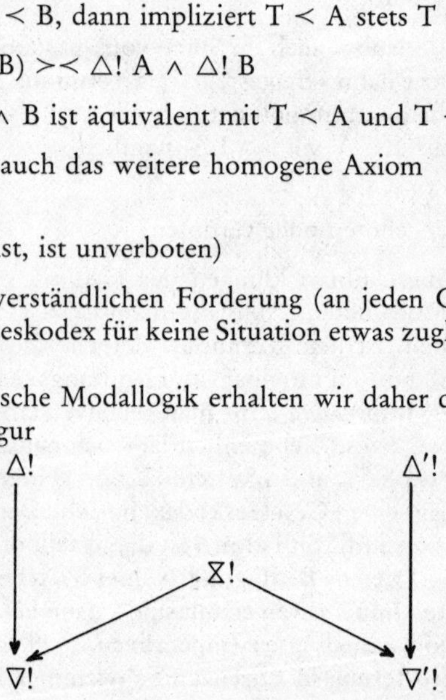

Für die inhomogene Modallogik findet man dagegen in der Deontik kein Modell (es sei denn durch die unnütze Fiktion absolut gesetzestreuer Untertanen).

Die sogenannte ontische Modallogik bezieht sich im wichtigsten Falle nicht auf das, was ist, sondern auf das, was *sein wird*. Sie kann daher auch futurische oder mellontische Modallogik genannt werden.

Diese Modallogik läßt sich aus unserer technischen Praxis begründen. Vortheoretisch arbeitet man in der Technik mit »Erfahrungsregeln«, von Kant »Klugheitsregeln« genannt: man hat sich für einen Zweck (die Herstellung eines Dinges, allgemeiner: eines Sachverhalts) entschieden und erhält nun den Rat, in der gegebenen Situation $S_\emptyset$ zur Erreichung des Zweckes (also eines Sachverhalts A) dies oder jenes zu tun. Die durch die Erfahrung belehrte Klugheit empfiehlt, als *Wirkung* der angeratenen Tat in der Situation $S_\emptyset$ die Erreichung von A zu *erwarten*. Die Situation $S_\emptyset$ werde durch die angeratene Tat in die Situation S überführt. Die Erfahrung (= Klugheit) empfiehlt, in der neuen Situation S (ohne weiteres Zutun) die Erreichung von A zu erwarten. Die Wissenschaft erhebt solche »Empfehlungen« zu begründeten Geboten: in Situationen S soll(te) jeder die Erreichung von A erwarten. Üblicherweise wird dieses Gebot als ein prognostisches Gesetz formuliert. »Wenn S besteht, dann wird A sein.« Die Wissenschaft produziert ein »Wissen«, das solche Prognosen impliziert.

Es dürfte aber deutlich sein, daß die neue Terminologie, die aus den Klugheitsregeln »prognostische Gesetze«, ein »nomologisches Wissen« macht, nichts daran ändert, daß auch keine Wissenschaft etwas anderes kann, als *Erwartungsgebote* (wenn S, dann erwarte A!) aufzustellen. Die Wissenschaft ist allerdings eine Veranstaltung, die ihre Erwartungsgebote systematisch begründet (statt der bloßen Erfahrung der Praxis).

Besonders irreführend ist der Ausdruck »Naturgesetze« für Erwartungsgebote, weil er »die Natur« als Gesetzgeberin suggeriert. Dadurch wird der Zusammenhang der Erwartungsgebote mit unserer technischen Praxis zerstört. Es entsteht der Eindruck, als ob es Gesetze der Natur wie – in der Theologie – den Willen Gottes gäbe, als ob also unabhängig von unserer Technik ein Grund bestünde, solche Gesetzmäßigkeiten der Natur zu erforschen. Immer wieder wird in dieser Diskussion um die Entideologisierung (die Entmythisierung) der Physik ausgerechnet die Astronomie, also ein Stück *Naturgeschichte* – der gestirnte Himmel über uns – angeführt, als ob man den Himmel (nach erfolgter Reduktion der Physik auf unser technisches Interesse) nicht noch genau so anstaunen könnte, wie etwa den jedes Jahr wiederkehrenden Frühling. Das kann hier nicht zu Ende diskutiert werden. Für die Modallogik hat jedenfalls die technische Interpretation der Naturwissenschaften als eines Systems von Erwartungsgeboten den Vorteil, daß sich die »Notwendigkeit«, die sich auf »Naturgesetze« bezieht, sofort als ein Spezialfall der deontischen Gebotenheit ergibt: für die Wissenschaft, für die Theorie, ist es nicht geboten, Sachverhalte herzustellen, sondern zu erwarten.

$S \rightarrow {}^{*}A$

sei als Symbolisierung für den Imperativ: »Wenn S, dann erwarte A!« vorgeschlagen.
Statt der prognostischen Gesetze (oder Hypothesen, wie man neuerdings gern sagt) haben wir es also in den Wissenschaften mit einem System $^{*}\Sigma$ von (generellen bedingten) Erwartungsimperativen zu tun. Wenn die Situation S hergestellt ist, dann folgt aus den Aussagen, die S darstellen, welche Bedingungen eines Systems $^{*}\Sigma$ von generellen bedingten Erwartungsimperativen erfüllt sind, und damit ein System $^{*}T$ von unbedingten Erwartungsimperativen.

Durch

$\triangle_{*T}\ {}^{*}A \leftrightharpoons T < A$

wird die relative »Notwendigkeit« (Erwartungsgebotenheit) von A definiert. Alle Theoreme der deontischen Modallogik gelten auch hier, wenn man wieder nach den Implikationen fragt, die gleichmäßig relativ zu allen Situationen S und allen Gesetzeswissen $^{*}\Sigma$, d. h. gleichmäßig für alle $^{*}T$, gelten. Wir schreiben für diese mellontische Modallogik

$\triangle {}^{*}A$ anstelle von $\triangle_{*T}\ {}^{*}A$

Die Mellontik ist die Deontik der Erwartungen. Mit Negation und Konjunktion erhalten wir die weiteren vier Modalitäten

$\triangle' {}^{*}A \leftrightharpoons A * \neg A$ (erwartungsverboten)
$\nabla {}^{*}A \leftrightharpoons \neg \triangle * \neg A$ (erwartungsunverboten)

$\nabla' {*}A \leftrightarrows \neg \triangle {*}A$ (erwartungsungeboten)
⧖ $*A \leftrightarrows \neg \triangle * \neg A \wedge \neg \triangle {*}A$ (erwartungserlaubt)

Üblicherweise läßt man das Erwartungszeichen * weg und benutzt als Übersetzungen im Deutschen

- $\triangle$ notwendig
- $\triangle'$ unmöglich
- ∇ möglich
- ∇' negativ möglich (unnotwendig)
- ⧖ kontingent

Ersichtlich ist diese Terminologie so zustande gekommen, daß ∇ (möglich) wie »erreichbar« (»mögen« im Sinne von »vermögen«, »können«) als Grundbegriff empfunden wird – und außerdem $\triangle$ mit der sogenannten Notwendigkeit von Bedingungen verwechselt wird. Um einen Zweck zu erreichen, sind gewisse Mittel *nötig*, gewisse *Bedingungen* sind zu erfüllen. Das sind Bedingungen im Sinne einer *conditio sine qua non* – hierfür würde das Wort »Bedingung« ohne jeden weiteren Zusatz genügen. Nur weil bei Bedingungen, die im rechtlichen Bereich gesetzt werden (»bedingen« kommt von »Ding« = Rechtssache), so häufig Ausnahmen gemacht werden, zeichnet man »unvermeidbare« (zwingende, nötige) Bedingungen eigens aus. Nennt man allerdings jede Prämisse einer Behauptung eine »Bedingung«, dann ist Konfusion nicht zu vermeiden. Bei strengerem Sprachgebrauch ist ein »hinreichendes« System von Bedingungen (für die Wahrheit) einer Aussage nichts als ein System von Bedingungen (d. h. von Implikaten der Aussage), dessen Konjunktion mit der Aussage äquivalent ist. Aufgrund der Definition von $\triangle$ relativ zu einem Gesetzeswissen wären Wörter wie »gesetzmäßig« (sogar »naturgesetzlich«) oder »zwangsläufig« (weil die Gesetze Verlaufgesetze sind, die das zwanghafte Erreichen – ohne unser Zutun – von Sachverhalten prognostizieren) eine angemessenere Übersetzung von $\triangle$ als das traditionelle »notwendig«. Solche Übersetzungsfragen sind allerdings nicht Gegenstand der Modallogik: sie sind Gegenstand der Hermeneutik.
Es bleibt jetzt zu klären, wie sich die praktischen Modalitäten in die klassische Implikationsfigur der theoretischen Modalitäten einordnen lassen. Es geht dabei darum, für die problematischen

Fälle, in denen über die Erreichbarkeit eines Sachverhalts nicht durch einen einfachen Versuch (*hic salta!*) entschieden werden kann, die Wissenschaften (Theorien) zur Stützung der Praxis, insbesondere längerfristiger Planungen nutzbar zu machen.
Trivial ist der Zusammenhang von △ (Zwangsläufigkeit) und Err (Erreichbarkeit). Ein Sachverhalt, der sich – nach unserem besten Wissen – zwangsläufig herstellen wird, um dessen Erreichbarkeit brauchen wir uns keine Sorgen zu machen. Hier ist es geboten zu erwarten, daß der Sachverhalt ohne unser Zutun erreicht wird: er ist also trivialerweise erreichbar. △ impliziert Err.
Wichtiger ist die Forderung, nur das für erreichbar zu halten, was (theoretisch) möglich ist, d. h. was zu erwarten durch kein Wissen verboten ist. Weiß man (d. h. meint man zu wissen), daß die Negation ¬ A eines Sachverhalts A sich *zwangsläufig* herstellen wird, dann wird man – vernünftigerweise – nicht versuchen, A zu erreichen. Anders formuliert: wäre A (durch geeignete Handlungen) erreichbar, dann wäre ¬ A nicht zwangsläufig, es wäre also A »möglich«. Die Erreichbarkeit impliziert die Möglichkeit (Erwartungsunverbotenheit): Err ≺ ▽. Die Stützung der Praxis durch Theorie geschieht also durch die beiden Implikationen △ ≺ Err ≺ ▽. Gewissermaßen wird hier »Err« eingespannt zwischen die theoretischen Stützen △ und ▽.
Aus diesen Implikationen erfolgt aufgrund der Definitionen der übrigen Modalitäten insgesamt:

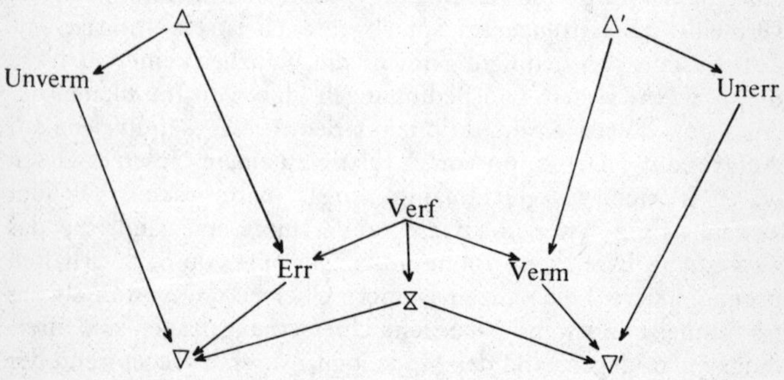

Die Einordnung der praktischen Modalitäten in die Deontik der ethisch-politischen Normen ist gesondert zu behandeln. Geht es in einer Beratung darum, ob man versuchen sollte, einen Sachverhalt A zu erreichen, so wird man zunächst seine technische Vernunft anstrengen, um herauszubekommen, ob A denn überhaupt möglich ist. Angenommen A sei in dem Sinne möglich, daß man sogar eine Wahrscheinlichkeit für A abschätzen kann, etwa zwischen 0,6 und 0,7. A ist dann nicht »erreichbar« (weil ¬ A ja mit einer Wahrscheinlichkeit von 0,3 bis 0,4 »unvermeidbar« ist) – aber das Risiko möchte sich lohnen. Vorausgesetzt ist dabei, daß die Herstellung von A überhaupt geboten oder zumindest erlaubt ist. Diese rechtliche, allgemeiner: ethisch-politische Frage hat stets Vorrang vor der technischen Frage. »Nicht alles, was machbar ist, ist auch wünschenswert« – in dieser Formulierung wird gegenwärtig von jedem Politiker, der etwas auf sich hält, vor den Technokraten gewarnt (Kardinäle verwenden »erlaubt« statt »wünschenswert«). Gemeint ist, daß der Schluß von Err auf ▽ ! nicht gilt: non sequitur. Es ist eine Verschärfung des üblichen non sequitur, daß nämlich ▽ (die Möglichkeit) ▽ ! (die Gebotenheit oder Erlaubtheit) nicht impliziert. Entsprechend ist auch Verf < ⧖ ! ungültig. Schließlich läßt sich noch die berühmte Implikation △ ! < ▽ (Sollen impliziert Können) verschärfen zu: △ ! impliziert Err. In kontraponierter Form »Unerr < ¬ △ !« ist das die alte römische Rechtsformel: *ultra posse nemo obligatur*. Die Begründung dieser Implikation liegt im Richterrecht: der Richter soll niemanden wegen der Ausführung bzw. Unterlassung einer Handlung verurteilen, die (für diese Person in ihrer Situation) nicht unterlassen bzw. ausgeführt werden *konnte*.

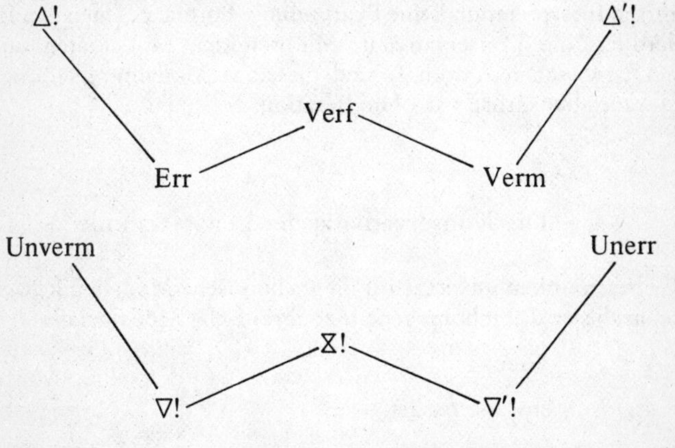

Diese Forderung geht dann auch an den Gesetzgeber, gewissermaßen als eine überpositive Verfassungsnorm: er soll keine Gesetze machen, die Unerreichbares gebieten.
Für die Deontik zerfällt die obige Implikationsfigur daher in zwei Figuren (siehe S. 49 unten).
Für die 6 affirmativen Modalitäten (praktisch, mellontisch und deontisch) ergibt sich insgesamt aus den oben begründeten Festsetzungen △ ∨ △ ! < Err < ▽ durch Kontrapositionen die folgende Figur

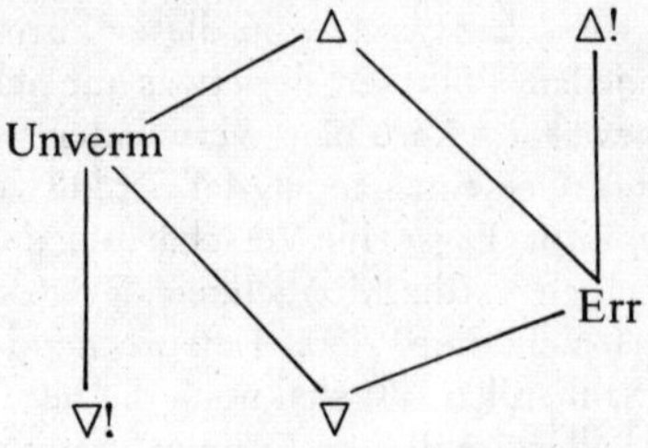

Alle weiteren Implikationen zwischen den übrigen Modalitäten folgen durch bloße Substitutionen (¬ A statt A) und aus den Definitionen von Verf, ⊠, ⊠ ! als Konjunktionen. Selbstverständlich ist hier aber stets die klassische Logik benutzt, die effektive Modallogik ist komplizierter.
Für die Iteration der Modalitäten ergibt sich in der hier durchgeführten Interpretation keine Begründung. Formal gesehen genügt allerdings die Konservativität: Mit iterierten Modalitäten und dem Lewisschen Axiom L sind dieselben Modalimplikationen 1. Grades beweisbar wie ohne Iteration.

§ 3. Die Konservativität der Lewis-Kalküle

Wir beschränken uns jetzt auf die mellontische Modallogik, weil nur in dieser das inhomogene theophrastische Modalgefälle

△ A < A < ▽ A

zwanglos interpretierbar ist.

Bleibt man bei der Interpretation von $\triangle$ A als »Erwartungsgebotenheit« des zukünftigen Sachverhaltes A, dann hat die einfache (simpliciter) Behauptung von A keinen Sinn. Zukunftsaussagen *sind* weder wahr noch falsch, sie *werden* erst wahr oder falsch.
Man kann sich aber auf einen Aussagenbereich beschränken, über den man ein solches (vermeintliches) Zusatzwissen hat, daß relativ zu ihm jede Aussage dieses Bereichs notwendig oder unmöglich ist. Notieren wir diese relative Notwendigkeit durch X, dann gilt

$$X\,A \vee X \neg A$$

d. h. $\neg X \neg A >< X\,A$. Es ist also dann X selbstdual, X A darf daher genau wie die einfache Wahrheit behandelt werden. Statt X A darf *simpliciter* A geschrieben werden. Mit $\triangle$ und ∇ als Modalitäten für das gewöhnliche Wissen (bezogen auf den beschränkten Aussagenbereich) und X als Modalität für das um das Zusatzwissen erweiterte Wissen gilt dann

$$\triangle A < X\,A$$

und hieraus folgt

$$X\,A < \nabla A.$$

Diese Interpretation läßt sich z. B. dadurch erfüllen, daß man das gewöhnliche Wissen auf den Stand eines früheren Zeitpunktes beschränkt (oder gar auf das »apriorische« Wissen, das für jeden Zeitpunkt gilt). Man verlegt die epistemische Situation in die Vergangenheit und nennt die gegenwärtigen Sachverhalte genau dann »notwendig«, wenn man sie vom früheren Standpunkt aus schon hätte erwarten sollen. Das Zusatzwissen ist dann das gegenwärtige Wissen über die Gegenwart (so daß $X\,A \vee X \neg A$ klassisch gerechtfertigt ist). In dieser »pseudomellontischen« Version (vgl. BI 700) ist der Aussagenbereich nicht eigens zu beschränken. Beide Versionen beweisen, daß die Hinzufügung von

$$(*)\ \triangle A < A$$

die homogene Modallogik 1. Grades sinnvoll zu einer inhomogenen Modallogik 1. Grades erweitert. Die Beschränkung der Aussagen auf solche, für die es ein (vollkommenes) Zusatzwissen gibt, läßt allerdings erwarten, daß die Erweiterung nicht konservativ sein wird: es gibt homogene Implikationen (1. Grades), die mit (*) beweisbar sind, ohne (*) aber nicht beweisbar sind, z. B. (vgl. Lorenzen/Schwemmer 1973)

$$\bigwedge_x \triangle a x \prec \triangledown \bigwedge_x a x.$$

Bei dem Versuch, durch Interpretation über die inhomogene Modallogik 1. Grades zu Modallogiken beliebigen Grades zu kommen, begibt man sich in das Gebiet intuitiver Spekulationen oder artifizieller quantorenlogischer Interpretationen (oder in beide Gebiete – wie in der Kripke-Semantik). Ich beschränke mich – aufgrund von Hinweisen von A. Raggio – daher auf die Untersuchung der Konservativität solcher Erweiterungen: es werde nur untersucht, ob an der Beweisbarkeit der Modalimplikationen 1. Grades durch die Erweiterung etwas geändert wird. Ändert sich nichts, dann heiße die betrachtete Erweiterung konservativ.

Geht man durch Zulassung iterierter Modalitäten (ohne Hinzunahme weiterer Axiome zu den bisherigen) zu dem Modalkalkül M* (so die Bezeichnung bei Schütte 1968 und in Lorenzen/Schwemmer 1973) über, dann ist diese Konservativität trivial: in der Entwicklung einer modallogischen Stellung

$$\Sigma \parallel T$$

in der höchstens Modalformeln 1. Grades auftreten, treten nur Teilformeln dieser Formeln auf – die Iteration kommt also überhaupt nicht vor. (Diese Überlegung gilt auch für die deontische Logik ohne (*)).

Erst die Hinzunahme des Lewisschen Axioms

$$\text{(L)} \quad \triangle A \prec \triangle \triangle A$$

erfordert eine Zusatzüberlegung.

Für einen Sequenzenkalkül à la Beth (*upside-down:* zur Notation vgl. Lorenzen/Schwemmer 1973) könnte man statt L-Hypothesen den Schritt

$$\begin{array}{ll|l} \Sigma & (\triangle A) & T \\ & \triangle \triangle A & \end{array}$$

nehmen. Das wäre kein Entwicklungsschritt, weil $\triangle\,\triangle\,A$ keine Teilformel von $\triangle\,A$ ist. Statt der L-Hypothesen kann aber in M * auch der folgende Entwicklungsschritt

$$(L)\quad \begin{array}{l||l} \Sigma\,(\triangle A_1, \ldots, \triangle A_m) & T\,(\triangle B) \\ \hline \triangle A_1 & \\ \vdots & \\ \triangle A_m & B \end{array}$$

genommen werden.

Beweis:

$$(1)\quad \begin{array}{l||l} \triangle A_1 \rightarrow \triangle \triangle A_1 & \\ \qquad\vdots & \\ \triangle A_m \rightarrow \triangle \triangle A_m & \\ & \\ \Sigma\,(\triangle A_1, \ldots, \triangle A_m) & T\,(\triangle B) \end{array}$$

ist in M * in abgeschlossene Zweige und

$$\begin{array}{l||l} \triangle A_1 \rightarrow \triangle \triangle A_1 & \\ \qquad\vdots & \\ \triangle A_m \rightarrow \triangle \triangle A_m & \\ & \\ \Sigma\,(\triangle A_1, \ldots, \triangle A_m) & T\,(\triangle B) \\ & \\ \quad \triangle \triangle A_1 & \\ \qquad\vdots & \\ \quad \triangle \triangle A_m & \\ \hline \qquad \triangle A_1 & \\ \qquad\vdots & \\ \qquad \triangle A_m & B \end{array}$$

entwickelbar.

$$(2)\quad \begin{array}{l||l} & \triangle A \rightarrow \triangle \triangle A \end{array}$$

ist mit dem L-Schritt abschließbar:

$$\begin{array}{l||l} \triangle A & \triangle \triangle A \\ \hline \triangle A & \quad \triangle A \end{array}$$

Der $\triangle$-Schritt ist trivialerweise überflüssig, wenn man L- und *-Schritte zur Verfügung hat.

Σ ($\triangle A_1, \ldots, \triangle A_m$)	T ($\triangle$ B)	
$\triangle A_1$		(L)
$\vdots$		
$\triangle A_m$	B	
A_1		(*)
$\vdots$		$\vdots$
A_m		(*)

Für diesen Entwicklungskalkül gilt der Schnittsatz (vgl. Schütte 1968). Hieraus folgt sofort, daß alle Modalformeln höchstens 1. Grades, die in M * L ableitbar sind, auch schon in M * ableitbar sind. Die Lewissche Forderung (L) betrifft also nur die Modalformeln höheren Grades – und bringt nur dort eine Vereinfachung.

Beweis (nach A. Raggio):

Es werde in der M * L-Entwicklung einer Stellung höchstens 1. Grades der L-Schritt mindestens einmal gebraucht. Der erste L-Schritt in einem Zweige sei

Σ ($\triangle A_1, \ldots, \triangle A_m$)	T ($\triangle$ B)
$\triangle A_1$	
$\vdots$	
$\triangle A_m$	B

Es folgen dann nur noch *-Schritte, weil $A_1, \ldots, A_m$ und B modalfrei sind. Es folgen also höchstens noch die *-Schritte

Σ' ($\triangle A_\mu$)	T'
A_μ	

Die zur Abschließung des Zweiges benötigten Formeln A_μ links von ‖ erhält man aber auch, wenn man den L-Schritt durch einen $\triangle$-Schritt ersetzt:

$\Sigma (\triangle A_1, \dots, \triangle A_m)$	$T (\triangle B)$
A_1	
$\vdots$	
A_m	B

und dafür auf die *-Schritte verzichtet.
Die Erweiterung von M * zu M * L (bei Schütte S 4 *) ist also konservativ relativ zur Modallogik 1. Grades. Diese Konservativität gilt bekanntlich nicht mehr für das zu S 5 * führende Lewissche Axiom der Rechtsabsorption (L_r) $\nabla \triangle A < \triangle A$.
Die Barcanformel (vgl. z. B. Lorenzen/Schwemmer 1973, S. 138 f.) ist in $M * L_r = S\,5\,*$ ableitbar, ohne (L_r) nicht.
Will man daher S 5 * überhaupt noch als eine Modallogik (statt als Fragment der Quantorenlogik) interpretieren, so sei dazu das Resultat von K. Matsumoto (1955) empfohlen: die Beweisbarkeit einer Modalformel A in $M * L_r$ ist äquivalent mit der Beweisbarkeit von $\triangle \nabla \triangle A$ in M * L.

Literatur

O. Becker (1952), *Untersuchungen über den Modalkalkül*, Meisenheim/Glan.

W. Heitsch (1978), *Mathematik und Weltanschauung, Berlin*

P. Lorenzen/O. Schwemmer (1973), *Konstruktive Ethik, Logik und Wissenschaftstheorie*, Mannheim/Wien/Zürich.

K. Matsumoto (1955), »Reduction theorem in Lewis' sentential calculi«, in: *Mathematica Japonicae* 3, S. 133-135.

K. Schütte (1968), *Vollständige Systeme modaler und intuitionistischer Logik*, Berlin/Heidelberg/New York.

II
Technik

Eine konstruktive Deutung des Dualismus in der Wahrscheinlichkeitstheorie

Es gibt *drei* verschiedene »Anwendungsgebiete« der Wahrscheinlichkeitstheorie: Glücksspiele, statistische Gesetze in den Naturwissenschaften und wirtschaftliche Entscheidungen bei Risiko. Der probabilistische »Dualismus« (vgl. z. B. Stegmüller IV, 1, 1973, S. 69) versucht die verschiedenen Anwendungsgebiete dadurch verständlich zu machen, daß zwei »Wahrscheinlichkeitsbegriffe« unterschieden werden: die statistische (objektive) Wahrscheinlichkeit als eine »theoretische Größe« der Physik und die personelle (subjektive) Wahrscheinlichkeit der Entscheidungstheorie. Die Theorie der Glücksspiele bildet in beiden Fällen einen trivialen Spezialfall: das »ideale« Würfelspiel ist zugleich ein Spezialfall des statistisch zu untersuchenden Werfens von polyederförmigen Körpern und ein Spezialfall entscheidungstheoretisch zu behandelnder Wetten (Bayes-Regel).

Es soll im folgenden gezeigt werden, daß eine konstruktive Theorie der Glücksspiele (die auch *unsymmetrische* Aggregate von Zufallsgeneratoren berücksichtigt) einen Wahrscheinlichkeitsbegriff liefert, für den die Kolmogorow-Axiome gelten – und daß sich dann sowohl die statistische Physik als auch die Entscheidungstheorie als Anwendungen dieses *einen* Wahrscheinlichkeitsbegriffes begründen lassen. Es ergibt sich dabei allerdings, daß die *Gleichsetzung* der Wahrscheinlichkeitsfelder mit den Modellen der Kolmogorow-Axiome (diese mögen »Kolmogorowfelder« heißen) nicht gerechtfertigt ist: Jedes Wahrscheinlichkeitsfeld ist ein Kolmogorowfeld – die Umkehrung folgt nicht.

Die Einordnung des de Finettischen Gesetzes der großen Zahlen in die konstruktive Theorie zeigt, daß der Grundlagenstreit um »objektiv« und »subjektiv« nicht zwei Wahrscheinlichkeitsbegriffe erfordert, sondern zwei Anwendungen eines Begriffes.

Seit der klassischen Arbeit von Kolmogorow (1933) scheint die Frage beantwortet zu sein, was Wahrscheinlichkeitstheorie ist (bzw. sein sollte). Es ist die Theorie der Wahrscheinlichkeitsfelder – und die Wahrscheinlichkeitsfelder werden definiert als Modelle der Kolmogorow-Axiome, d. h. als σ-Algebren von Mengen mit einer normierten σ-additiven Mengenfunktion. Als Begründungsproblem der Wahrscheinlichkeitstheorie stellt sich daher – anscheinend – nur noch das Problem, die Wahl der Kolmogorow-Axiome zu begründen. Kolmogorow selbst ging von der Schwierigkeit der »objektivistischen« Begründung aus, wie sie v. Mises

(1919) vorgelegt hatte: die Wahrscheinlichkeit wurde definiert als der Limes von Häufigkeiten in einer Serie von Zufallsereignissen. Die Schwierigkeit liegt hier in der Rede von einer (gedachten?) unendlichen Serie von Zufallsereignissen – insbesondere weil die »Zufälligkeit« der Ereignisse nach v. Mises erst aufgrund der *unendlichen* Serie definierbar war.

Auch nach der Axiomatisierung durch Kolmogorow bleibt der »objektivistische« Begründungsanspruch – jetzt als Begründung der Wahl der Axiome – erhalten. An seinen Schwierigkeiten hat sich dadurch nichts geändert.

Diese Schwierigkeiten, die auch von Mathematikern empfunden werden, die sonst keine Skrupel haben, unendliche Mengen als vollendet zu denken (sogenanntes »aktuales« Unendlich gegenüber dem »potentiellen« Unendlich der Konstruktivisten aller Schattierungen) – diese Schwierigkeiten haben zu einer »subjektivistischen« Begründung ermutigt, vor allem seit Ramsey (1926) und de Finetti (1937). Seit Savage (1954) liegt dieser Begründungsversuch als Lehrbuch vor. Er knüpft in einer bestimmten Weise an die klassische Definition der Wahrscheinlichkeit von Laplace an, die nur für Zufallsgeneratoren (Glücksspiele) anwendbar ist. Bei Glücksspielen, z. B. einem Würfel, wissen wir nicht, auf welche Seite der Würfel fallen wird. Bei »idealem« Würfelspiel sei es *daher* vernünftig, alle 6 Seiten als »gleichmöglich« (man könnte auch sagen »gleichnotwendig« – aber dann mit einer verminderten »Notwendigkeit«: es gibt daher hier keine (notwendige) Wahrheit, sondern nur eine Wahrheitsähnlichkeit, nur »Wahrscheinlichkeit«) zu erwarten. Für ein vernünftiges Subjekt sind alle 6 Seiten »gleichwahrscheinlich«.

Gewiß machen immer noch Spielkasinos und Lotterien ihren sicheren Gewinn aufgrund solcher Wahrscheinlichkeiten, das Problem der Begründung der Wahrscheinlichkeitstheorie liegt aber darin, die Kolmogorow-Axiome in ihrer Anwendung auf Ereignisse außerhalb der Glücksspiele zu begründen, z. B. auf natürliche Ereignisse, wie in der Thermodynamik oder Mikrophysik, und auf soziale Ereignisse, wie bei den Lebensversicherungen.

Es gibt also – oberflächlich gesehen – *drei* verschiedene »Anwendungsgebiete« der Wahrscheinlichkeitstheorie: Glücksspiele, statistische Gesetze in den Naturwissenschaften und wirtschaftliche Entscheidungen bei Risiko.

Der probabilistische »Dualismus« (vgl. z. B. Stegmüller IV, 1, 1973, S. 69) versucht die verschiedenen Anwendungsgebiete dadurch verständlich zu machen, daß zwei »Wahrscheinlichkeitsbegriffe« unterschieden werden: die statistische (objektive) Wahrscheinlichkeit als eine »theoretische Größe« der Physik und die personelle (subjektive) Wahrscheinlichkeit der Entscheidungstheorie. Die Theorie der Glücksspiele bildet in beiden Fällen einen trivialen Spezialfall: das »ideale« Würfelspiel ist zugleich ein Spezialfall des statistisch zu untersuchenden Werfens von polyederförmigen Körpern und ein Spezialfall entscheidungstheoretisch zu behandelnder Wetten (Bayes-Regel).
Es soll im folgenden gezeigt werden, daß eine konstruktive Theorie der Glücksspiele (die auch unsymmetrische *Aggregate* von Zufallsgeneratoren berücksichtigt) einen Wahrscheinlichkeitsbegriff liefert, für den die Kolmogorow-Axiome gelten – und daß sich dann sowohl die statistische Physik als auch die Entscheidungstheorie als Anwendungen dieses *einen* Wahrscheinlichkeitsbegriffes begründen lassen. Es ergibt sich dabei allerdings, daß die *Gleichsetzung* der Wahrscheinlichkeitsfelder mit den Modellen der Kolmogorow-Axiome (diese mögen »Kolmogorowfelder« heißen) nicht gerechtfertigt ist: Jedes Wahrscheinlichkeitsfeld ist ein Kolmogorowfeld – die Umkehrung folgt nicht.
In einem ersten Teil sei eine Theorie der Zufallsaggregate skizziert, die zur Definition des Wahrscheinlichkeitsbegriffes und zum Beweis der Kolmogorow-Axiome führt. Hier kann ich mich kurz fassen, weil ich diese Theorie schon früher dargestellt habe (»Zur Definition von ›Wahrscheinlichkeit‹« und »Konstruktive und axiomatische Methode«, in: Lorenzen 1974) und weil mittlerweile die erforderlichen Beweise der Hauptsätze über Kolmogorowfelder im Rahmen der konstruktiven Analysis von G. Weippert (1977) geführt worden sind.
In einem zweiten und dritten Teil seien dann die »Anwendungen« in der statistischen Physik und in der Entscheidungstheorie dargestellt.

1. Eine konstruktive Theorie von Zufallsaggregaten

Glücksspiele sind älter als die Naturwissenschaften. Würfelspiele sind schon altorientalisch. Es ist zwar historisch so gewesen, daß eine Theorie der Glücksspiele erst im 17. und 18. Jh., den Jahrhunderten des mechanistischen Weltbildes, entstanden ist – aber sachlich haben Glücksspiele nichts mit dem metaphysischen Problem des Determinismus zu tun.

Die Frage, ob »die Natur« von Gesetzen »beherrscht« werde, konnte ja erst entstehen, als ein Weltenschöpfer (aus den altorientalischen Mythen) bei den Griechen gelernt hatte, daß Gesetzgeber *vernünftige* Gesetze machen sollten.

Auf der Basis vorwissenschaftlicher Technik gibt es – ohne Mythos – zunächst nur die Unterscheidung, daß gewisse Geschehnisse *sicher* bewirkt werden können, andere nicht. Schon das – vermutlich prähistorische – Ziehen von Losen ist aber eine Technik, bei der man nur sicher ist, daß niemand etwas über das Ergebnis im voraus wissen kann.

Vor aller Metaphysik des Determinismus oder Indeterminismus hat sich die Technik von Zufallsgeneratoren entwickelt.

Durch Reflexion auf diese Technik kommt man dazu, die folgende Definition aufzustellen.

Ein Zufallsgenerator ist ein Gerät, das die folgenden Bedingungen realisiert

1. *Eindeutigkeit:* jeder Gebrauch des Gerätes liefert als Resultat, daß genau eine von endlich vielen Aussageformen $E_1, \ldots, E_m$ (den sogenannten Elementarereignissen) wahr wird
2. *Symmetrie:* kein Wissen liefert eine Unterscheidung zwischen den Resultaten *vor* dem Gebrauch des Gerätes
3. *Wiederholbarkeit:* nach jedem Gebrauch gelten wieder Eindeutigkeit und Symmetrie wie vor dem Gebrauch.

Diese Bedingungen sind in einer Sprache formuliert, die sich an die Hersteller von Würfeln usw. wendet. Es ist witzlos, diese Sprache zu formalisieren: sie muß in der technischen Praxis verstanden werden.

Eine Theorie, genannt Stochastik, entsteht erst dadurch, daß nun noch einmal auf diese Bedingungen reflektiert wird.

Wie kommt man – vernünftigerweise – dazu, den Resultaten eine Zahl (als ihre »Wahrscheinlichkeit«) zuzuordnen? Aus der Symmetrieforderung läßt sich nur begründen, daß den Elementar-

ereignissen, wenn überhaupt, dann gleiche Zahlen zugeordnet werden sollten. Es bleibt dabei ungeklärt, ob – und wie – verschiedene Zufallsgeneratoren miteinander verglichen werden können. Man nehme z.B. das Ereignis, mit einem Würfel eine »6« zu würfeln, oder das Ereignis, mit zwei Würfeln »Pasch« (zwei gleiche Zahlen) zu würfeln. Was ist »wahrscheinlicher«? Worauf würde man – bei gleichem Gewinn – eher einen Einsatz wagen?
Die Subjektivisten haben sich große Mühe gegeben, für solche *Entscheidungen* rationale Normen aufzustellen. Die subjektivistische Begründung gilt als erfolgreich, weil es gelungen ist, die Normen für Präferenzen so zu formulieren, daß aus ihnen die Existenz eines Kolmogorowfeldes zu deduzieren ist.
Diese Mühe ist im Falle der Zufallsgeneratoren aber überflüssig – es gibt einen direkten Weg zu den Kolmogorowfeldern (hier: zu der Additivität und Normiertheit einer quantitativen Wahrscheinlichkeit) – und ohne die Auszeichnung der Kolmogorowfelder gibt es kein Kriterium für das Gelingen einer subjektivistischen Begründung.
Das Problem liegt darin, zu begründen, warum zur quantitativen Definition einer Wahrscheinlichkeit p Zahlen zwischen 0 und 1 genommen werden sollen, für die gilt

I. $p(A) = 1$, wenn A notwendig
II. $p(A \vee B) = p(A) + p(B)$, wenn A und B inkompossibel

Es ist wohl selbstverständlich, daß der Vorschlag, zur Definition der Wahrscheinlichkeit die Forderungen I, II zu der Symmetrieforderung *hinzuzunehmen*, nicht aus dem, was bisher gesagt worden ist, logisch folgt.
Es geht vielmehr darum, diesen Vorschlag als vernünftig zu begründen. Des Rätsels Lösung liegt, wie mir scheint, darin, daß die Forderungen I, II Sätze sind, die trivialerweise in der deskriptiven Statistik für (relative) Häufigkeiten gelten. Dazu wird die *Häufigkeit* h einer Aussageform A definiert als die *Anzahl* der Elemente einer Menge (Population), die A erfüllen, dividiert durch die Gesamtzahl der Elemente der Menge. Ersichtlich ist $0 \leq h \leq 1$ und es gilt:
I'. Erfüllen alle Elemente die Aussageform A, dann gilt
$h(A) = 1$
II'. Erfüllt kein Element sowohl A als auch B, dann gilt
$h(A \vee B) = h(A) + h(B)$

Es bleibt – abgesehen von der modalen Terminologie in I, II (die adäquat ist, weil dort Voraussagen gemacht werden) – also nur zu begründen, was Häufigkeiten mit einer Quantifizierung des Vergleichs der Ergebnisse verschiedener Zufallsgeneratoren zu tun haben.
Der gesuchte Zusammenhang wird durch das Bernoullische Theorem der großen Zahlen geliefert. Es kommt für das Begründungsproblem der Wahrscheinlichkeitstheorie daher entscheidend darauf an, zu klären, wie ein mathematischer Satz eine *Definition* der Wahrscheinlichkeiten für Zufallsgeneratoren begründen kann.
Ähnliche Situationen gibt es häufig in der Mathematik. Daß man die Länge einer Kurve als Limes der Längen gewisser Streckenzüge (deren Ecken auf der Kurve liegen) *definiert*, ist – wie jede Definition – nicht logisch deduzierbar, aber vernünftig: nur so erhält man ein additives Längenmaß, das das Längenmaß für Streckenzüge auf Kurven stetig fortsetzt. Man muß sich also die Definition einfallen lassen – und kann erst hinterher beweisen, daß dadurch (und nur dadurch!) gewisse vernünftige Forderungen erfüllt werden.
Ob der Einfall, zur Definition von Wahrscheinlichkeiten die Sätze I und II zur Symmetrie hinzuzunehmen, ein vernünftiger Vorschlag ist, wird daran zu prüfen sein, ob die so definierten Wahrscheinlichkeiten dann tatsächlich eine »Fortsetzung« der Häufigkeiten (für endliche Populationen) sind. Wenn sich das beweisen läßt, dann ist die Verwendung der Sätze I, II (die ja als I′, II′ Sätze über Häufigkeiten sind) gerechtfertigt. Genau dies ist nun der Inhalt des Bernoullischen Theorems: es zeigt, in welchem Sinne die Wahrscheinlichkeiten »Fortsetzungen« von Häufigkeiten sind. Es besagt nämlich, daß die Wahrscheinlichkeit eines Ereignisses der *stochastische* Limes der Häufigkeiten dieses Ereignisses in Serien ist.
Man darf sich nicht dadurch verwirren lassen, daß hier der stochastische Limes auftritt, d. h. eine Limesbildung, die nur mit Hilfe von Wahrscheinlichkeiten definiert ist: eine Funktionenfolge $\phi 1, \phi 2, \ldots$, die für Ereignisse definiert ist, konvergiert für A »stochastisch« gegen die Zahl ξ, wenn für jedes positive ε die Wahrscheinlichkeit dafür, daß $|\phi_N(A) - \xi| < \varepsilon$ gilt, im gewöhnlichen Sinne gegen 1 (für N gegen ∞) konvergiert. In der üblichen, z. B. auch von den Juristen akzeptierten Sprache heißt dies, daß

sich $\phi_N(A)$ mit »an Sicherheit grenzender Wahrscheinlichkeit« von ξ nur beliebig wenig unterscheidet, falls nur N groß genug ist. Oder in etwas salopper Formulierung: »auf lange Sicht« läßt sich $\phi_N(A)$ von ξ mit an Sicherheit grenzender Wahrscheinlichkeit »praktisch« nicht unterscheiden. Noch salopper: auf lange Sicht wird $\phi_N(A)$ praktisch gleich ξ.

Zur Rechtfertigung der Sätze I, II als *Definition* der Wahrscheinlichkeit (wir behandeln zunächst nur den Fall der Zufallsgeneratoren) genügt also der Nachweis, daß *dadurch* die (relative) Häufigkeit $h_N(A)$ eines Ereignisses A in N-Serien »auf lange Sicht praktisch gleich der Wahrscheinlichkeit« p (A) wird.

Diese »praktische Gleichheit« wird selbstverständlich auch *nur dadurch* erreicht, daß die Wahrscheinlichkeit mit I, II definiert wird: eine Größe, die auf lange Sicht einer Häufigkeit praktisch gleich werden soll, muß die Sätze I, II erfüllen, weil die Häufigkeiten I', II' erfüllen.

Zum *Beweis* des Bernoulli-Theorems ist zunächst zu zeigen, daß die Definition mit I, II einer Wahrscheinlichkeit p für Ereignisse bei Zufallsgeneratoren (die also per definitionem symmetrisch sind) die übliche Laplacesche Formel

$$p(A) = \frac{\text{Anzahl der günstigen Elementarereignisse}}{\text{Gesamtzahl der Elementarereignisse}}$$

liefert. Ein »Ereignis« A wird dazu als Adjunktion $E_{\mu_1} \vee \ldots \vee E_{\mu_r}$ (ohne Wiederholungen), so daß r die Anzahl der »günstigen« Fälle ist, dargestellt.

Wegen der Symmetrie soll gelten

$p(E_1) = p(E_2) = \ldots = p(E_m)$
Wegen I, II folgt $\quad \Sigma_\mu\, p(E_\mu) = 1$, also

$$p(E_\mu) = \frac{1}{m}$$

und daher $p(E_{\mu_1} \vee \ldots \vee E_{\mu_r}) = \dfrac{r}{m}$ q.e.d.

Anschließend sind Serien zu betrachten, d. h. der Zufallsgenerator wird N-mal hintereinander gebraucht. Wegen der Wiederholbarkeitsforderung ist ein solcher N-mal gebrauchter Zufallsgenerator Z selbst wieder ein Zufallsgenerator Z^N.

Die Elementarereignisse von Z^N sind die Serien

$$E_{\mu 1}, \ldots, E_{\mu N}.$$

Genau eine von diesen m^N Serien ergibt sich als Resultat. Ein Ereignis A möge für den Zufallsgenerator Z die Wahrscheinlichkeit p (A) haben – wie jetzt nach der Laplace-Formel zu berechnen ist. Für den Zufallsgenerator Z^N ist nach dieser Formel zu berechnen, wie groß die Wahrscheinlichkeit $p_{N,k}$ (A) dafür ist, daß A in der N-Serie genau k-mal auftritt

(k = 1, . . ., N). Die Häufigkeit ist dann $\frac{k}{N}$.

Nach elementarer Kombinatorik ist

$$p_{N,k}(A) = \binom{N}{k} q^k (1-q)^{N-k} \quad \text{für } p(A) = q$$

Das Bernoulli-Theorem reduziert sich daher auf die folgende reinanalytische Behauptung (für alle $0 < q < 1$ und alle $\varepsilon > 0$)

$$\lim_{N \to \infty} \Sigma_{k \, \left| \frac{k}{N} - q \right| < \varepsilon} \binom{N}{k} q^k (1-q)^{N-k} = 1$$

Diese Limesbeziehung wurde zuerst von J. Bernoulli bewiesen – in einem modernen Lehrbuch braucht man dazu genau eine Seite (Rényi 1962).

Dieser Begründung der Wahrscheinlichkeitsdefinition wird oft vorgeworfen, daß sie auf Zufallsgeneratoren, also den Fall der Laplace-Felder (mit gleichwahrscheinlichen Elementarereignissen), beschränkt sei. Diese Beschränkung gilt aber nur für die Laplace-Formel als Definition.

Nach Definition der Wahrscheinlichkeit für Zufallsgeneratoren (durch die Kolmogorow-Axiome *und* das Symmetrieaxiom) ist vielmehr zu zeigen, wie sich unsymmetrische Kolmogorowfelder ebenfalls noch als »Wahrscheinlichkeitsfelder« auszeichnen lassen. Dazu hat man nur aus den Zufallsgeneratoren durch gewisse Operationen Zufallsaggregate zu konstruieren. Drei dieser Operationen sind aus der klassischen Theorie bekannt. Sie wurden von v. Mises als Erzeugungsprinzipien seiner unendlichen »Kollektive« aufgezählt als Teilung, Mischung und Produktbildung.

Tornier/Domizlaff (1952) rekonstruierte sie als Operationen für endliche »Versuchsvorschriften« (diese entsprechen unseren Zufallsaggregaten). Es handelt sich dabei um

(1) Relativierung (Teilung)

Man zeichnet für einen Zufallsgenerator – oder später für ein schon konstruiertes Zufallsaggregat – ein Ereignis B mit $p(B) > 0$ aus und beschränkt sich auf die Ereignisse der Form $A \wedge B$.

$$p_B(A) = \frac{p(A \wedge B)}{p(B)}$$

liefert ein Kolmogorowfeld für diese Ereignisse. Weil die Zahl $p_B(A)$ zugleich die Häufigkeit von A wäre unter den Fällen, die B erfüllen (wenn $p(A \wedge B)$ bzw. $p(B)$ Häufigkeiten von $A \wedge B$ bzw. B wären), wird $p_B(A)$ als Wahrscheinlichkeit von A *unter der Bedingung, daß B gilt,* definiert.
Diese Operation führt allerdings noch von Laplacefeldern stets zu Laplacefeldern. Das gilt aber nicht mehr für

(2) Vergröberung (Mischung)

Jede Urne, deren Kugeln so gefärbt sind, daß mehrere Kugeln die gleiche Farbe haben, liefert ein Beispiel. Wird als Zufallsgenerator das Ziehen einer Kugel aus der Urne genommen, so erhalten wir ein vergröbertes Zufallsaggregat, wenn die neuen Elementarereignisse das Ziehen einer Farbe sind. Die ursprünglichen Wahrscheinlichkeiten einer Farbe bilden ein – im allgemeinen nicht mehr symmetrisches – Wahrscheinlichkeitsfeld mit den Farben als Elementarereignissen.
In abstrakter Formulierung wird bei der Vergröberung die Mengenalgebra eines Zufallsaggregats homomorph auf eine neue Mengenalgebra abgebildet. Die ursprünglichen Wahrscheinlichkeiten liefern ein Wahrscheinlichkeitsfeld auch auf dieser Mengenalgebra.
Die wichtigste Operation (die auch erst den Namen »Aggregat« rechtfertigt) ist

(3) Produktbildung (Verbindung).

Wesentlich ist hier die Voraussetzung der *Unabhängigkeit* der Zufallsaggregate, deren Produkt zu bilden ist. Die »Unabhängigkeit« wird als technisch zu realisierende kausale Unabhängigkeit

definiert. Bei Gebrauch eines Gerätes liefert kein Wissen eine Veränderung der anderen Geräte. (Die Wiederholbarkeit bei Zufallsgeneratoren war ein Spezialfall dieser Unabhängigkeit).
Man definiert als Wahrscheinlichkeit für das »Produkt« zweier Zufallsaggregate das Produkt der Wahrscheinlichkeiten

$$p\,(A, B) = p\,(A) \cdot p\,(B)$$

Auch hier ist die Begründung über Häufigkeiten trivial. Die Produktbildung läßt sich leicht auf das Produkt aus endlich vielen Zufallsaggregaten ausdehnen.
Für die Wahrscheinlichkeitsfelder (ohne Berücksichtigung der Geräte, zu denen sie gehören) lassen sich auch abzählbar unendlich viele Felder miteinander multiplizieren. Das liefert eine bequeme Weise, über die Produkte endlich, aber beliebig vieler Felder zu sprechen.
Zu diesen drei klassischen Operationen der Bildung von Zufallsaggregaten fügte Kolmogorow hinzu

(4) stochastische Prozesse

Für die Verläufe solcher Prozesse (die in jedem Zeitpunkt nur durch ein Wahrscheinlichkeitsfeld bestimmt sind) konnte er zeigen, daß sie wieder die Ereignisse eines Wahrscheinlichkeitsfeldes bilden, d. h. daß sie bei geeigneter Definition einer normierten σ-additiven Mengenfunktion ein Kolmogorowfeld bilden *und* daß diese Mengenfunktion wieder gewisse Häufigkeiten »fortsetzt«, *also* begründeterweise als »Wahrscheinlichkeit« zu bezeichnen ist.
Nimmt man als Ausgangsmaterial nicht nur die »diskreten« Zufallsgeneratoren (zu denen die Laplacefelder gehören), sondern auch »kontinuierliche« Zufallsgeneratoren (sie erfordern die σ-Additivität und liefern Lebesguefelder), dann ergeben die aufgezählten vier Operationen – in beliebig iterierter Anwendung – stets wieder Kolmogorowfelder.
Alle auf diese Weise durch Konstruktion entstehenden Kolmogorowfelder heißen »Wahrscheinlichkeitsfelder«. Nach dieser Definition ist es nicht berechtigt, *alle* Kolmogorowfelder »Wahrscheinlichkeitsfelder« zu nennen. Es läßt sich vielmehr beweisen, daß alle (durch die vier Operationen aus symmetrischen Feldern entstehenden Felder) sogenannte »polnische« Felder sind – und es sind durchaus nicht alle Kolmogorowfelder polnisch.

Für diese mathematischen Untersuchungen sei hier nur auf G. Weippert (1977) verwiesen.
Entgegen der üblichen Darstellung der »mathematischen« Wahrscheinlichkeitstheorie, in der die Wahrscheinlichkeitsfelder mit den Kolmogorowfeldern identifiziert werden, läßt sich also die Theorie der Kolmogorowfelder (dies ist ein Teilgebiet der Analysis, nämlich ein Teilgebiet der Lehre von Maß und Integral) unterscheiden von der Theorie der Zufallsaggregate und ihrer Wahrscheinlichkeitsfelder. Erschwert wird diese Unterscheidung dadurch, daß die – technisch verstandene – Unabhängigkeit von Zufallsgeräten zu dem Satz führt, daß für die Wahrscheinlichkeiten unabhängiger Ereignisse gilt

$$p(A \wedge B) = p(A) \cdot p(B)$$

Diese Multiplikationsformel wird für die Kolmogorowfelder als Definition einer sog. stochastischen Unabhängigkeit genommen. Auch hier gilt aber, daß zwar aus der technisch-kausalen Unabhängigkeit von Zufallsgeräten auf die Multiplikativität für die Wahrscheinlichkeitsfelder geschlossen werden kann – dieser Schluß ist aber nicht umkehrbar.
Daß die stochastische Unabhängigkeit (also die Multiplikativität) auch ohne die Realisierung der kausalen Unabhängigkeit von (mindestens zwei) Geräten auftritt, zeigen schon die gemischten Zufallsaggregate (Bernoulli-Mischung). Man benutze ein Zufallsgerät Z mit den Resultaten $Z_1, \ldots, Z_n$ (die Wahrscheinlichkeitsverteilung sei $p_1, \ldots, p_n$ mit $\Sigma \nu \, p\nu = 1$). Die $Z_1, \ldots, Z_n$ seien wieder Zufallsgeräte, zu deren Resultaten ein Ereignis A (mit der jeweiligen Wahrscheinlichkeit $q_1, \ldots, q_n$) gehöre. Die Wahrscheinlichkeit, mit diesem Aggregat das Resultat A zu erhalten, ist

$$p(A) = \Sigma_\nu \, p_\nu \cdot q_\nu$$

In dem Spezialfall, daß alle $q\nu$ einander gleich sind

$$q\nu = q \ (\nu = 1, \ldots, n)$$

erhält man daher auch für das Aggregat

$$p(A) = q$$

Das Ereignis A ist »stochastisch unabhängig« von den Resultaten des ersten Zufallsgerätes Z.

Das hat aber mit kausaler Unabhängigkeit von Geräten nichts zu tun, denn jedes gemischte Aggregat läßt sich durch *ein* Gerät ersetzen: man nehme etwa ein Glücksrad, dessen Umfang im Verhältnis der $p_1, \ldots, p_n$ geteilt sei *und* bei dem für jedes $\nu = 1, \ldots, n$ der zu p gehörige Sektor S_ν noch einmal in Sektoren T_ν, $\overline{T}_\nu$ im Verhältnis $q_\nu : (1 - q_\nu)$ geteilt sei. Der Spezialfall gleicher q_ν ($\nu = 1, \ldots, n$) liefert mit *einem* Gerät die »stochastische Unabhängigkeit« des Ereignisses $A = T_1 \vee \ldots \vee T_n$ von den Ereignissen S_ν.

Die Theorie der Kolmogorowfelder und ihrer Multiplikativität (die nur »Unabhängigkeit« *genannt* wird) ist ein Teil der Lehre von Maß und Integral. Die Theorie der Zufallsaggregate (sie sei hier »Stochastik« genannt) ist eine Idealwissenschaft wie Geometrie und Kinematik. Sie gehört nicht zur Mathematik im engeren Sinne, d. h. nicht zur Arithmetik oder Analysis. Ihr Gegenstand sind nicht die Zahlen (oder Mengen und Funktionen von Zahlen usw.), sondern die idealen Zufallsaggregate. »Ideal« bedeutet hier, daß von den realen Geräten nur das zur Kenntnis genommen wird, was aus den Definitionen der Zufallsgeneratoren und der vier Operationen (die die Zufallsaggregate liefern) deduziert werden kann. Die Stochastik als Theorie gründet sich auf die Technik der Zufallsgeräte – sie benützt von dieser Technik nur die Tatsache, daß eine technische Realisierung von Zufallsaggregaten jedenfalls so gut gelingt, daß es sich lohnt, die Konsequenzen aus den idealen Forderungen (die an die Herstellung der Geräte gestellt werden) in einer eigenen Theorie – eben der Stochastik – zu untersuchen.

Der Vergleich der Stochastik mit Geometrie und Kinematik könnte dazu verleiten, die Stochastik – wie z. B. nicht-euklidische Geometrien – nur als eine axiomatische Theorie zu betreiben. Umgekehrt läßt sich aber auch der Versuch machen, Geometrie und Kinematik als Theorien aufzufassen, die sich ebenfalls auf vorgängige Techniken stützen (nämlich die Formungstechnik – z. B. die Herstellung von Ebenen und rechten Winkeln – und die Uhrentechnik). Hierzu sei auf Lorenzen 1978 verwiesen.

11. Fiktive Zufallsaggregate als physikalische Modelle

Man sagt, daß »die Grundgesetze der Natur« statistische Gesetze seien. Kritisch, d. h. ohne den Glauben an eine Gesetzmäßigkeit der Natur interpretiert, heißt das, daß die moderne Physik – in solch fundamentalen Teilen wie der Mikrophysik – mit statistischen Theorien arbeitet. Welche vernünftigen Gründe hat das?

Hier ist der Fall der Thermodynamik deutlich vom Fall der Quantenmechanik zu unterscheiden. Bekannte irreversible Phänomene der Thermodynamik, wie z. B. der Temperaturausgleich von (zunächst) getrennten Flüssigkeiten (verschiedener Temperatur), konnten durch die kinetische Theorie (insbesondere seit Boltzmann) erklärt werden durch die *Annahme*, daß die kinetische Energie der Molekülbewegungen in einer Flüssigkeit (oder in einem Gas) stochastisch normal verteilt ist, wenn überall die gleiche Temperatur herrscht. Die Erklärung wird dadurch geliefert, daß dann der Ausgangszustand der getrennten Flüssigkeiten nach den Gesetzen der klassischen Stoßdynamik mit »an Sicherheit grenzender Wahrscheinlichkeit« zu einem Temperaturausgleich führt.

Wie die ursprünglichen Wahrscheinlichkeitsverteilungen zustande kommen, wird nicht erklärt – wie schon bei Epikur »herrscht« der Zufall (mit kleinen Ausnahmen) uranfänglich überall.

Solange man stochastische Modelle für diese Reduktion der »phänomenologischen« Thermodynamik auf die Stoßdynamik gebraucht, sind sie ersichtlich nützlich: die Thermodynamik wird dadurch in das Programm der Newtonschen Mechanik eingeordnet. Das ist, auch dann, wenn es nicht unmittelbar technisch nützlich ist, zumindest denkökonomisch ein Vorteil. Es erübrigt sich dadurch, nach den Grundgrößen von Länge, Dauer und Masse für die Thermodynamik mindestens eine weitere, neue Grundgröße (mit all den Problemen der *Definition* einer Grundgröße – es sei denn, man glaubt, das sei nur ein empirisches Problem) in die Physik einzuführen.

Für die Mikrophysik ist die Situation, die zu einer Rechtfertigung stochastischer Modelle führte, anders. Es sei hier der historisch erste wichtige Fall, der Fall der radioaktiven Strahlung, betrachtet.

Der Zerfall radioaktiver Materie läßt sich – zunächst auf einer bloß empirischen, theoretisch unbegriffenen Basis von Beobachtungen – als exponentieller Zerfall beschreiben. Ist x die Anzahl der Atome und d x (in infinitesimaler Formulierung) die Anzahl der im Zeitintervall d t zerfallenden Atome, dann ist diese Beschreibung äquivalent zur Proportionalität der Zerfallshäufigkeit $\frac{dx}{x}$ mit der Dauer d t : aus $\frac{dx}{x} \sim dt$ folgt durch Integration $\Delta \log x = -K \Delta t$ (für eine positive Konstante K) und daraus $x = x_o \exp(-K(t-t_o))$

Daß die Zerfallshäufigkeit $\frac{\Delta x}{x}$ (für hinreichend kleine Zeitintervalle Δt) gleich $K \Delta t$ sei, wird nun dadurch »erklärt«, daß die *Wahrscheinlichkeit* für ein einzelnes Atom (unabhängig davon, wieviel Atome das betrachtete radioaktive Material hat), während Δt zu zerfallen, gerade $K \Delta t$ sei. Der exponentielle Zerfall wird also durch ein Lebesguesches Wahrscheinlichkeitsfeld für den Zerfall der einzelnen Atome »erklärt«. Statt hier von einer »Erklärung« zu sprechen, läßt sich – und dies erscheint mir sogar unmißverständlicher – auch sagen, daß wir zu dem Zwecke, über den Zerfall quantitative Voraussagen machen zu können, ein stochastisches *Modell* benutzen. Wir rechnen so, *als ob* ein Zufallsaggregat (hier: ein kontinuierlicher Zufallsgenerator) für jedes Atom den Zeitpunkt seines Zerfalls bestimme.

Im Gegensatz zur Thermodynamik, in der die Realisation der Zufallsereignisse durch theoretisch erfaßbare Stoßvorgänge geschieht, arbeitet die Mikrophysik in ihren stochastischen Modellen nur mit Wahrscheinlichkeitsfeldern: über die Zufallsaggregate, zu denen diese Wahrscheinlichkeitsfelder (*per definitionem*) gehören müssen, wird nichts gesagt. Man verzichtet auf alle »Hypothesen« über sog. verborgene Parameter. Dieser Verzicht ist eine konsequente Fortführung des Newtonschen *hypotheses non fingo*, mit der er auf eine stoßdynamische Erklärung der Gravitation verzichtete. Ist man in technischer Orientierung nur an (reproduzierbaren und überprüfbaren) Voraussagen interessiert, so ist dieser Verzicht der Mikrophysik ebenso erfolgreich wie die Newtonsche Gravitationstheorie für die astronomischen Prognosen. Der Einsteinsche Einwand, daß »Gott« nicht würfele, ist nur dann ein Einwand, wenn man an einer »Erkennbarkeit« der Natur festhält, die über das technische Interesse hinausgeht.

Technische Modelle für Vorgänge, die – wie in der Astronomie – ohne unser Zutun ablaufen, oder Vorgänge, die wir – wie bei den meisten mikrophysikalischen Streuprozessen – erst mit großem technischen Aufwand ablaufen lassen, sind selbstverständlich eine Zutat des Physikers, also eine Zutat rationaler Subjekte. Das gilt auch für den Fall, daß diese technischen Modelle Wahrscheinlichkeitsfelder sind. Dadurch werden diese Wahrscheinlichkeitsfelder aber keine Felder »subjektiver« Wahrscheinlichkeiten, keine Felder von »Überzeugungsgraden« rationaler Subjekte. Wahrscheinlichkeitsfelder treten auf, weil die Fiktion benutzt wird, die mikrophysikalischen Vorgänge seien durch Zufallsaggregate bestimmt. In welchem Grad ein (rationaler) Physiker von dieser Fiktion »überzeugt« sein sollte, das wird innerhalb der Physik nicht diskutiert. Wer sich an der Quantenphysik beteiligt, arbeitet mit dieser Fiktion – er hat dann die Aufgabe, das Wahrscheinlichkeitsfeld wie eine objektive Gelegenheit möglichst genau kennen zu lernen. Die Situation ist also die Situation eines Spielers, der gegen ein Zufallsaggregat spielen soll, das vor ihm in einer *black box* steht. Er darf die *black box* nicht öffnen, aber er geht davon aus, *daß* sie ein Zufallsaggregat enthält. Die Parameter der Wahrscheinlichkeitsfelder sind ihm also unbekannt. Er muß daher mit statistischen Hypothesen arbeiten, er wird statistische Testmethoden anwenden usw. Das ist genau die Situation, in der man von »objektiven« Wahrscheinlichkeiten redet.
Es scheint mir, daß auch die Rede von der Wahrscheinlichkeit als einer »theoretischen Größe« der Physik nichts anderes meint. Die zusätzliche Bestimmung, daß eine Größe (einer Theorie T) nur dann eine »theoretische« ist, wenn sie sich in *einem* Anwendungsfall nicht messen läßt ohne die *Voraussetzung* der erfolgreichen Anwendung von T in *anderen* Fällen – diese Bestimmung ist hier dadurch erfüllt, daß *alle* physikalischen Anwendungen von Wahrscheinlichkeit die Stochastik als eine idealwissenschaftliche Theorie der Zufallsaggregate voraussetzen. Diese Interpretation von »theoretisch« tritt zwar bei Sneed (oder Stegmüller) nicht auf, weil dort überhaupt keine Idealwissenschaften *vor* der Physik (keine »protophysikalischen« Theorien) auftreten – sie klärt aber die physikalische Anwendbarkeit einer Größe (hier: der Wahrscheinlichkeit), die nicht theoriefrei zu definieren ist. Im Gegensatz zu Sneed-Stegmüller ist Wahrscheinlichkeit jedoch ohne die Benutzung empirisch-physikalischer Theorien definierbar: ihre

idealwissenschaftliche Definition gründet sich nur auf die vorwissenschaftliche Technik von Zufallsaggregaten.

III. Entscheidungen bei Risiko und bei Ungewißheit

Der Naturforscher, der – wie er sagt – aus reiner »theoretischer Neugierde« forscht, kümmert sich nicht um den Aufwand an Zeit und Geld, der erforderlich ist, um Hypothesen, z. B. statistische Hypothesen, zu überprüfen. Wird dieser Aufwand privat finanziert, so wird man in manchen Fällen moralische Bedenken haben – man müßte aber intolerant sein, wenn man rechtliche Maßnahmen gegen die eventuelle »Verschwendung« privater Mittel forderte. Die Situation ändert sich, wenn die Forschung öffentlich finanziert wird. Dann ist zu entscheiden, welcher Aufwand an Zeit (Arbeit) und Geld (Kapital) für die Überprüfung von Hypothesen oder Theorien gerechtfertigt ist: für das Forschungsprojekt muß dann durch seinen technischen Nutzen eine gewisse Priorität (relativ zu anderen Projekten) erst politisch begründet werden. Um Mißverständnisse zu vermeiden, sei darauf hingewiesen, daß in dieser Formulierung der »technische Nutzen« sehr weit zu interpretieren ist: eine sogenannte elegantere Darstellung einer Theorie kann durchaus »technisch« nützlich sein, allein schon dadurch, daß sie eine leichtere Lernbarkeit der Theorie für zukünftige Mathematiker, Physiker oder Ingenieure bewirkt. (Das zahlt sich auf die Dauer aus!)

Bei toleranter Interpretation von technischem (insbesondere denkökonomischem) »Nutzen« wird sich ein großer Teil auch der Forschung, die zur Zeit – aus ideologischen Gründen – Wert darauf legt, »wertfrei« zu sein, als nützlich erweisen. Erst nach einer Entideologisierung der technischen Vernunft ließen sich diese politischen Diskussionen – die Diskussionen um Entscheidungen (etwas zu tun oder nicht zu tun) sind – mit mehr Aussicht auf vernünftige Einigungen als gegenwärtig führen.

Für den probabilistischen Dualismus hat diese Entideologisierung die Konsequenz, daß auch das Annehmen einer (z. B. statistischen) Hypothese in der Physik – genau genommen – eine Entscheidung ist. Hat man es z. B. mit einem gefälschten Würfel zu tun (von dem man aus irgendeinem Grunde die Lage des Schwerpunktes nicht physikalisch ermitteln kann – bei geeigneter

Realisierung des »idealen« Werfens wäre dadurch ja das Wahrscheinlichkeitsfeld der Resultate berechenbar), dann ist es eine ökonomische Entscheidung, welche Serienlängen man für die Auszählung von Häufigkeiten »aufwenden« will, um zu einer *Schätzung* der (objektiven) Wahrscheinlichkeiten zu kommen.

Genau diese Situation haben wir – nach der Quantenmechanik – auch in der Mikrophysik: über den Aufwand für die Schätzung der – gemäß der Theorie vorkommenden (objektiven) – Wahrscheinlichkeiten ist nach dem technischen Nutzen zu entscheiden.

Der Unterschied zu den Entscheidungen, mit denen man es in der Wirtschaft (Unternehmensführung) zu tun hat, besteht nur darin, daß man es dort – das ist jedenfalls der Normalfall – mit nichtphysikalischen Ereignissen zu tun hat, so daß für die Voraussage überhaupt keine Theorie (in einem ernst zu nehmenden Sinne) zur Verfügung steht, sondern *nur* Erfahrungswerte über bisherige Häufigkeiten. Die Wettervorhersage bezieht sich zwar auf Physikalisches, ist aber (noch) nicht im Besitz einer Theorie. Die Versicherungen gegen schlechtes Urlaubswetter arbeiten daher mit Schätzungen von Wahrscheinlichkeiten, die gar nicht Bestandteil einer Theorie sind.

Geht es um Ernteaussichten, so kommen die Unsicherheiten hinzu, die mit allen biologischen Ereignissen verbunden sind: man müßte schon als Biologe ein (dogmatischer) Physikalist sein, um zu behaupten, daß es – man sagt dann gern: »grundsätzlich« – eine Theorie gäbe, nach der alle Lebensvorgänge allein »durch Zufall oder Notwendigkeit« bestimmt seien.

Daß es solche Theorien nicht gibt, ist evident, wenn es um Voraussagen für Ereignisse geht, die vom Handeln anderer Menschen abhängig sind. Schon die Sterbestatistiken, aus denen die »Wahrscheinlichkeiten« entnommen werden, mit denen die Lebensversicherungen arbeiten, sind ersichtlich keine Statistik zufälliger Ereignisse. Im Gegensatz zur Physik behandelt man das Sterben *wider besseres Wissen* als zufällig, d. h. als ob es durch ein Zufallsaggregat bestimmt würde, wann ein Mensch stirbt.

Jeder Krieg einerseits, jeder Fortschritt in der Krebsforschung andrerseits ändert die Häufigkeiten der Sterbestatistik. Die Lebensdauer der Menschen ist abhängig von dem einmaligen Verlauf der Menschheitsgeschichte – nur kurzfristig kann bei stabilen

Kulturverhältnissen die Sterbehäufigkeit approximativ dadurch vorausgesagt werden, daß man die jeweils letzten Statistiken in die Zukunft extrapoliert – und also (wider besseres Wissen) so tut, als ob es sich um Zufallsereignisse handelte.
Durch geeignete Vorsicht bei diesen Extrapolationen machen die Lebensversicherungsgesellschaften einen praktisch-sicheren Gewinn. Für wirtschaftliche Entscheidungen bei Unsicherheit ist zu differenzieren zwischen Entscheidungen bei Risiko (das sind die Fälle, in denen die für die Entscheidung relevanten zukünftigen Ereignisse mit einer – wenn auch fiktiv – als bekannt angenommenen Wahrscheinlichkeit versehen sind) und Entscheidungen bei Ungewißheit (bei denen solche Wahrscheinlichkeiten für einige – oder alle – relevanten zukünftigen Ereignisse nicht bekannt sind). Entscheidungen bei Risiko liefern wahrscheinlichkeitstheoretisch nichts Neues gegenüber der statistischen Physik: menschliche Schicksale und soziale Geschehnisse werden so behandelt, *als ob* sie Naturereignisse mit (objektiven) Wahrscheinlichkeiten wären. Für die Theorie der Risikoentscheidungen wird der Wahrscheinlichkeitsbegriff als unproblematisch vorausgesetzt.
Das Problem dieser Theorie besteht nur darin, Regeln oder Prinzipien für »rationale« Entscheidungen aufzustellen, wenn die Wahrscheinlichkeiten und die – in Geld gemessenen – möglichen Resultate der zur Wahl stehenden Handlungen bekannt sind.
Dieses Problem wird für den Wahrscheinlichkeitsbegriff erst dadurch wichtig, daß die Subjektivisten (von Bayes bis Savage) aus den rationalen Entscheidungen rückwärts auf die geschätzten Wahrscheinlichkeiten schließen – um dann zu behaupten, daß *nur so* der Wahrscheinlichkeitsbegriff zu definieren sei.
Der Rückschluß in der klassischen Form von Bayes ist sehr einfach. Hängt das Resultat einer Handlung nur von einem »Weltzustand« ab, der mit der Wahrscheinlichkeit p eintritt (derart, daß bei Eintritt ein Gewinn G entsteht, bei Nichteintritt ein Gewinn 0 – liegt also ein sogenanntes binäres Prospekt vor), dann ist nach Bayes die »Gewinnerwartung« p G, und ein »rationales« Subjekt ist daher indifferent bei der Wahl zwischen diesem Prospekt und dem sicheren Gewinn p G (anders ausgedrückt: es kauft höchstens mit diesem Betrag das Prospekt, es wettet höchstens mit diesem Einsatz). Aus den rationalen Wetteinsätzen lassen sich also die »subjektiven« Wahrscheinlichkeiten errechnen. Für den *Verkäufer* von Prospekten ist die Bayesregel leicht als rational zu

begründen, wenn *viele* solcher Prospekte verkauft werden können: auf lange Sicht (Serienlänge N) ist der Verkäufer praktischsicher, daß er pN · G auszahlen muß, es ist also rational, wenn er als Kaufpreis mindestens p G verlangt (weil er dann mindestens N · p G einnimmt). Schon Daniel Bernoulli (1738) wies darauf hin, daß für den (evtl. einmaligen) *Käufer* die Bayesregel nicht »rational« sein muß. Wenn jemand z. B. neben einer kleinen Rente sich mühsam ein Vermögen V erarbeitet hat, sollte es dann für ihn »rational« sein, für V −1 ein binäres Prospekt, das mit der Wahrscheinlichkeit ½ einen Gewinn von 2 V enthält, zu kaufen? Aber erst seit Ramsey (1926) und vor allem seit v. Neumann-Morgenstern (1947) gilt in der Entscheidungstheorie nur noch das *Bernoulliprinzip* als »rational«, nach dem jedes Subjekt sich für jedes binäre Prospekt (p, G) ein sog. Sicherheitsäquivalent x (das ist der maximale Einsatz) wählen könne, wenn er nur für größere p stets größere x wählt (Monotonieprinzip). Oder umgekehrt: für jedes x = 1, . . ., G wählt er ein p = u (x), so daß für ihn der sichere Gewinn x mit dem Prospekt (p, G) äquivalent ist. Die Rationalität erfordert nur, daß die Funktion u monoton von 0 bis 1 steigt.
Nimmt man hinzu, daß bei sicheren Gewinnen x_1, x_2 stets der größere Gewinn Präferenz haben soll, so erhält man (durch die Wahl von u) eine Präferenzordnung für alle binären Prospekte (p, G) – und diese Präferenzordnung läßt sich leicht auf beliebige Prospekte (in denen die Beträge 1, 2, . . ., G mit den Wahrscheinlichkeiten p_1, . . ., p_G zu gewinnen sind) fortsetzen (Substitutionsprinzip). Prospekte vertreten entscheidungstheoretisch die Wirkungen der Handlungen, zwischen denen man sich zu entscheiden hat. Die Funktion u bestimmt also eine Präferenzordnung der Handlungen. Umgekehrt ist durch die Präferenzordnung die Funktion u bis auf positive lineare Transformationen bestimmt: sie liefert eine kardinale Nutzenmessung. Das war der Überraschungseffekt der Wiederentdeckung des Bernoulliprinzips durch Ramsey und v. Neumann-Morgenstern.
Die Bayesregel setzt u (x) = x – bei nicht-linearem u zeigt die Konvexität (von unten) an, daß der Handelnde »risikofreundlich« ist, die Konkavität zeigt »Risikofeindlichkeit« an.
Sich selbst eine Nutzenfunktion zu wählen und dann alle Entscheidungen *nur* nach der maximalen Nutzenerwartung zu fällen, ist selbstverständlich nur für eine fiktive Menschenspezies, den homo oeconomicus, rational. Gegenüber der klassischen Ökono-

mie (die sich auf das Handeln bei Sicherheit beschränkte) erfordert die Entscheidungstheorie sogar eine Subspezies, den homo oeconomicus stochasticus. Die faktisch geltende Wirtschaftsordnung, die ideologische Geltung von Geld als oberstem Wertmaßstab, aber auch der Behaviorismus und die Neigung zu stochastischen Erklärungen haben bewirkt, daß viele Personen in der Wirtschaft zu dieser Spezies gerechnet werden können. Von Rationalität sollte aber hier nur in dem eingeschränkten Sinne geredet werden, daß diese stochastisch-ökonomische Rationalität unkritisch gegenüber der herrschenden Wirtschaftsordnung und den sie tragenden Meinungen ist.

Schon daß man sich Entscheidungen aufzwingen läßt, für ein binäres Prospekt (p, G) einen maximalen Kaufpreis zu bestimmen – statt stets personenbezogen der jeweiligen Verhandlungssituation angemessen und z. B. volkswirtschaftlich arbeitsorientiert zu entscheiden –, ist zunächst nur eine faktische Eigenheit unserer gegenwärtigen Kultur.

Dieser Exkurs über die Bayesregel und das Bernoulliprinzip zeigt, daß man Präferenzordnungen für Handlungen allenfalls dann als »rational« rekonstruieren kann, wenn man zumindest die Wahrscheinlichkeitstheorie für Risikosituationen schon voraussetzt.

Mit der Annahme einer subjektiven Nutzenfunktion u läßt sich dann allerdings – wie mit der Bayesregel – rückwärts aus der Präferenzordnung auf die zugrundeliegenden Wahrscheinlichkeiten schließen. In gewissen Intervallen von x braucht dazu u nur differenzierbar zu sein: dann läßt sich u dort hinreichend durch eine lineare Funktion approximieren und man ist wieder bei der Bayesregel.

Die Plausibilität der subjektivistischen Begründung des Wahrscheinlichkeitsbegriffes scheint in den Fällen von Entscheidungen bei Ungewißheit zu liegen. Dort sind für gewisse Weltzustände keine Wahrscheinlichkeiten bekannt – und doch entscheidet man sich, als ob es auch für diese Weltzustände Wahrscheinlichkeiten gäbe: man *gibt* ihnen gewisse Wahrscheinlichkeiten. Das sind ersichtlich »subjektive« Wahrscheinlichkeiten. Es ist aber genau so ersichtlich, daß das nur heißen kann: die subjektive Setzung eines stochastischen Modells. Wir behandeln die Entscheidung bei Ungewißheit so, *als ob* es eine Entscheidung bei Risiko wäre! Am Wahrscheinlichkeitsbegriff selbst ändert sich dadurch nichts. Er bleibt legitimer Bestandteil der idealwissenschaftlichen Stochastik. Die erforderlichen Anwendungen in der statistischen Physik und in Risikosituationen werden aber jetzt als Begründung dafür genommen, Wahrscheinlichkeitsfelder auch dort zu setzen, wo wir nichts über Risiken wissen. Wir arbeiten mit subjektiven Schätzungen eines bloß angenommenen Risikos.

Für dieses Vorgehen spricht der kontinuierliche Übergang von Risikosituationen zu Ungewißheitssituationen. Sowie der Bereich der statistischen Physik verlassen wird, geschieht die Annahme von Wahrscheinlichkeiten (ich erinnere noch einmal an die Sterbewahrscheinlichkeiten) wider besseres Wissen.

Historisch gesehen waren alle Risikositutionen zunächst Ungewißheitssituationen: erst die Erfahrung von mindestens zwei Jahrhunderten hat für uns aus vielen Ungewißheitssituationen Risikosituationen gemacht. Wir haben dies nur aus der Erfahrung gelernt. Für die Entscheidungstheorie wird an dieser Stelle der subjektivistische Wahrscheinlichkeitsbegriff anscheinend unentbehrlich, aber er läßt sich als Schätzung fiktiver (objektiver) Wahrscheinlichkeiten interpretieren.

Ein Unbehagen an dieser Fiktivität »unbekannter« Wahrscheinlichkeiten ist durchaus verständlich. Ohne eine nicht-fiktive Begründung der Stochastik (über die Technik der Zufallsaggregate) wird daher auch das Ziel der Subjektivisten verständlich, zu zeigen, wie man *ohne* solche Fiktionen zu einem »Lernen aus der Erfahrung« kommt, wie sich begründen läßt, daß wir uns subjektiv-vernünftig für langfristig beobachtete Frequenzen als Wahrscheinlichkeiten entscheiden. Die Antwort, die de Finetti auf dieses Problem gegeben hat, ist für viele so überzeugend, daß es seitdem – insbesondere seit dem Lehrbuch von Savage – einen neuen Subjektivismus, einen Neo-Bayesianismus gibt.

Ich möchte im folgenden zeigen, daß die Resultate von de Finetti die technische Begründung einer idealwissenschaftlichen Stochastik aber unberührt lassen.

Vorausgeschickt sei die simple Tatsache, daß die Versuchsserien mit beliebig gemischten Bernoulligeräten im folgenden Sinne »k-symmetrisch« (für jedes k) sind: die Wahrscheinlichkeit dafür, daß von N Resultaten (sie seien der Reihe nach indiziert) diejenigen k Resultate mit den Indizes $i_1, \ldots, i_k$ »Erfolge« sind, ist – bei gegebenen Wahrscheinlichkeiten $p_1, \ldots, p_n$ der Wahl von Zufallsgeneratoren $Z_1, \ldots, Z_n$ und bei gegebenen Wahrscheinlichkeiten

$q_1, \ldots, q_n$ für »Erfolg« dieser Zufallsgeneratoren – nur von den Zahlen k und N abhängig, nicht von den Indizes $i_1, \ldots, i_k$. Das ist trivial, weil für *einen* Zufallsgenerator (mit q als Wahrscheinlichkeit der Erfolge) diese Wahrscheinlichkeit stets $q^k (1-q)^{N-k}$ ist. Für diese Unabhängigkeit von den Indizes sei kurz gesagt, daß gemischte Bernoulliserien symmetrisch sind.

Ausgangspunkt von de Finetti ist die Kritik an der Definition der Wahrscheinlichkeiten als (nicht-stochastischer) Limes von Häufigkeiten. Ebenso kritisiert er aber die naive Verwendung der »Gleichwahrscheinlichkeit« und insbesondere der »Unabhängigkeit« von Ereignissen. (Dem Vorwurf dieser Naivität entzieht sich die konstruktive Definition von Zufallsaggregaten durch den Rückgriff auf die technische Praxis).

De Finetti betrachtet statt dessen nur ein Urteil über die Symmetrie von Resultatserien als ein – jedem vernünftigen Handeln – zumutbares Urteil. Er zeigte, daß schon durch die Annahme der 2-fachen Symmetrie (also Symmetrie nur für $k=1,2$) von Resultatserien ein (schwaches) Gesetz der großen Zahlen beweisbar wird.

Die de Finetti-Variante des Bernoullischen Theorems lautet: Für jede 2-fach symmetrische Resultatserie ist die Folge der Häufigkeiten $h_1, h_2, \ldots$ (der »günstigen« Ereignisse) stochastisch Cauchy-konvergent, d. h. praktisch-sicher gilt (für jedes $\epsilon > 0$)

$$| h_M - h_N | < \epsilon$$

für alle genügend großen M und N.

Die Pointe dieses Theorems ist, daß die (subjektiven) Ausgangswahrscheinlichkeiten gar nicht explizit auftreten. Für *wie* wahrscheinlich man die günstigen Resultate und die günstigen Resultatspaare gehalten hat, spielt keine Rolle: man muß sie nur für jeweils gleichwahrscheinlich gehalten haben.

Im Bernoullitheorem dagegen mußte »apriori« eine Wahrscheinlichkeit q angegeben werden – und ein Paar günstiger Resultate hatte dann die Wahrscheinlichkeit q^2. Jetzt genügt eine Wahrscheinlichkeit q (für günstige Resultate) und eine Wahrscheinlichkeit $q' \leq q$ (für Paare – ohne daß $q' = q^2$ sein müßte). Aber die Größen von q und q' (selbstverständlich echt zwischen 0 und 1) gehen in das Limestheorem nicht ein.

Aus der Cauchy-Konvergenz folgt (nach einem Fundamentalsatz der Analysis) die gewöhnliche Konvergenz. Setzt man $q = \lim h_N$

für $N \to \infty$, dann ist q die Wahrscheinlichkeit, die man »aus der Erfahrung gelernt« hat.

Der Beweis des de Finetti-Theorems ergibt sich nach Khinchin am einfachsten durch Benutzung der »charakteristischen« Funktion: man setzt $\chi_i = 1$, wenn das i-te Resultat ein Erfolg ist, sonst $\chi_i = 0$.

Die Häufigkeit der Erfolge in einer Serie der Länge N ist dann

$$h_N = \frac{1}{N} \sum_i^N \chi_i$$

Als zweifache Symmetrie ist vorausgesetzt, daß für den mathematischen Erwartungswert μ gilt $\mu(\chi_i) = q$ für alle i

$$\mu(\chi_i \chi_j) = q' \text{ für alle } i \neq j.$$

Wegen $\chi_i^2 = \chi_i$ folgt auch $\mu(\chi_i^2) = q$ und es läßt sich daher für zwei Serien der Länge M und $N > M$ sofort der Erwartungswert für $(h_M - h_N)^2$ allein aus q und q' errechnen. Es ist

$$\mu\left(\frac{1}{M}\sum_i^M \chi_i - \frac{1}{N}\sum_j^N \chi_j\right)^2$$

$$= \mu\left[\frac{1}{M^2}\left(\sum_i^M \chi_i\right)^2 + \frac{1}{N^2}\left(\sum_j^N \chi_j\right)^2 - \frac{2}{MN}\sum_{i,j}^{M,N} \chi_i \chi_j\right]$$

$$= \frac{1}{M^2}\left[Mq + (M^2 - M)\, q'\right] + \frac{1}{N^2}\left[Nq + (N^2 - N)\, q'\right]$$

$$- \frac{2}{MN}\left[Mq + (MN - M)\, q'\right]$$

$$= \left(\frac{1}{M} - \frac{1}{N}\right) q - \left(\frac{1}{M} - \frac{1}{N}\right) q'$$

$$= \left(\frac{1}{M} - \frac{1}{N}\right)(q - q') < \frac{1}{M}$$

Da dieser Erwartungswert für große M und N beliebig klein wird, folgt nach der bekannten Ungleichung von Tschebyschew, daß (für jedes $\varepsilon > 0$) die Wahrscheinlichkeit

$$p\ (|h_M - h_N| < \varepsilon)$$

für große M und N gegen 1 konvergiert.

Als Neo-Bayesianer beginnt man, sich erst dann für Statistik (das Feststellen von Häufigkeiten) zu interessieren, wenn man eine Resultatfolge subjektiv für symmetrisch hält, wenn man also auf das Eintreten von Erfolgen an den Stellen $i_1, \ldots, i_k$ genau so viel wetten würde wie für das Eintreten von Erfolgen an den Stellen $j_1, \ldots, j_k$. Man hält die Stellen für »äquivalent«, wie de Finetti sagte – wofür jetzt der Terminus »vertauschbar« üblich geworden ist.

Hat man nach N Versuchen die Erfahrung gemacht, daß k Erfolge eingetreten sind, dann beurteilt man eine Fortsetzung der Resultatserie wieder als symmetrisch, aber mit anderen Wahrscheinlichkeiten.

Für große N konvergieren diese jeweils neuen Wahrscheinlichkeiten – dessen ist man praktisch sicher. Die so zu approximierenden Limites hält der Neo-Bayesianer für *die* Wahrscheinlichkeiten, die ein rationales Subjekt den zukünftigen Resultaten der symmetrischen Serie geben sollte. Diese sind unabhängig von den subjektiven Ausgangswahrscheinlichkeiten, also *intersubjektiv*. Der Neo-Bayesianer interpretiert die »objektiven« Wahrscheinlichkeiten aller Nicht-Subjektivisten als diese intersubjektiven Wahrscheinlichkeiten.

Berücksichtigt man umgekehrt, daß die Untersuchung symmetrischer Resultatserien selbstverständlich leicht in die idealwissenschaftliche Stochastik einzuordnen ist – man braucht ja nur von gemischten Bernoulliverteilungen auszugehen (und de Finetti selbst hat als ein Theorem der mathematischen Wahrscheinlichkeitstheorie bewiesen, daß jede ∞-fach symmetrische Wahrscheinlichkeitsverteilung auf einer Ereignisfolge als eine, eventuell kontinuierliche, Mischung von Bernoulliverteilungen darstellbar ist) –, dann zeigt sich jetzt, daß dieser Grundlagenstreit der Stochastik nur ein Wortstreit um »objektiv« oder »intersubjektiv« ist. Schon für Zufallsgeneratoren ist es bloßer Sprachgebrauch, ob man sagt, daß beim realen Würfel die Wahrscheinlichkeiten »objektiv« einander gleich sind, oder ob jedes vernünftige Subjekt sie

gleichsetzen sollte. Es kommt ja darauf an, ob der reale Würfel den idealen Zufallsgenerator mit 6 Elementarereignissen technisch hinreichend gut realisiert. Um das zu prüfen, benutzt man das statistische Schließen. Die Stochastik tritt hierfür als eine idealwissenschaftliche Grundlagendisziplin auf.
Alle weiteren Anwendungen der Stochastik, sei es in den Naturwissenschaften oder in der Wirtschaft, arbeiten nur mit stochastischen Modellen. Diese müssen sich technisch und ökonomisch bewähren. Es ist vernünftig, mit solchen bewährten Modellen zu arbeiten. Zu sagen, daß Modelle bloß »subjektiv« seien, ist schon Atemverschwendung – was sollen sie denn sonst sein? Zu sagen, daß diese Modelle »Modelle der Objektivität« seien, ist allerdings genau so überflüssig. Es kommt nur darauf an, mit diesen Modellen technisch oder ökonomisch Nützliches zu tun.

Literatur

D. Bernoulli (1738), »Specimen theoriae novae de mensura sortis«, in: *Commentarii Academiae Imperialis Petropolitanae* V (1730/31), S. 175-192; abgedruckt in: *Die Werke von Daniel Bernoulli.* Im Auftrag der Naturforschenden Gesellschaft Basel und der Otto-Spiess-Stiftung herausgegeben von David Speiser. Bd. 2: Analysis. Wahrscheinlichkeitsrechnung, Basel/Boston/Stuttgart 1982, S. 223-234.

K. H. Borch, (1969), *Wirtschaftliches Verhalten bei Unsicherheit,* Wien.

B. de Finetti (1937), »La prévision: ses lois logiques, ses sources subjectives«, in: *Annales de l'Institut Henri Poincaré* 7, S. 1-68; englisch in: H. E. Kyborg jr./H. E. Smokler (Hg.) *Studies in Subjective Probability*, New York/London/Sidney 1964, S. 93-158.

A. N. Kolmogorov (Kolmogoroff) (1933), *Grundbegriffe der Wahrscheinlichkeitsrechnung*, Berlin; Reprint: Berlin/Heidelberg/New York 1973.

H. E. Kyborg/H. E. Smokler (Hg.), *Studies in Subjective Probability,* New York/London/Sydney 1964.

P. Lorenzen (1974), *Konstruktive Wissenschaftstheorie*, Frankfurt/Main.

– (1978), *Theorie der technischen und politischen Vernunft*, Stuttgart.

R. v. Mises (1919), »Grundlagen der Wahrscheinlichkeitsrechnung«, in: *Math. Z.* 5.

– ([3]1951), *Wahrscheinlichkeit, Statistik und Wahrheit,* Wien.

J. v. Neumann/O. Morgenstern ([2]1947), *Theory of Games and Economic Behavior*, Princeton.

F. P. Ramsey (1926), »Truth and probability«, in: *The Foundations of Mathematics and Other Logical Essays*, herausgegeben von R. B. Braithwaite, London 1950, S. 156-198.

Renyi (1962), *Wahrscheinlichkeitsrechnung*, Berlin.

L. J. Savage (1954), *The Foundations of Statistics*, New York.

H. Schneeweiß (1967), *Entscheidungskriterien bei Risiko*, Berlin/Heidelberg/New York.

W. Stegmüller (1973), *Probleme und Resultate der Wissenschaftstheorie und Analytischen Philosophie*, IV, Berlin/Heidelberg/New York.

E. Tornier (1933), »Grundlagen der Wahrscheinlichkeitsrechnung«, in: *Acta Mathematica* 60.

– und H. Domizlaff (1952), *Theorie der Versuchsvorschriften der Wahrscheinlichkeitsrechnung*, Stuttgart.

G. Weippert (1977), *Untersuchungen zur konstruktiven Begründung der Wahrscheinlichkeitstheorie*, Diss. Erlangen.

Protogeometrische Sprachspiele und geometrische Theorie

Meine sehr geehrten Damen und Herren,
für die Wittgensteinianer unter Ihnen verwende ich das Wort »Sprachspiele«. Ich erhoffe dabei Ihre Zustimmung, wenn ich das Wort nicht im Sinne von »Spielereien mit Sprache«, sondern im alten pädagogischen Sinn von: »Wir lernen für das Leben, während wir zu spielen scheinen« verwende.

In den Schulen, von den Grundschulen bis zu den Hochschulen, findet ein Lernen von Sprache, eine Einübung in Sprechweisen statt. Weil es zur Übung geschieht, erscheint es als Spiel. Der Ernstfall ist die Praxis, das Leben nach den Schulen. Die Distanzierung von der Praxis, die in den Schulen geschieht, dient nach Platon nur als Vorbereitung für die Praxis, insbesondere für die politische Praxis. Unter dem Titel »Theorie« wird aber schon seit Aristoteles diese Distanzierung zu einem selbständigen Lebensstil, zum βίος θεωρητικός.

Unsere europäische Kultur ist von diesem Denkstil der Theorien als Selbstzweck entscheidend geprägt. Dieser Denkstil ist aber bei uns auch immer wieder kritisiert worden. Dann geht es darum, den Primat der Praxis gegenüber der Theorie zu verteidigen.

Bei abstrakter Erörterung des Theorie-Praxis-Verhältnisses verliert man sich leicht in Ideologien, weil das Wort »Praxis« auch für die Militärstrategie eines Staates, die Wirtschaftsstrategie eines Konzerns, schließlich für die Drittmittelbeschaffungsstrategie einer Universität stehen kann.

Als ein Beispiel für das Verhältnis von Theorie und Praxis, das weit *vor* allen modernen Ideologien liegt, möchte ich hier über geometrische Praxis und Theorie reden. Das sind Tätigkeiten und »Sprachspiele«, über die auch schon Platon und Aristoteles geredet haben.

Erst kurz nach Aristoteles ist das klassische Lehrbuch der Geometrie, die Elemente des Euklid, geschrieben.

Für das Problem »Theorie vs. Praxis« möchte ich empfehlen, Euklid zu lesen. Denn die Geometrie gilt ja – bis heute – als das Paradigma einer axiomatischen Wissenschaft (oder »Theorie«) im Sinne der zweiten Analytiken des Aristoteles.

Dem steht allerdings gegenüber, daß Euklid vermutlich die aristotelische Wissenschaftstheorie gar nicht gekannt hat. So urteilt jedenfalls der beste Kenner dieser Materie, der Altphilologe Kurt v. Fritz. Er schreibt: »Seine (d. h. des Aristoteles) Wissenschaftslehre wurde ... von den Mathematikern der nächsten zwei bis drei Jahrhunderte nicht gelesen ... als das Studium der aristotelischen Wissenschaftslehre seit dem Ende des ersten Jahrhunderts ante immer weitere Verbreitung gefunden hatte, brachten es die an Aristoteles orientierten Kommentatoren des Euklid und Archimedes nur noch dazu, eine Art Ausgleich zwischen der Terminologie und den Einteilungen des Aristoteles einerseits und dem bei den Mathematikern vorgefundenen Tatbestand andererseits zu suchen, ohne an eine Erneuerung der Axiomatik auf Grund der Forderungen des Aristoteles und der sachlichen Leistungen der Mathematiker auch nur zu denken.« Diese »Erneuerung der Axiomatik« hat – bekanntlich – erst das 19. Jahrhundert geleistet. Sie endet mit dem Hilbertschen »Geniestreich« (das ist der Ausdruck van der Waerdens), von den Axiomen nicht mehr zu verlangen, daß ihre Wahrheit evidenter ist als die Wahrheit der Theoreme. Gegenwärtig muß man daher zu den Physikern gehen, wenn man die Wahrheitsfrage geometrischer Sätze, ihre, wie es heißt, »Anwendbarkeit« überhaupt noch diskutieren will.
Oder man ist dieser modernen Diskussion überdrüssig – und liest statt dessen erst einmal und noch einmal Euklid! Denn wir stehen doch vor folgender Situation. Euklid war – vermutlich – kein Aristoteliker, er wollte also – vermutlich – kein Lehrbuch einer axiomatischen Theorie schreiben. Euklid war aber sicherlich Platoniker. Seine Elemente gipfeln im Buch XIII (das vermutlich auf Theätet zurückgeht), in der Konstruktion der fünf platonischen Körper und in der Berechnung ihrer Winkel und Größenverhältnisse. Diese Konstruktionen und Berechnungen sind unabhängig von der Größe der Basisstrecke, aus der alles konstruiert wird. Es werden, so kann man auch sagen, nur die Formen von Körpern konstruiert und berechnet.
Im folgenden möchte ich zeigen, wie man die Euklidische Geometrie als eine konstruktive Theorie räumlicher Formen begründen kann. Diese konstruktive Theorie wird ein Modell der Hilbertschen Axiome liefern (wenn man das Cantorsche Vollständigkeitsaxiom wegläßt). Aber die wissenschaftstheoretische Pointe einer konstruktiven Geometrie liegt selbstverständlich

nicht darin, Modelle für axiomatische Theorien zu liefern, sondern darin, zu zeigen, daß das aristotelische Axiomatisierungsprogramm der Geometrie – seit etwa 2000 Jahren – nur dogmatisch aufgezwungen ist.

Denselben Streit »konstruktiv vs. axiomatisch« gibt es – allerdings erst seit 100 Jahren – auch für die Arithmetik und ihre höheren Teile, die Analysis. Schlichte Konstruktionsregeln wie

$$\Rightarrow |$$
$$n \Rightarrow n\,|$$

sind keine Sätze, also erst recht keine Axiome. Trotzdem werden sie von den Axiomatikern als »Existenzsätze« gelesen. Dasselbe hat schon Aristoteles mit den geometrischen Konstruktionsregeln getan. Aber hier ist alles sehr viel schwieriger. Denn bei einigem guten Willen kann man sich leicht darüber verständigen, was die Zählzeichen |, ||, |||, . . . sind, die für die Arithmetik konstruiert werden. Aber was sind räumliche Figuren, was sind die Formen solcher Figuren, wie sie nach Platon mit Lineal und Zirkel zu konstruieren sind?

Das Euklidische Lehrbuch enthält einerseits Konstruktionsaufgaben mit Lösungen (z. B. Konstruktion des gleichseitigen Dreiecks oder der Winkelhalbierenden zu einem schon konstruierten Winkel), andererseits Lehrsätze mit Beweisen. Diese Lehrsätze sind Sätze über Winkel und Größenverhältnisse (z. B. daß die Winkelsumme im Dreieck $2R$ ist, oder daß jedes Dreieck halb so groß ist wie ein Parallelogramm mit gleicher Grundlinie und Höhe). Für die Beweise solcher Lehrsätze sind allerdings stets Hilfssätze erforderlich, z. B. der Parallelensatz, daß zwei Geraden, die eine dritte in gleichen Winkeln schneiden, sich nicht schneiden, mit seiner berühmten Umkehrung. Lehrsätze und Hilfssätze sind im Text nicht unterschieden. Die Konstruktionsaufgaben werden dadurch gelöst, daß sie auf die Grundkonstruktionen von Gerade und Kreis zurückgeführt werden. Die Beweise der Lehr- und Hilfssätze werden auf die prototheoretischen Definitionen *und auf Axiome* zurückgeführt. Das ist jedenfalls die klassische Meinung der, wie v. Fritz sagt, »an Aristoteles orientierten Kommentatoren«, die über Hilbert in der Gegenwart die herrschende Meinung ist.

Eine an Platon orientierte Interpretation der Euklidischen Elemente muß dagegen versuchen, mit den prototheoretischen Defi-

nitionen *allein* auszukommen. Sie muß dazu explizit benutzen, was Euklid nur stillschweigend benutzt, daß sich nämlich die Lehr- und Hilfssätze nicht auf die konstruierten Figuren, sondern auf die *Formen* der konstruierten Figuren beziehen.
Ein Buch, das dieses Programm einer konstruktiven Geometrie ausführt, ist gerade von R. Inhetveen in Erlangen vorgelegt worden (1983).
Ausgangspunkt sind die Euklidischen Definitionen. In Buch XI findet man

XI,1 Ein Körper ist, was Länge, Breite und Tiefe hat.
XI,2 Eine Begrenzung eines Körpers ist eine Fläche.

Hieran lassen sich die Definitionen von Buch I anschließen.

I,5 Eine Fläche ist, was nur Länge und Breite hat.
I,6 Eine Begrenzung einer Fläche ist eine Linie.
und I,2 Eine Linie ist, was nur Länge hat.
I,3 Eine Begrenzung einer Linie ist ein Punkt.

Die berühmte Definition I,1: Ein Punkt ist, was keine Teile hat, ließe sich besser ersetzen durch
Ein Punkt ist, was weder Länge, Breite noch Tiefe hat.
Die Benutzung von Länge, Breite und Tiefe ist ein Vorgriff auf die Größenmessung. Ignoriert man diese, so bleibt übrig, daß jeder Geometer aus der Praxis wissen muß, was *Körper* sind. Er muß aus der Praxis auch wissen, was Punkte, Linien und Flächen sind. In den Definitionen wird die Verwendung dieser Wörter semantisch so normiert, daß die niederdimensionalen Gebilde stets als Begrenzungen auftreten: die Flächen sind *Oberflächen* von Körpern, die Linien sind *Randlinien* von Oberflächen und die Punkte sind *Endpunkte* von Randlinien.
Ich möchte daher »Körper«, »Oberfläche«, »Randlinie«, »Endpunkt« als Basisvokabular der Protogeometrie vorschlagen. Es wird, wie Bühler sagte, »empraktisch«, also »in der Praxis« erlernt. Wer etwa als Ausländer diese deutschen Wörter nicht kennt, kann sie notfalls aus Bildwörterbüchern lernen.
Ganz anders ist es mit Euklids Definitionen I,4 und I,7, nach denen eine *ebene* Fläche eine solche ist, die symmetrisch (ἴσον) zu ihren geraden Linien ist – und eine *gerade* Linie eine solche, die symmetrisch zu ihren Punkten ist.
Die Protogeometrie muß diesen Definitionen einen Sinn geben, so daß diese Definitionen als Ausgangssätze für Beweise dienen können. Dazu genügt empraktische Einübung nicht. Nach Inhetveen

wird dazu das empraktisch zu erlernende Basisvokabular durch die Wörter »Berührlage« und »passen« erweitert. Zerlegt man einen festen Körper durch einen Schnitt, so *passen* die entstehenden Oberflächen aufeinander. Sie lassen sich in eine Lage bringen, die für jeden ihrer Punkte eine *Berührlage* ist.
Die Berührlagen für zwei Punkte zweier Oberflächen möchte ich in *stumpfe*

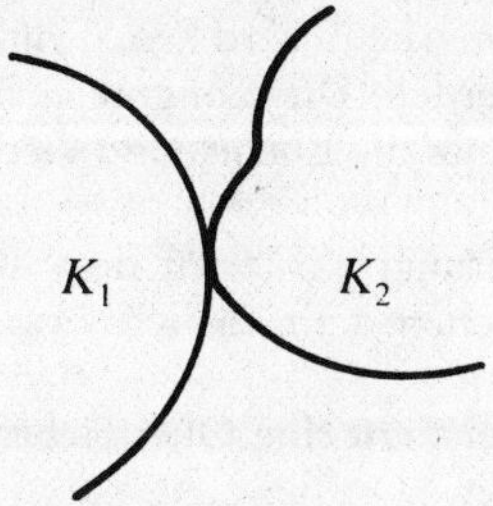

und *spitze* einteilen.

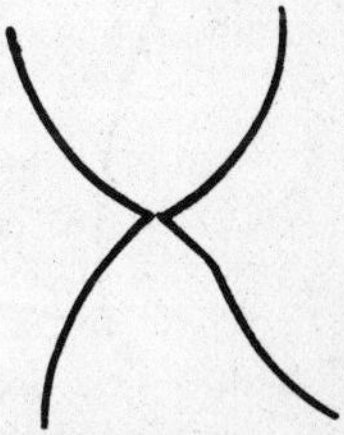

In stumpfen Berührlagen berühren sich die Oberflächen in *Endelementen* von Randlinien, nicht nur in ihren Endpunkten. Man kann auch sagen, daß durch ein Endelement nicht nur ein Punkt, sondern auch eine von diesem Punkt ausgehende *Richtung* gegeben ist. Eine Drehung, die den Berührpunkt festläßt, ändert die Endelemente, die sich berühren. Endelemente zeichne ich als 6. Zwei Oberflächen, die beide auf eine dritte passen, heißen *kongruent*. Das ist der Sinn des Euklidischen ἐφαρμόζειν. Daß diese Kongruenz reflexiv ist, folgt schon, wenn jede Oberfläche auf eine andere paßt. Und dies folgt, wenn wir die Oberflächen durch Zerlegen von Körpern entstehen lassen.

Die Kongruenz ist ferner per definitionem symmetrisch. Daß sie transitiv ist, folgt aus einer Normierung für das Passen. Paßt eine dritte Oberfläche auf zwei Oberflächen, dann soll jede vierte Oberfläche, die auf eine paßt, auch auf die andere passen.
Ohne diese Normierung gibt es keine *reproduzierbare* Herstellung von passenden Oberflächen.
Es lohnt sich nicht, darüber zu streiten, ob diese semantische Normierung nur ein anderes Wort für das ist, was man sonst ein Axiom nennt: die Kongruenz wird kein Grundbegriff der geometrischen Theorien werden. Die Kongruenz wird nur in der Prototheorie gebraucht, um die Ebenen und Geraden der Theorie zu definieren.
Als letzten Vorbereitungsschritt auf dem Wege zur Definition von ebenen Oberflächen definiere ich jetzt klappsymmetrische Oberflächen.
Auf einem Körper sei dazu eine Oberfläche und in ihr ein Endelement ausgezeichnet.

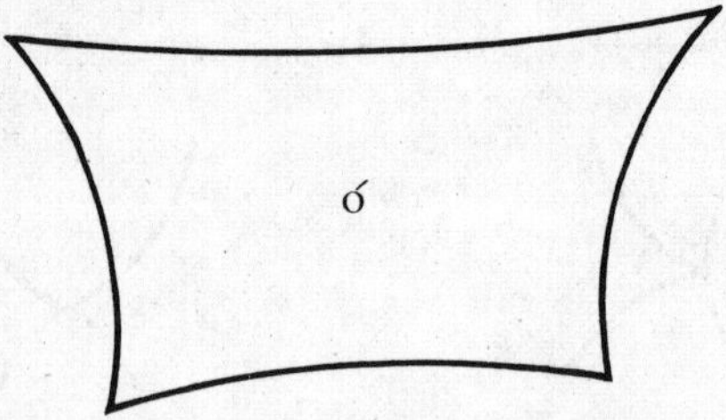

Ein zweiter Körper habe eine kongruente Oberfläche. In ihr ist dann ebenfalls ein Endelement ausgezeichnet. Lassen sich diese Oberflächen so in eine Berührungslage bringen, daß sie aufeinander passen und die Endelemente sich berühren, dann heißen die Oberflächen *klappsymmetrisch*.
Realisiert man nämlich den zweiten Körper durch eine Folie, die auf die erste Oberfläche paßt, so entsteht die geforderte Berührlage durch ein Klappen der Folie um das ausgezeichnete Endelement.
Die Linie der Punkte, die beim Klappen fest bleiben, heiße die *Klapplinie*. Durch die Klapplinie wird eine klappsymmetrische Oberfläche in zwei Halbflächen zerlegt. Im Querschnitt sieht das etwa so aus:

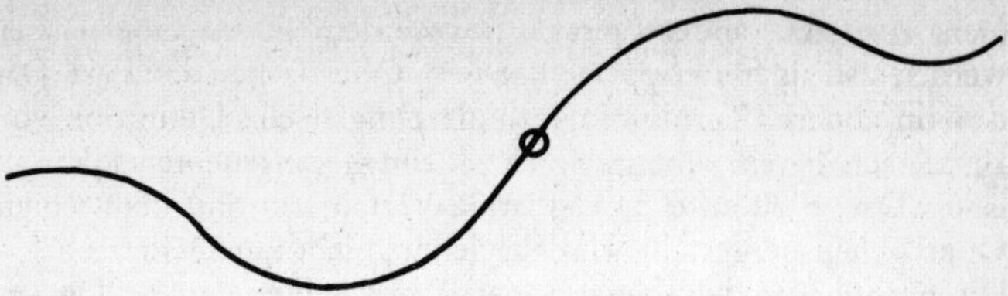

Eine Halbfläche kann beliebig vorgegeben sein. Sie muß nur in einer Klapplinie enden (und das muß ein Geradenstück sein – »Gerade« ist allerdings noch nicht definiert).
Da zwei Klappungen nacheinander (im selben Drehsinn) eine ganze Drehung bilden, kann man die Klappungen auch »halbe Drehungen« nennen. Die Halbflächen einer klappsymmetrischen Oberfläche gehen durch halbe Drehungen um die Klapplinie ineinander über. Für die Oberfläche sind die Klappungen *involutorische* Abbildungen, wie die Mathematiker sagen.
Für zwei beliebige klappsymmetrische Oberflächen behaupte ich nun den folgenden *Kongruenzsatz*:
Zwei klappsymmetrische Oberflächen, die sich in ihren ausgezeichneten Endelementen berühren, passen aufeinander – und sind daher kongruent.
Um die Behauptung zu begründen, sei auch die zweite klappsymmetrische Oberfläche durch eine Folie realisiert.

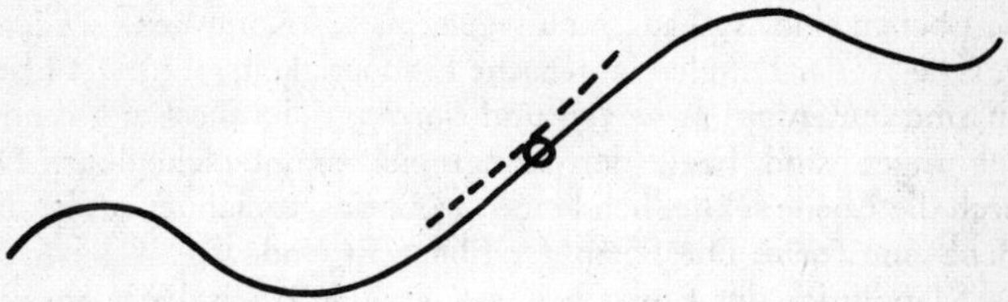

Durch eine halbe Drehung, etwa der rechten Halbflächen, gehen diese in die linken Halbflächen über. Die Halbflächen der zweiten Folie liegen dadurch *zwischen* den – aufeinander passenden! – Halbflächen der ersten Folie. Die Folien sind also kongruent.
Jetzt lassen sich *ebene* Oberflächen definieren als spezielle klappsymmetrische Oberflächen, nämlich als solche, die für *jedes* ihrer Endelemente klappsymmetrisch sind. Das ausgezeichnete Endele-

ment läßt sich, anders gesagt, frei wählen. Ebene Oberflächen werden also als *frei klappsymmetrische* Oberflächen definiert. Das ist – in anderer Terminologie – die Dinglersche Definition von 1911, nach der ein »ebenes Stück ... einem kongruenten adhärent ist«. (Das berühmte Drei-Platten-Verfahren, mit dem ebene Oberflächen hergestellt werden, gehört nicht zur Definition.)

Die Klapplinien der ebenen Oberflächen heißen *gerade.* Das ergibt die Euklidische Definition 1,7 als den Satz, daß eine ebene Fläche eine solche ist, die bezüglich jeder ihrer geraden Linien symmetrisch ist.

Eine Definition der geraden Linien durch ihre freie Klappsymmetrie (innerhalb der Ebene) erübrigt sich bei diesem Aufbau der Protogeometrie.

Aus dem Kongruenzsatz für klappsymmetrische Oberflächen folgt insbesondere, daß zwei ebene Oberflächen stets kongruent sind. Man braucht sie ja nur in irgendeine (stumpfe) Berührlage zu bringen.

Für diese Passungen wird von evtl. überstehenden Stücken abstrahiert. Geht man daher von den ebenen Oberflächen zu unbegrenzten Flächen über, indem man von allen Begrenzungen durch Randlinien abstrahiert, so erhält man die (unbegrenzte) *Ebene.*

Zwei Ebenen passen stets aufeinander und es läßt sich in jeder Ebene ein Endelement frei wählen, in dem sich die Ebenen berühren sollen.

Die Ebenen sind, so kann man sagen, bis auf Kongruenz *eindeutig.* (Das ist der Dingler-Janichsche Eindeutigkeitssatz.) Die Ebenen sind außerdem *homogen* und *isotrop,* d. h. alle Punkte und Richtungen sind bzgl. der Kongruenz ununterscheidbar. Da durch die Ebene schließlich keine Größe ausgezeichnet ist, ist die Ebene eine *Form.* Die Form der Ebene ist eindeutig.

Die Klapplinien der Ebene heißen *Geraden.* Auch die Form der Gerade ist eindeutig.

Klappungen um Geraden in der Ebene nennt man auch Spiegelungen. Ich möchte diesen optischen Terminus lieber vermeiden: die halben Drehungen sind keine Spiegelungen (obwohl man sie in der Ebene »Punktspiegelungen« nennt). Im Raum ist allerdings gegen den Terminus »Spiegelung« für Spiegelungen an Ebenen nichts einzuwenden, diese Spiegelungen sind keine Bewegungen.

Zurück zu den Klappsymmetrien für Geraden in einer Ebene! Diese Abbildungen sind *Kollineationen,* d. h. Geraden gehen in Geraden über. Die Klappgerade selbst bleibt punktweise fest. Jede die Klappgerade schneidende Gerade geht wieder in eine schneidende Gerade über. Der Schnittpunkt bleibt fest.

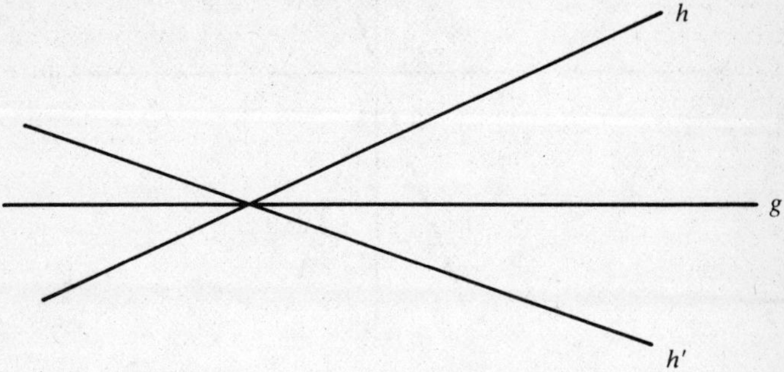

Die schneidenden Geraden, die bei der Klappung in sich übergehen, also ihre Halbgeraden vertauschen, heißen *orthogonal.*

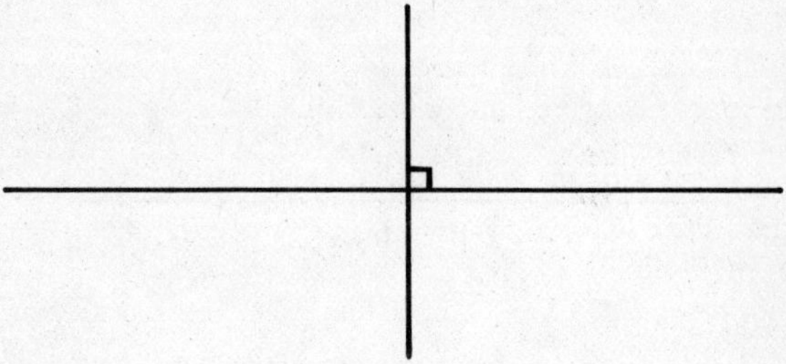

Alle rechten Winkel sind kongruent: sie passen aufeinander. Zur Begründung dieser Behauptung bringe man einen rechten Winkel zu einem anderen in eine solche Lage, daß sich die Klappgeraden und Schnittpunkte berühren. Dann berühren sich auch die orthogonalen Halbgeraden. Sonst entstünde nämlich eine Figur

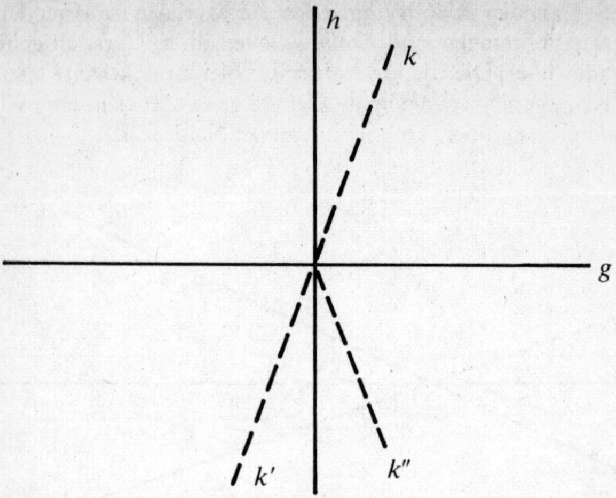

so daß bei Klappung um g einerseits k in k', andererseits k in k'' überginge. Nur für $k = h$ ist $k' = k''$. Hier wird benutzt, daß h die Ebene in zwei Halbebenen zerlegt, die bei der Klappung in sich übergehen.

Bei einer Klappung um g sind für eine Orthogonale h die folgenden Winkel per definitionem kongruent: $\alpha_1 = \alpha_2$ und $\beta_1 = \beta_2$:

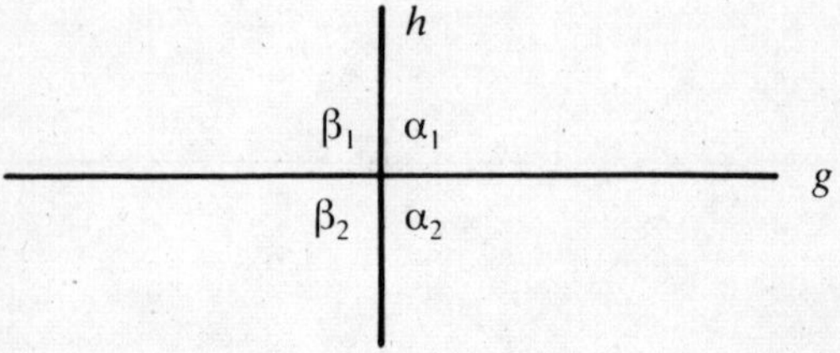

Nach der eben begründeten Kongruenz aller rechten Winkel gilt aber auch $\alpha_1 = \beta_1$ und $\alpha_2 = \beta_2$. Das heißt, daß auch g orthogonal zu h ist. Die Orthogonalität $\perp$ von Geraden ist *symmetrisch*: $g \perp h \rightarrow h \perp g$.

Im allgemeinen Fall, in dem bei Klappung um g eine schneidende Gerade h in eine schneidende Gerade $h' \neq h$ übergeht, ist die

Klappgerade g eine *Winkelhalbierende* von h und h' (vgl. Fig. 6).
Ist g' die Orthogonale zu g durch den Schnittpunkt mit h, dann ist auch g' eine Winkelhalbierende von h und h'.

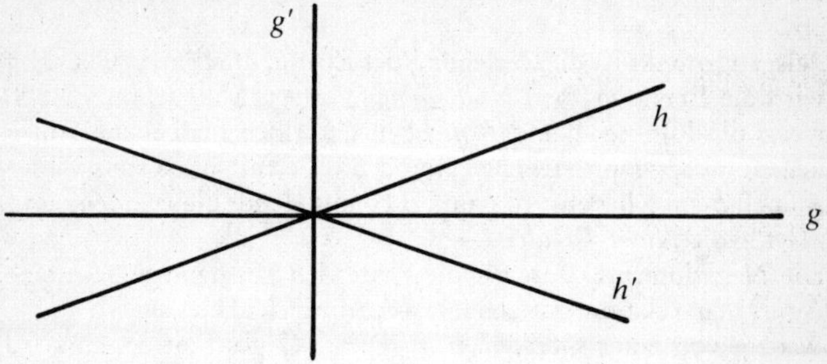

Ich bezeichne die beiden Winkelhalbierenden durch $h \divideontimes h'$ und $h \ast h'$. (Die Unterscheidung der beiden Winkelhalbierenden wird erst nach der Auszeichnung von Halbgeraden möglich.)
Die beiden Winkelhalbierenden eines sich schneidenden Geradenpaares sind stets orthogonal zueinander. Auch Orthogonalität und Winkelhalbierung zeichnen keine Größen aus. Es sind *formentheoretische* Begriffe.
Die Klappsymmetrien lassen sich formentheoretisch dadurch definieren, daß sie *orthogonale Kollineationen* sind – d. h. daß orthogonale Geraden in orthogonale Geraden übergehen –, die außerdem involutorisch sind und eine Gerade punktweise festlassen.
Diese formentheoretischen Bemerkungen stehen selbstverständlich nicht im Widerspruch dazu, daß alles, was bisher gesagt wurde, im Sinne von Bolyai zur »absoluten« Geometrie gehört. Die hyperbolische Geometrie (ich würde lieber sagen: Pseudogeometrie) unterscheidet sich von der euklidischen Geometrie gerade dadurch, daß in ihr formgleiche Figuren stets kongruent sind. Schon für die absolute Geometrie ist also die Unterscheidung von formgleich (»ähnlich«) und kongruent zwar möglich, aber nicht sinnvoll. Hier sind wir jedoch in einer Prototheorie der euklidischen Geometrie. Diese läßt sich dadurch

definieren, daß sie nur die Formen der Figuren als Gegenstand hat. Sie läßt sich also als eine »äquiforme« Theorie definieren.

Vor dem Übergang zur geometrischen Theorie ist in einer Prototheorie, die die Gegenstände der Geometrie definieren soll, noch die Anordnung von Punkten und die Zwischenrelation zu definieren.

Ausgangspunkt ist die Zerlegung der Ebene: durch jede Gerade g wird die Ebene in zwei *Halbebenen* zerlegt. Man schreibt AgB, wenn die Punkte A und B *nicht* in derselben Halbebene von g liegen: g liegt dann *zwischen* A und B. Hierfür sollen stets weder A noch B auf g liegen: $A \not| g$ und $B \not| g$ mit »|« für die *Inzidenz* und »$\not|$« für die *Nicht-Inzidenz*.

Die Negation $\neg AgB$ ist für die Paare A,B per definitionem eine Äquivalenzrelation mit genau zwei Äquivalenzklassen.

Wird g von einer Geraden h im Punkt G geschnitten, so wird dadurch die Gerade h in zwei *Halbgeraden* zerlegt. Für Punkte $A,B \neq G$ von h schreibt man AGB, wenn AgB gilt. Es ist dann $A \neq B$. Die beiden Halbgeraden von h werden kurz durch G/A und G/B bezeichnet. G/A (bzw. G/B) ist dabei die Halbgerade der *Verbindungsgeraden* $h = A \sqcup B$, die bei der Zerlegung durch G entsteht und die A (bzw. B) *nicht* enthält.

Ist $D \neq G$ ein Punkt von h, dann enthält die Halbgerade G/D genau die Punkte $A,B, \ldots$ von h mit $DGA, DGB, \ldots$ Die Punkte dieser Halbgeraden sind *geordnet*, wenn wir $A < B$ genau dann setzen, wenn GAB gilt. Weil die Geraden Linien sind, ist diese Ordnung »linear«, d. h. es gilt (für $A \neq B$) stets

entweder $A < B$ oder $B < A$.

Für die Zwischenrelation auf einer Geraden haben wir damit schon alle Sätze, die nach Huntington ein »vollständiges Axiomensystem« der linearen Zwischenrelation sind. Das heißt aber nichts anderes, als daß sich jetzt beweisen läßt, daß endlich viele Punkte einer Halbgeraden sich stets so numerieren lassen als A_1, $A_2, \ldots, A_n$, so daß $A_i < A_j$ genau dann gilt, wenn $i < j$.

Es muß dann nur noch der Zusammenhang der linearen Zwischenrelation mit der ebenen Zwischenrelation formuliert werden. Wir haben AGB dadurch definiert, daß AgB für eine Gerade g gilt, die die Verbindungsgerade $A \sqcup B$ in G schneidet. Gehen wir umgekehrt von der linearen Zwischenrelation aus, so läßt sich

AgB (für zwei Punkte $A,B \nmid g$) dadurch definieren, daß die Verbindungsgerade $A \sqcup B$ die Gerade in einem Punkt G mit AGB schneidet.

Daß diese ebene Zwischenrelation eine Zerlegung der Ebene in zwei Halbebenen liefert (also eine Äquivalenzrelation mit zwei Äquivalenzklassen ist), erscheint bei Hilbert als ein »ebenes Anordnungsaxiom«, das er von Pasch übernimmt.

Untersuchungen zur logischen Unabhängigkeit der bisher begründeten Anordnungssätze tragen zur Begründung nichts bei. Ich gehe hier daher nicht darauf ein. Dafür kann ich mich auf Euklid berufen, der alle Anordnungssätze stillschweigend benutzt. Die Zerlegung der Ebene in zwei Halbebenen und die dadurch entstehende Zerlegung der Geraden in zwei Halbgeraden mit einer linearen Ordnung ihrer Punkte war Euklid selbstverständlich – und sie sollte jedem selbstverständlich geworden sein, der sich mit einer *Theorie* der Geometrie beschäftigen will.

Die Prototheorie macht nur die Selbstverständlichkeiten explizit, die man sich in der geometrischen Praxis, also empraktisch etwa bei der Herstellung von Ebenen, Geraden und rechten Winkeln – oder bei der Längenmessung – erwerben muß.

Folgt man der herrschenden, »an Aristoteles orientierten« Interpretation der Elemente des Euklid, dann besteht der Übergang von der Prototheorie zu einer Theorie nur darin, daß man so viele prototheoretische Selbstverständlichkeiten explizit macht, daß sich alle Euklidischen Sätze daraus *logisch* deduzieren lassen. Die Geschichte der Geometrie ist als eine immer verbesserte Ausführung dieses Aristotelischen Programms einer Axiomatisierung gut zu verstehen.

Seit Pasch und Hilbert liegen lückenlose Ausführungen dieses Programms vor. Diese logisch vollendete Ausführung des Aristotelischen Programms hat aber auch Mängel des Programms selber (nicht in der Ausführung) deutlich werden lassen. Dies möchte ich im folgenden unter den Stichworten: Kongruenzsätze, Parallelensätze, Existenzsätze besprechen.

Kongruenzsätze. In der Prototheorie ist die Kongruenz ebener Figuren durch das Aufeinanderpassen definierbar. Speziell ist die Kongruenz zweier Strecken dadurch definierbar, daß man einen festen Körper, auf dem zwei Endpunkte markiert sind, von einer Berührlage mit der ersten Strecke in eine Berührlage mit der zweiten Strecke *bewegen* kann. Hier entsteht die Frage, ob die festen

Körper, mit denen wir es in der geometrischen Praxis zu tun haben, nämlich unsere *Maßstäbe,* wirklich *so* fest sind, daß sie bei Bewegung ihre *Länge* nicht ändern. Wenn die Strecken aus den markierten Endpunkten vor und nach der Bewegung kongruent sind, so hat sich per definitionem »die Länge« nicht geändert. Die Definitionszirkel, in die man sich hier verstricken kann, hat man versucht dadurch zu vermeiden, daß man verlangt, die Maßstäbe sollen »starre« Körper sein. »Starre« Körper sollen sich »deformationsfrei« bewegen. »Deformationsfreie« Bewegungen führen Strecken in »kongruente« über. Und »Kongruenz« wird dann nicht mehr definiert – dafür gibt es nur ein paar selbstverständliche Kongruenzsätze, die als »Kongruenzaxiome« explizit formuliert sind.
Auf diese Weise wird man von der empirischen Untersuchung fester Körper abhängig: diese müssen doch zumindest *so* starr sein, daß die Kongruenzaxiome als Selbstverständlichkeiten formulierbar sind. Und da sind heutzutage sofort die Kosmologen zur Stelle, die behaupten, daß für deformationsfreie Bewegungen kosmischer Größenordnung nichts mehr selbstverständlich sei.
Nun ja, wie immer dem auch sei, Euklidisch ist das nicht gedacht. Denn Euklid hatte – als Platoniker – die beste Absicht, in der Geometrie nicht von Bewegungen zu reden. Daß er es dennoch an zwei Stellen (in 1,4 und 1,8) tat, ist ein Mangel seiner Ausführung des Platonischen Programms. Nur für die Aristoteliker ist dieser Mangel durch Hilbert behoben.
Im Platonischen Programm ist die Kongruenz mit Hilfe formentheoretischer Begriffe neu zu definieren. Denn die Formen sind eindeutig, unabhängig vom Material, definiert. Daß dies im Sinne Euklids ist, geht daraus hervor, daß die Lösungen der Aufgaben 1,2-3 (*vor* dem ersten Kongruenzsatz 1,4) ergeben, daß sich zwei kongruente Strecken stets durch (höchstens) drei Klappungen ineinander abbilden lassen. Klappungen sind zwar bei Euklid nicht formentheoretisch (als orthogonale Kollineationen) definiert, aber der Satz 1,5 (vom gleichschenkligen Dreieck) zeigt gerade, daß die Konstruktionen Euklids in 1,2-3 Klappungen sind. Wir haben es nur mit einem Mangel Euklids in der Ausführung des Platonischen Programms zu tun. Der Beweis der Kongruenzsätze aus der formentheoretischen Neudefinition ist in der Inhetveenschen Arbeit durchgeführt.

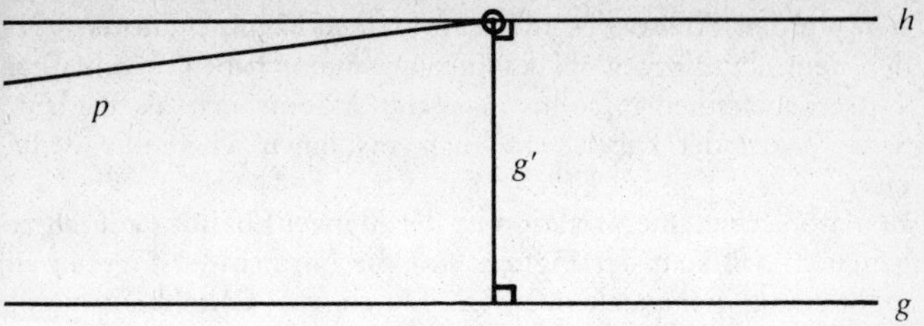

Parallelensätze. Lange vor der modernen Kosmologie hat der Zweifel an der Selbstverständlichkeit gewisser »erster« Euklidischer Sätze schon in der Antike begonnen. Euklid hat nämlich für seine Theorie der Parallelen einen Parallelensatz ohne Begründung angenommen.

Akzeptiert man einmal die Hilbertschen Inzidenz-, Anordnungs- und Kongruenzaxiome als selbstverständlich, so stellt sich das Problem folgendermaßen. Gegeben sei eine Gerade g und ein Punkt $A \not{I} g$. Wir konstruieren die Orthogonale $g' = A \dashv g$ durch A zu g (der Fußunkt auf g sei F) und noch einmal die Orthogenale $A \dashv g'$ durch A zu g'.

Es läßt sich (in der absoluten Geometrie) leicht beweisen, daß h die Gerade g nicht schneidet. Unter den Halbgeraden, die von A ausgehen, gibt es also einige, die g schneiden, einige, die g nicht schneiden. Protogeometrisch ist es daher selbstverständlich, daß es unter den Halbgeraden von A aus, die g nicht schneiden, eine Halbgerade p in einer Grenzlage geben muß, so daß p nicht g schneidet, aber jede Halbgerade, die *zwischen* p und g' liegt, g schneidet. Diese Halbgeraden nennt man *parallel* zu g.

Auf beiden Seiten von g' gibt es genau eine solche zu g parallele Halbgerade.

Die Euklidische Parallelentheorie behauptet, die beiden parallelen Halbgeraden bilden zusammen ein Gerade (die Gerade h). Das erscheint hier als ein Sonderfall gegenüber dem allgemeinen Fall, daß die beiden Halbgeraden nicht – ausgerechnet – eine Gerade bilden.

Diese Überlegung hat historisch zur hyperbolischen Pseudogeometrie geführt.

Für die modernen Aristoteliker ist dieser Mangel der Euklidischen Elemente dadurch behoben, daß euklidische Geometrie und hyperbolische Pseudogeometrie beide lückenlos axiomatisiert wurden. Aristoteles und seine antiken Kommentatoren würden dem allerdings wohl kaum zugestimmt haben. Nach ihrer Wissenschaftstheorie sollte man alle Axiome erst als evidente Sätze begründet haben, ehe man aus ihnen Theoreme deduziert.

In platonischer Interpretation ist der Mangel Euklids dadurch zu beheben, daß statt der Figuren *nur* die Formen der Figuren als theoriefähig behandelt werden. Durch die Gleichbehandlung formgleicher Figuren (auch wenn sie nicht kongruent sind) werden die euklidischen Parallelsätze beweisbar. Dazu braucht man nämlich in Fig. 11 nur von F aus die Orthogonale zu p zu konstruieren und von deren Fußpunkt die Orthogonale zu g'. Ihr Fußpunkt sei F'.

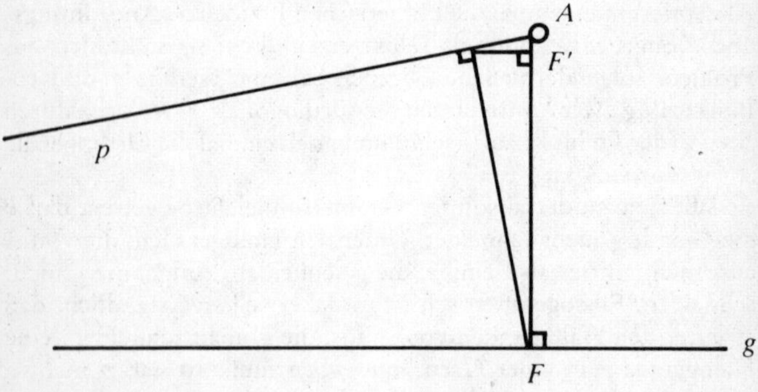

Die Figur aus der Strecke AF', der Halbgeraden p und der Orthogonalen durch F' zu $A \sqcup F'$ ist formgleich zu der Figur aus der Strecke AF, der Halbgeraden p und der Orthogonalen durch F zu $A \sqcup F$. Über AF' liegt aber ein Dreieck – also auch über AF. g und p haben also einen *Schnittpunkt* $g \cap p$.

Daß Ihnen dieses »Formprinzip«, nach dem ich hier schließe, unmittelbar selbstverständlich sei, wage ich nicht zu hoffen. Ich hoffe jedoch, daß Ihnen die Gleichbehandlung formgleicher Figuren evident wird, wenn ich jetzt auf die Existenzsätze zu sprechen komme. Diese enthalten m. E. den entscheidenden Mangel der aristotelischen Interpretation der euklidischen Geometrie. Sie enthalten allerdings auch einen Mangel der Euklidischen Darstellung.

Existenzsätze. Euklid formuliert keine Existenzsätze, sondern Konstruktionsregeln (αἰτήματα). In platonischer Interpretation sind das die Grundkonstruktionen (z. B. konstruiere die Verbindungsgerade durch zwei Punkte), deren Ausführbarkeit für die Geometrie vorausgesetzt wird. Alle späteren Konstruktionsaufgaben sind so zu lösen, daß gezeigt wird, wie sie durch ein Nacheinander von Grundkonstruktionen auszuführen sind.
Bei einer Durchsicht der Elemente zeigt sich, daß in allen Konstruktionsaufgaben (z. B. 1,9: »einen gegebenen Winkel zu halbieren«) das »gegeben« durch »schon konstruiert« ersetzt werden kann. Dazu muß nur zu den Grundkonstruktionen hinzugefügt werden, daß als ein Anfang aller ebenen Konstruktionen *zwei Punkte* als »gegeben«, als »schon konstruiert« angenommen werden.
Die Frage, welche geometrischen Gegenstände es »gibt«, ist in platonischer Interpretation dadurch zu beantworten, daß es genau alles das »gibt«, was aus einem Anfang von zwei Punkten nach den Grundkonstruktionen zu konstruieren ist. Konstruiert man realiter, so geht jeder Geometer von zwei von ihm gewählten Punkten (auf der Oberfläche eines Körpers) aus. Diese Wahl ist aber für die geometrische Theorie irrelevant. Die Theorie behandelt alle realen Konstruktionen nur als Realisierung idealer Konstruktionen. Was heißt das?
Zur Beantwortung dieser Frage braucht man nicht die Diskussionen zu kennen, die seit Jahrtausenden über die »Ideenlehre« Platons geführt werden. Mir scheint es eher umgekehrt zu sein: wer die Ideenlehre verstehen will, sollte sich vorher in der Geometrie klarmachen, was es heißt, reale Konstruktionen als Realisierungen idealer Konstruktionen zu behandeln. Wie konstruiert man z. B. ein Quadrat? Die Lösung kann man bei Euklid 1,46 nachlesen. Man geht von den Anfangspunkten aus – ich bezeichne sie als »Nullpunkt« θ und als »Einspunkt« ϕ – und konstruiert so:

$g_1 = \theta \sqcup \phi$	$P_5 = g_2 \cap g_4$
$g_2 = \theta \dashv g_1$	$g_6 = P_5 \dashv g_2$
$g_3 = g_1 \ast g_2$	$g_7 = \phi \dashv g_1$
$g_4 = \phi \dashv g_3$	$P_8 = g_6 \cap g_7$

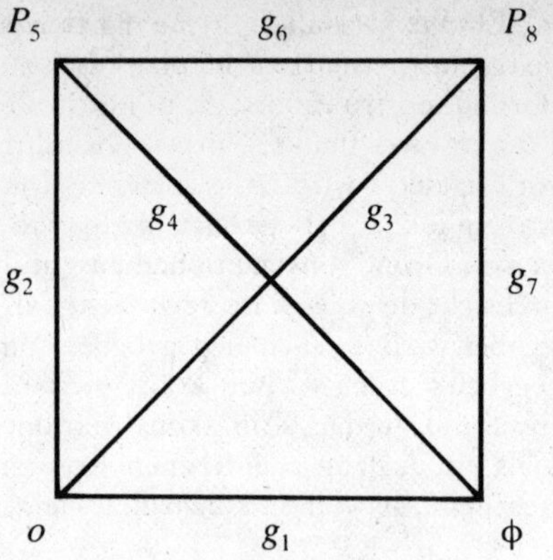

Für diese Konstruktion sind Verbindungsgerade ⌴, Orthogonale ⊣ und Winkelhalbierende ⋇, ⋇ als Grundkonstruktionen gewählt. Es ist für P_5 bzw. P_8 zu beweisen, daß sich g_2 und g_4 bzw. g_6 und g_7 schneiden. Dazu braucht man den euklidischen Parallelensatz. Ferner ist zu beweisen, daß sich g_6 und g_7 orthogonal (übrigens auf g_3) schneiden. Auch dazu braucht man den euklidischen Parallelensatz (und die Definition von g_3 als Winkelhalbierende).
Die Punkte P_5 und P_8 sind nach der Konstruktion durch Terme T_5 (θ,φ) und T_8 (θ,φ) dargestellt. *Das* Quadrat ist als »ideale Konstruktion« durch das Termquadrupel

θ, φ, T_5 (θ,φ), T_8 (θ,φ)

dargestellt. Wie θ und φ als Punkte auf Körpern realisiert werden, geht in die Konstruktion (und in die zugehörigen Beweise) nicht ein. Das Termquadrupel stellt *das* Quadrat, genauer: die Form des Quadrats dar.
Das Formprinzip sagt, daß auch innerhalb jeder Konstruktion jedes Paar verschiedener Punkte als Anfang zur Konstruktion der Formen dienen kann.
Die Formen sind definiert durch ein System von Punkttermen (oder die gesamte Spalte der Konstruktionsgleichungen). Statt der Termsysteme kann man auch *Konstruktionsdiagramme* zeichnen, z. B. für das rechtwinklig-gleichschenklige Dreieck (das sogenannte Geodreieck) θ, φ, T_5 (θ,φ)

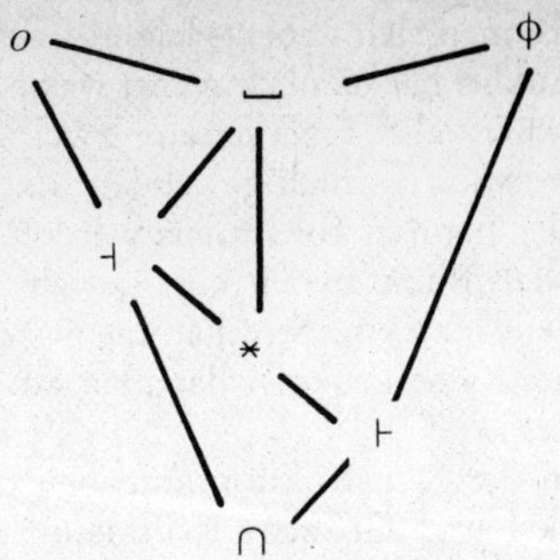

Ein Diagramm einer symmetrischen Quadratkonstruktion ist

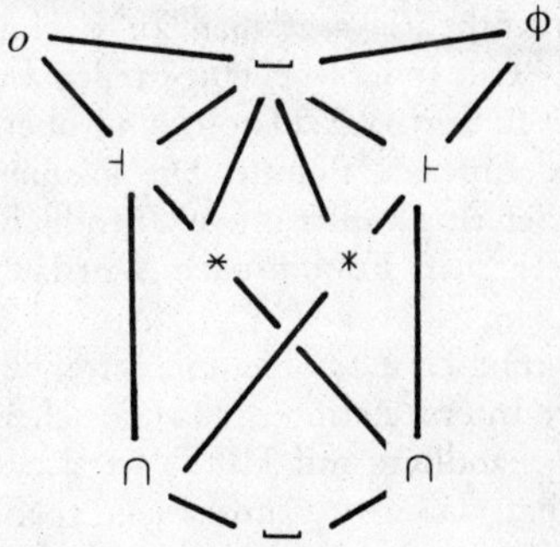

Nur die runden Zeichen θ, ϕ, ∩ bezeichnen Punkte, ⎵, ⊣, ⊢, ⋇, ⁎ dagegen Geraden. Ich übergehe hier die Konventionen, mit denen die Winkelhalbierenden durch eine Orientierung der Ebene unterschieden werden können.

Die Menge der (über θ, ϕ) konstruierbaren Punkte ist – in moderner Ausdrucksweise – abzählbar. Aristoteles hätte von einer »potentiellen« Unendlichkeit gesprochen. Hierin war Aristoteles Platoniker.

Unter einem »Platonisten« wird dagegen bei uns – seit dem Grundlagenstreit um die Cantorsche Mengenlehre – jemand verstanden, der es fertigbringt, an die »Existenz« überabzählbar vieler Punkte, z. B. auf einer Strecke, zu glauben.

Die Platonisten können sich dabei – leider – auf den Platoniker Euklid stützen. Euklid hat nämlich nicht, was platonisch konsequent gewesen wäre, alle Figuren aus zwei Anfangspunkten konstruiert. Dann wäre deutlich geworden, daß in der Theorie nur die Formen der Figuren konstruiert werden. Euklid läßt unnötigerweise zu, daß Punkte »beliebig« gewählt werden. In II,2 heißt es z. B.: »Teilt man eine Strecke, *wie es gerade trifft*, ...«. Griechisch heißt das »ὡς ἔτυχεν«, das man auch mit »zufällig« übersetzen könnte.
An den Lösungen der Konstruktionsaufgaben und den Berechnungen der Winkel und Größenverhältnisse der konstruierten Formen θ, ϕ, T_{v1} (θ,ϕ), ..., T_{vn} (θ,ϕ) würde sich gar nichts ändern, wenn es stets hieße: »Ist eine Strecke durch einen schon konstruierten Punkt geteilt, ...«. Euklid hat hier ersichtlich, wie auch bei den Kongruenzsätzen, an die geometrische Praxis gedacht. In der Prototheorie sagt man zu Recht, daß man eine Strecke »beliebig« teilt (oder »beliebig« teilen *kann*). Theoriefähig, so interpretiere ich nach Platon, sind aber nur die durch Konstruktionen definierten Punkte. Die Formen der geometrischen Theorie bilden eine konstruktive Unendlichkeit – der Zufall hat darin, entgegen dem Euklidischen Wortlaut, nichts zu suchen.
Als Schlußbemerkung erlauben Sie mir, bitte, den Hinweis, daß diese konstruktive Interpretation der euklidischen Geometrie für die analytische Behandlung mit Hilfe cartesischer Koordinaten die Konsequenz hat, daß als Koordinatenkörper nicht der reelle Zahlkörper der Cantorschen Mengenlehre auftritt, sondern ein abzählbarer Zahlkörper, nämlich der sogenannte euklidische Zahlkörper, der durch Erweiterung des rationalen Zahlkörpers durch Quadratwurzeln aus positiven Zahlen entsteht. Hat man einmal die *analytische* Geometrie erreicht, dann wird die *synthetische* Geometrie Euklids nur noch als *Elementargeometrie* gebraucht, in der die Quadratgitter der Koordinatensysteme x, y zu konstruieren sind und in der die pythagoreische Abstandsformel

$$|AB| = \sqrt{[(x(A) - x(B))^2 + (y(A) - y(B))^2]}$$

zu beweisen ist. Danach wird die Kongruenz von Strecken noch einmal neudefiniert durch die Abstandsformel und es kann die gesamte synthetische Geometrie vergessen werden. Das ist bei uns seit dem 18. Jahrhundert auch weitgehend geschehen. Physiker und Techniker lernen nur analytische Geometrie. Dabei ist die Elementargeometrie als Fundament der analytischen Geometrie gleich mit vergessen. Sie überlebt nur noch traditionell an den Schulen – oder als Axiomatisierungssport der Mathematiker an den Hochschulen.

Nun ja, hat man einmal die analytische Geometrie erreicht, dann kann selbstverständlich der euklidische Zahlkörper durch Erweiterungskörper ersetzt werden, wie sie die konstruktive Analysis behandelt. So wird z. B. der schon bei Euklid XII,2 auftretende Inhalt des Kreises theoriefähig. In platonischer Interpretation gibt die Geometrie aber keine Rechtfertigung des Cantorschen reellen Zahlkörpers.

Ich hoffe gezeigt zu haben, daß sich diese heterodoxen Meinungen – mit ein bißchen Geduld – aus den protogeometrischen »Sprachspielen« ergeben, *wenn* man sie nur ernst genug nimmt.

Literatur

K. v. Fritz (1971), »Gleichheit, Kongruenz und Ähnlichkeit in der antiken Mathematik bis auf Euklid«, in: *Grundprobleme der Geschichte der antiken Wissenschaft*, Berlin/New York.

R. Inhetveen (1983), *Konstruktive Geometrie. Eine formentheoretische Begründung der euklidischen Geometrie*, Mannheim/Wien/Zürich.

Konstruktive Analysis und das geometrische Kontinuum

Es ist für mich sehr schmerzlich, daß der Dialog, der zwischen Paul Bernays und mir – etwa seit 30 Jahren – über die Grundlagen der Analysis geführt wurde, jetzt nur zu einem einseitigen Ende gebracht werden kann. Ich hatte immer erhofft, zu einer Übereinstimmung zu gelangen, denn Bernays verstand ja die Gründe, die zur konstruktiven (prädikativen) Analysis führen. Er teilte meine Auffassung, daß die Gründe, die *historisch* zu einer imprädikativen Analysis geführt haben, nicht in der Arithmetik lagen, sondern in der Geometrie, in der Lehre vom geometrischen Kontinuum (z. B. der Teilpunkte einer Strecke).

Die Differenz, die jetzt nicht mehr gemeinsam geklärt werden kann, lag darin, daß Bernays auch *systematisch* meinte, daß durch eine konstruktive Analysis »die Struktur des Kontinuums« nicht »angemessen dargestellt wird«. (Ich zitiere aus einem Beitrag von Bernays zu dem demnächst erscheinenden Sammelband *Konstruktionen vs. Positionen*, hg. von Kuno Lorenz, Berlin 1978.) Es bestand Übereinstimmung darin, daß die reellen Zahlen in der Geometrie als Maßzahlen von Größen einer Art (im einfachsten Falle: von Strecken) auftreten.

Wird eine Einheitsgröße e gewählt, so ergibt sich (aus dem Archimedischen Axiom), »daß jede Größe c dieser Art eindeutig bestimmt ist durch die Gesamtheit derjenigen Brüche $\frac{m}{n}$, für welche das m-fache der Einheitsgröße kleiner ist als das n-fache von c«.

Die Brüche $\frac{m}{n}$ mit $m\,e < n\,c$ (also $\frac{m}{n}\,e < c$) bilden die Linksklasse eines Dedekindschen Schnittes. Diese Schnitte rationaler Zahlen können als »Maßzahlen« definiert werden. Bernays fährt fort:

»Wie steht es nun hierbei mit der Arithmetisierung? Man könnte denken, sie sei vollständig erreicht, da die Maßzahlen durch Mengen von Brüchen gebildet werden. Aber die Forderung einer strikten Arithmetisierung kann weitergehen, indem man verlangt, daß die Definition eines jeden Schnittes arithmetisch sei, d. h. frei von einer Bezugnahme auf eine durch den Schnitt zu kennzeichnende (geometrische) Größe.«

Z. B. lassen sich die zur Quadratdiagonale und zum Kreisumfang gehörigen Linksklassen als die Mengen der Brüche mit $\frac{m}{n} < \sqrt{2}$ und $\frac{m}{n} < \pi$ arithmetisch (d. h. ohne jede Geometrie) definieren.

»Aber einen allgemeinen Beweis dafür, daß *jeder* Schnitt sich independent arithmetisch definieren läßt, besitzt man nicht.«

Das ist der Bernaysche Einwand gegen die strikte Arithmetisierung des Kontinuums, die zur konstruktiven Analysis führt. Hierzu heißt es bei Bernays:

»Jedoch es besteht keine Gewähr dafür, daß auf solche Weise die Struktur des Kontinuums angemessen dargestellt wird. Hierfür kommt es auf die Gesamtheit der Schnitte, nicht auf die einzelnen Definitionen an. Die Mannigfaltigkeit der einzelnen, in einem abgegrenzten (arithmetischen) Rahmen möglichen Definitionen von Schnitten ist ja gar nicht notwendig dem Kontinuum isomorph.

Wir können uns aber diesen Schwierigkeiten entziehen. Wir brauchen die Kennzeichnung der Maßzahlen durch Schnitte nicht im Sinne einer restlosen Zurückführung auf die Zahlentheorie aufzufassen, sondern können hier die Anwendung eines intuitiven Mengenbegriffs als etwas methodisch Zusätzliches gelten lassen.«

Soweit das Zitat – der intuitive Mengenbegriff, angewendet auf Mengen von rationalen Zahlen, führt so »zur Menge der reellen Zahlen, welche wir als eine *quasi-arithmetische* Repräsentation der Menge der Punkte einer Geraden . . . ansehen können.«

Wie sehr wünschte ich, Bernays könnte diese Thesen noch verteidigen! Es ist ja leider selten, daß für den intuitiven Mengenbegriff so sorgfältig – und nur für die Potenzmenge der Menge der natürlichen (oder rationalen) Zahlen – durch expliziten Rückgriff auf die Geometrie argumentiert wird.

Die Frage, mit der ich mich nun allein herumzuquälen habe, ist die folgende: kann man »die Postulierung dieser speziellen Potenzmenge als durch unsere geometrische Vorstellung des Kontinuums motiviert ansehen«?

Mir scheint, daß diese Frage aufgrund des traditionellen Verständnisses der Geometrie als einer Theorie des Raumes unentscheidbar ist. Was passiert denn, wenn sich jemand »alle« Teilpunkte einer Strecke vorstellt? Statt einer Strecke kann er sich nur so etwas wie Tischkanten oder mit einem Lineal gezogene Striche vorstellen. Und statt »aller« Teilpunkte kann er sich nur einige markierte Stellen auf solchen Kanten oder Strichen vorstellen. *Regeln,* nach denen unendlich viele Teilpunkte einer Strecke herstellbar wären, sind schon etwas Gedachtes. Sie gehören nicht mehr zur Vorstellung oder Anschauung. (Diese Sätze teilen dem Leser nur mit, wie ich hier die Wörter »Denken« und »Vorstellen« als Termini verwende. Wer auch noch Regeln z. B. »anschaulich« nennen will, mag dies tun – dadurch ändert sich nichts daran, daß Regeln sprachlich formuliert gedacht werden müssen, im Gegensatz zu den Tischkanten, die gezeigt und wahrgenommen werden können.) In der Axiomatik der Geometrie von Euklid bis Hilbert werden »Geraden« und »Punkte« als Grundgegenstände der Theorie genommen. Die Relation der Inzidenz (von Punkten und Geraden) und der Kongruenz (von Punktepaaren) werden als Grundrelationen genommen.

Dadurch steht man vor dem unlösbaren Problem, sich vorzustellen, »wieviele« Punkte entstehen, wenn man auf einer Geraden (von einem Punkt O in einer Richtung ausgehend) zu »allen« Punktepaaren P_1, P_2 ein kongruentes Punktepaar O, P konstruiert.

Selbstverständlich gilt auf dieser kongruenztheoretischen Basis (»kongruenztheoretisch« soll heißen, daß die Kongruenz als Grundrelation genommen wurde) der Bernaysche Einwand: einen allgemeinen Beweis dafür, daß sich die Maßzahlen *aller* Strecken O P independent arithmetisch definieren lassen, besitzt man nicht.

Die meist stillschweigende Voraussetzung dieser kongruenztheoretischen Geometrie seit Euklid ist es, daß darüber Sätze aufzustellen seien, welche Punkte es auf den Geraden »gibt«. Bei Bernays wird explizit gefordert, daß seine quasi-arithmetische Repräsentation »dem Kontinuum isomorph« sein soll.

Diese Voraussetzung, daß in unserer Vorstellung oder in unserem Denken alle Teilpunkte einer Strecke schon »da« sind, daß es also nur gelte, diese Gegebenheit angemessen darzustellen – diese Voraussetzung entfällt sofort, wenn man den kongruenztheoretischen Ansatz bei Euklid durch einen formentheoretischen Ansatz ersetzt. »Formentheoretisch« soll heißen, daß (jetzt im Raum) nur die *Formen* der Ebenen, Geraden, Punkte und die *Form* der Inzidenz und der Orthogonalität als Grundbegriffe genommen werden. »Form« heißt hier – wie üblich –, daß die Größe (der

räumlichen oder ebenen Figuren) nicht als Gegenstand der Geometrie auftritt.
In der voreuklidischen Geometrie – und auch bei Euklid selbst (trotz des Kongruenzbegriffes) – ist die Auffassung der Geometrie als einer Theorie, die *allein* von den Formen handelt, durchaus lebendig. Für diese historische Feststellung verweise ich auf die meines Erachtens überzeugenden Ergebnisse von K. v. Fritz (1971) in »Grundprobleme der Geschichte der antiken Wissenschaft« (Gleichheit, Kongruenz und Ähnlichkeit in der antiken Mathematik bis auf Euklid).
Systematisch gesehen, ist es selbstverständlich bekannt, daß sich die euklidische Geometrie (gegen Euklid) auch ohne den Kongruenzbegriff aufbauen läßt, wenn man statt dessen den Orthogonalitätsbegriff als Grundbegriff wählt. In einer formentheoretischen Geometrie sind aber *allein* die Formen von Figuren (nicht die Figuren selbst) als Gegenstand zugelassen. Das bedeutet z. B., daß man gar nicht von »allen« Punktepaaren des Raumes sprechen kann. Es »gibt« unter den Formen nur *die* Form des Punktepaares (anders ausgedrückt: alle Strecken sind formgleich, es gibt also nur *die Form* der Strecke).
Der Ausdruck »eine Strecke mit einem Teilpunkt« bestimmt noch keine Form. Erst wenn das Teilungsverhältnis, z. B. als rationale Zahl, angegeben ist, ist eine Form bestimmt. Ohne Benutzung des Kongruenzbegriffes kann dabei das Teilungsverhältnis durch Quadratgitter definiert werden (und das Quadrat ist allein durch die Orthogonalität der Seiten *und* der Diagonalen bestimmt). Formentheoretisch gesehen, erhält die Frage, »wieviel« Punkte es auf einer Strecke gibt, den Sinn: »wieviel« *Formen* des Typs »Strecke mit Teilpunkt« sind als Gegenstände einer Geometrie *zu konstruieren.*
Die Antwort lautet dann, daß »soviele« Formen dieses Typs zu konstruieren sind, wie Teilungsverhältnisse (also Maßzahlen, wenn die ungeteilte Strecke als Einheitsgröße genommen wird) *zu definieren* sind. Und jetzt hat hier das »definieren« selbstverständlich den Sinn von »independent arithmetisch definieren«. Erst durch die arithmetische Definition einer Maßzahl wird eine Form des Typs »Strecke mit Teilpunkt« als Gegenstand der Geometrie konstruiert. Formentheoretische Geometrie treiben heißt, daß es nur die konstruier*baren* Formen als geometrische Gegenstände gibt.

Über die rationalen Teilungsverhältnisse kommt man leicht hinaus durch die Konstruktion Cauchy-konvergenter Folgen von rationalen Zahlen. Der Bernaysche Einwand, daß man keinen allgemeinen Beweis dafür besäße, daß *jeder* Teilpunkt sich durch solche arithmetische Konstruktionen erreichen läßt, wird jetzt hinfällig: eine Strecke mit einem Teilpunkt *wird* ja erst dadurch zu einer Form (und damit ein Gegenstand der Geometrie), daß ein Teilungsverhältnis independent arithmetisch definiert wird.
Die Gültigkeit des Archimedischen Axioms folgt in diesem Aufbau daraus, daß die arithmetische Definition von Teilungsverhältnissen auf reelle Zahlen beschränkt wird. Arithmetisch lassen sich zwar auch nicht-archimedische Zahlensysteme konstruieren, aber es gibt Gründe, sich für die geometrischen Formen auf reelle Zahlen als Maßzahlen zu beschränken.
Diese Gründe liegen allerdings noch eine Schicht tiefer als der formentheoretische Aufbau der Geometrie. Wir müssen uns dazu fragen, worin denn überhaupt das Konstruieren geometrischer Formen begründet ist. Zu welchem Zweck geschieht das? Als Antwort genügt es meines Erachtens, auf die technische Praxis (z. B. des Bauwesens) hinzuweisen. Wir sind technisch an der Realisierung z. B. von ebenen Oberflächen, geraden Kanten und rechten Winkeln interessiert.
Für diese technische Praxis der Realisierung geometrischer Formen läßt sich zunächst eine *vor*geometrische Theorie aufstellen, eine »Protogeometrie«. Sie hat als ihre Gegenstände reale Körper – und sie redet von dem »Berühren«, »Passen« und »Ergänzen« solcher Körper. Als Axiome der Protogeometrie sind nur solche Sätze zu nehmen, die aus der technischen Formungspraxis zu begründen sind. Das heißt, daß der Protogeometrie schon eine gelungene technische Praxis vorausgegangen sein muß. Wer diese Praxis kennt, der braucht zwar nicht explizit zu wissen, daß beispielsweise das Berühren eine symmetrische Relation ist – aber jeder, der die Formungstechnik praktisch kennt (und hinreichend redebegabt ist), wird die symmetrische Verwendung des Wortes »Berühren« akzeptieren. Durch die Protogeometrie wird die Formungspraxis »auf den Begriff« gebracht: es wird in angemessener Weise zur Sprache gebracht, was man hier praktisch immer schon tut.
Für alle Einzelheiten der Protogeometrie und der anschließenden Definition der Formen (insbesondere der Ebene und der Ortho-

gonalität) verweise ich auf die Arbeiten zur Protogeometrie von P. Janich (in: *Protophysik*, hg. von G. Böhme, Frankfurt/M. 1976) und R. Inhetveen (in: »Die Dinge des dritten Systems«, in: *Konstruktionen versus Positionen*, a.a.O.)

Weitere Ausarbeitungen von mir im *Zentralblatt für Didaktik der Mathematik*, Band 9, Heft 2 (1977), S. 95-99 und in *Theorie der technischen und politischen Vernunft*, Stuttgart 1978.

Wird die Theorie geometrischer Formen auf einer Protogeometrie aufgebaut, die ihrerseits in einer technischen Praxis begründet ist, dann führt auch die Frage nach einer Beschränkung der Definitionsmittel, die zur Konstruktion von Maßzahlen (und damit von Teilpunkten) benutzt werden, auf diese technische Praxis zurück. Es wäre aber vorschnell, daraus zu schließen, daß die rationalen Zahlen schon überreichlich wären (weil man doch praktisch sogar rationale Verhältnisse nur approximieren kann). Hat man x als eine Maßzahl, so sollte man – wegen der praktischen Wichtigkeit rechtwinkliger Dreiecke – auch $\sqrt{(1 + x^2)}$ als Maßzahl zulassen. Wegen der Wichtigkeit von Kreis und Kugel sollte zu dem Körper der »pythagoreischen« Zahlen wenigstens π hinzugenommen werden. Dieselben Gründe, die in der Analysis für die Benutzung z. B. der elementaren Funktionen (Potenz-, Kreis- und Umkehrfunktionen) geltend gemacht werden, führen durch geometrische Anwendungen zur Konstruktion der üblichen algebraischen und transzendenten Kurven – und also zur Konstruktion immer weiterer Teilungsverhältnisse durch die jeweils gebrauchten reellen Zahlen.

Ein Anlaß zu »subreellen« Zahlen, wie in der sogenannten Nicht-Standard-Analysis, liegt dagegen im Kontext der Formungspraxis von Flächen und Linien nicht vor. Rein arithmetisch ist die weitere Einteilung derjenigen rationalen Folgen, die gegen dieselbe reelle Zahl konvergieren, in Äquivalenzklassen (dadurch, daß zwei Folgen äquivalent heißen, wenn sie *schließlich*, d. h. von einem gewissen Index ab, identisch sind) selbstverständlich sinnvoll. Diese Einteilung führt zu dem nicht-archimedischen Zahlensystem der Nicht-Standard-Analysis. Sie führt aber nicht mehr zu neuen geometrischen Formen. Dagegen ist z. B. die Realisierung von Zykloiden oder ähnlicher transzendenter reeller Funktionen auch technisch sinnvoll.

Der Aufbau aus einer technischen Praxis liefert also die Gründe dafür, daß die formentheoretische Geometrie nach Bedarf zwar

reelle Zahlen als Maßzahlen konstruiert, aber über die reellen Zahlen nicht hinausgeht.
Im Gegensatz zu diesen Begründungszusammenhängen ist es gegenwärtig leider üblich geworden, daß für die imprädikative Analysis immanent arithmetisch argumentiert wird; die »imprädikative« Mengenkomprehension (für Mengen natürlicher Zahlen)

$$\bigvee_M \bigwedge_x \cdot x \in M \leftrightarrow A(x).$$

bei der die Formel A(x) auch quantifizierte Mengenvariable enthalten darf, sei doch *einfacher* als die »prädikative« Mengenkomprehension mit der *Einschränkung*, daß die Formel A(x) *keine* quantifizierte Mengenvariable enthalten dürfe. In der Tat zieht die eingeschränkte Mengenkomprehension auch eine Einschränkung der Vollständigkeit der reellen Zahlen nach sich – und das bedeutet eine gewisse Änderung in den seit Dedekind und Weierstraß üblich gewordenen Beweisen der Fundamentalsätze der Analysis. Ist es demgegenüber nicht *einfacher*, am Gewohnten nichts zu ändern?
Zu Weierstraß' Zeiten haben zunächst viele Mathematiker versucht, an den Gewohnheiten des »anschaulichen« Stetigkeitsbegriffes festzuhalten. Das war viel *einfacher* als die Epsilontik!
Historische Parallelen sind allerdings niemals zwingend. Für den angeblich so einfachen »anschaulichen« Mengenbegriff gibt es – seit Zermelo-Fraenckel – Axiomatisierungen, und dadurch ist die gegenwärtige Situation bzgl. des Mengenbegriffs eine andere als die bezüglich des Stetigkeitsbegriffes vor 100 Jahren. Zusätzlich zur Axiomatisierung gibt es auch Formalisierungen der Logik. Für die konstruktive Mengenlehre ist aber die klassische Logik als widerspruchsfrei bewiesen – der Gegensatz zur intuitionistischen Logik spielt hier keine Rolle. Die konstruktive Analysis (ich verweise dazu auf mein Lehrbuch: *Differential und Integral*, Frankfurt/M. 1965) ist keine axiomatische Theorie. Würde man sie – wie die elementare Arithmetik – axiomatisieren, so hätte man ein Axiomensystem und zugleich ein Modell für dieses Axiomensystem.
Für die Axiomensysteme der imprädikativen Mengenlehre hat man dagegen *kein* Modell, insbesondere weiß man daher nicht, ob diese Axiomensysteme widerspruchsfrei sind.
Aber weil man es so gewohnt ist, behauptet man, der imprädika-

tive Mengenbegriff sei »einfacher«. Gegen ein solches Denken kann man nicht argumentieren, weil ja kein Gründe mehr vorgebracht werden: erst wenn ein *Zweck* begründet wäre, könnte man sinnvoll nach der »Einfachheit« vorgeschlagener *Mittel* fragen.

Es bleibt mir daher hier nur übrig, noch einmal meinen Dank an Paul Bernays auszudrücken, daß er für seine Behauptungen stets nach Gründen gesucht hat. Für die Kritik an der zur Zeit üblichen Mengenlehre hatte er volles Verständnis: »Die im Operieren mit der Potenzmenge verwendete Vorstellung, daß die Teilmengen einer Menge in ihrer Gesamtheit ein mathematisches Objekt bilden, ist freilich nicht ohne weiteres mit dem Begriff der Teilmenge, der seinerseits unproblematisch ist, gegeben, und erst recht ist es nicht etwas Selbstverständliches, wenn der Übergang von einer Menge zu ihrer Potenzmenge wie eine simple, beliebig iterierbare Operation, analog etwa zu derjenigen des Übergangs von einer Zahl zur nächsten, betrachtet wird.«

Geometrie als meßtheoretisches Apriori der Physik

Dem modernen Physiker wird von der Geometrie bekannt sein, daß sie auf die griechische Wissenschaft zurückgeht – als erster Geometer gilt Thales (ca. 600 ante). Euklid (ca. 300 ante) schrieb das klassische Lehrbuch der Geometrie.

Die Neuzeit brachte mit Descartes († 1650) die »analytische« Geometrie, d. h. die Arithmetisierung aller geometrischen Probleme durch Benutzung von Koordinatensystemen. Die analytische Geometrie wurde im 19. Jahrhundert von Gauß und Riemann, dann von Felix Klein (im Erlanger Programm 1872) vervollkommnet.

Die »synthetische« Methode Euklids wurde erst danach von Pasch (1882), dann von Hilbert (1899) auf das Niveau der modernen Mathematik gebracht. Sie spielt aber für die Physik keine Rolle mehr, weil die analytische Methode für alle physikalischen Theorien ausreicht.

Erst durch die Relativitätstheorie mit ihrer »Revolution« der Raum- und Zeitbegriffe (d. h. der Geometrie und Kinematik) gibt es ein wissenschaftstheoretisches Interesse an der Klärung des Status der Geometrie als einer Theorie, die den übrigen physikalischen Theorien *vorangeht.* Diese *Vorgängigkeit* wird mit Ausdrücken wie »apriorische Theorien« oder »protophysikalische Theorien« formuliert. Um das Problem der Geometrie als einer für die Physik vorgängigen Theorie zu klären, muß die synthetische Geometrie untersucht werden: die analytische Geometrie ist nur aufgrund einer zu beweisenden Isomorphie zwischen den geometrischen und den arithmetischen Bereichen sinnvoll.

Pasch und Hilbert haben die euklidische Geometrie mit den Augen des modernen Strukturmathematikers betrachtet, d. h. als ob Euklid ein Interesse daran gehabt hätte, die *Struktur* des Bereichs der geometrischen Gegenstände (also der Punkte, Geraden und Ebenen im Raum) durch wenige, einfache Sätze zu *beschreiben,* derart, daß alle übrigen Sätze, die diese Struktur beschreiben, allein aus den »wenigen, einfachen Sätzen« (sie werden »Axiome« genannt) bewiesen werden können. Pasch und Hilbert nehmen als

Grundrelationen zwischen den geometrischen Gegenständen: Inzidenz, Anordnung und Kongruenz. Hilbert hat dann – für die ebene Geometrie – 14 Axiome ausgewählt (von dem Vollständigkeitsaxiom sei hier abgesehen) und den Aufbau der Geometrie bis zum Beweis der Isomorphie mit der analytischen Geometrie so durchgeführt, daß zugleich die Unentbehrlichkeit jedes Axioms gezeigt wurde. Läßt man eines der 14 Axiome weg, so entsteht eine Pseudogeometrie (eine nicht-euklidische Geometrie, wie man auch sagt).

Nun braucht man aber nur das Buch I von Euklid (allenfalls noch die Definitionen von Buch XI) zu lesen, um zu sehen, daß Euklid mit seinem Lehrbuch anderes im Sinn hatte als der moderne Strukturmathematiker von Hilbert bis zur Bourbaki-Gruppe. Euklid konstruiert die Formen von Figuren mit Lineal und Zirkel, d. h. aus geraden Linien (Strecken, Strahlen, Geraden) und Kreisen.

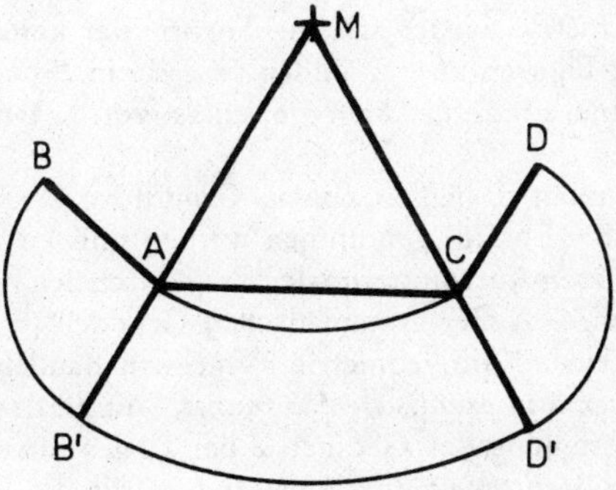

Wie schon die ersten drei Sätze von Buch I zeigen, wird die Kongruenz durch die *Grundformen* der geraden Linie und des Kreises definiert: zwei Strecken, die von einem Punkte *M* ausgehen, heißen kongruent, wenn die Endpunkte auf einem Kreis um *M* liegen. Gehen die Strecken nicht von einem Punkte aus, dann wird eine Konstruktion durchgeführt. *AB* ist genau dann kongruent zu *CD*, wenn für das gleichseitige Dreieck *AMC* zunächst *B,B'* auf einem Kreis um *A*, dann *D,D'* auf einem Kreis um *C* und schließlich *B'*, *D'* auf einem Kreis um *M* liegen. Schon der nächste Satz des Euklid (also I,4) enthält allerdings den Schönheitsfehler, daß diese Kongruenzdefinition nicht gebraucht wird. Konsequenterweise ist für Hilbert dieser Satz I,4 (es ist der Satz über die Kongruenz von Dreiecken, die in zwei Seiten und dem eingeschlossenen Winkel übereinstimmen) ein Axiom. Nach I,4 macht Euklid keinen beweisrelevanten Gebrauch mehr von dem »zur Deckung bringen« (ἐφαρμόζειν) – in der Geometrie Euklids wird (mit Ausnahme von I,4 und I,8) nicht über Bewegungen (Transport von starren Körpern) gesprochen, sondern über die Formen der Figuren, die sich aus Geraden und Kreisen konstruieren lassen.

Für die Physik ist es aber zumindest seit Helmholtz üblich, »Geometrie« gerade als eine Theorie über die »freie Beweglichkeit« starrer Körper (speziell von Meßstäben) aufzufassen. Diese Auffassung hat dann auch zur Hilbertschen Axiomatisierung mit der Kongruenz (und also dem »Abtragen« von Strecken und dem »Antragen« von Winkeln) als Grundrelation geführt.

Es entsteht so die Aufgabe, auf dem Niveau der Hilbertschen Strenge Geometrie wieder als eine Theorie der konstruierbaren Formen von Figuren zu begründen (wie sie in *Protophysik*, hg. von G. Böhme, Frankfurt/M. 1976, zuerst von P. Janich formuliert wurde).

Das braucht nicht zu heißen, daß als Grundformen Geraden und Kreise (wie bei Euklid) genommen werden müssen. Man erhält einen einfacheren Aufbau, wenn der *Kreis* durch den *rechten Winkel* ersetzt wird. Außer systematischen Gründen (vgl. dazu die Darstellung einer Protogeometrie in meinem Bändchen *Theorie der technischen und praktischen Vernunft*, Stuttgart 1978) spricht auch die Entstehung der Geometrie bei Thales für diese Ersetzung. Außer *Meßstäben* und *Meßbändern* für die Längenmessung, die schon in Mesopotamien und Ägypten in Gebrauch waren, benutzten die Griechen, soweit bekannt, erstmalig *Meßkreise* zur Winkelmessung. Das sind unsere Vollkreiswinkelmesser, zumeist noch mit der alten Teilung des Vollkreises in *sechs* Teile und der Feinteilung nach dem Sexagesimalsystem.

Seit der französischen Revolution gilt die neue Teilung des Vollkreises in *vier* rechte Winkel *R* und die Feinteilung nach dem Dezimalsystem, z. B. in 100 cR. Ein Meßkreis dient der Winkelmessung, indem der Rand der Kreisscheibe mit einem Meßband in gleiche Teile geteilt wird. Unabhängig von der Größe der Kreisscheibe und der Maßeinheit auf dem Rand dient das *Verhältnis*

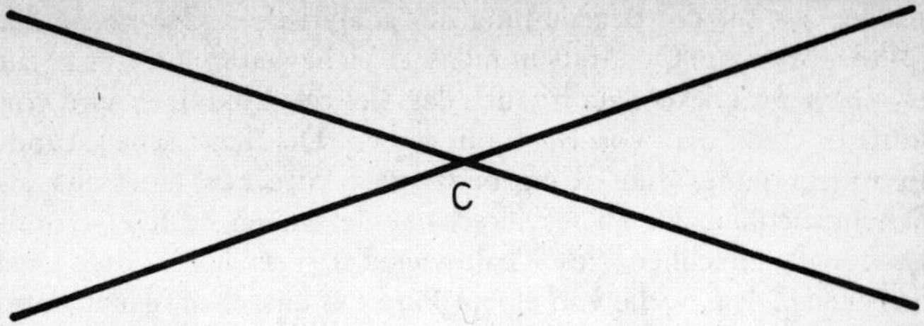

der Maßzahl eines Winkels zur Maßzahl des rechten Winkels als Winkelmaß. Die Winkelmessung hat einen *absoluten Winkel (R)*, die Längenmessung hat dagegen keine *absolute Länge.* Die »thaletische Grundfigur«, wie sie Oskar Becker nannte, entsteht aus zwei sich in einem Punkt *C* schneidenden Geraden, für die zunächst mit dem Winkelmesser die Winkelhalbierenden gezeichnet werden.

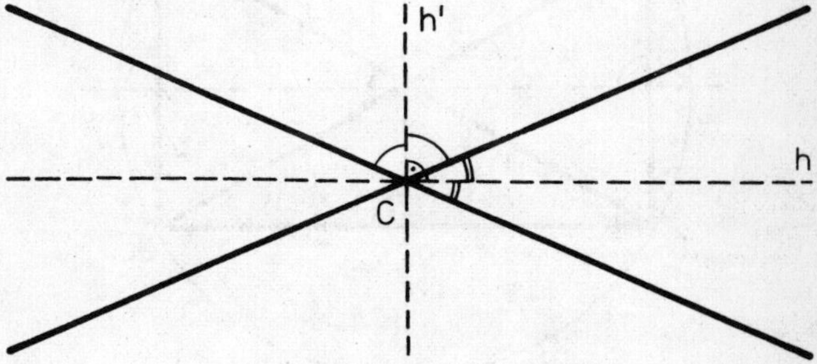

Da die zu halbierenden Winkel zusammen 2 *R* sind, sind die Winkelhalbierenden zueinander orthogonal.

Die 4 Schnittpunkte eines Meßkreises um *C* mit den sich schneidenden Geraden ergeben sich aus jedem von ihnen durch die Orthogonalen zu den Winkelhalbierenden.

Das *Thalesviereck* ist als ein Viereck mit den 5 eingezeichneten Orthogonalitäten definiert. Der zugehörige Kreis heißt *Thaleskreis.* Nach dem *Satz von Thales* ist jedes Thalesviereck ein Rechteck. Das Problem der Geometrie als einer »Theorie« besteht darin, solche generellen bedingten Sätze zu »beweisen«. Insbesondere ist für die Begründung der analytischen Geometrie der (pythagoreische) Quadratsummensatz zu beweisen: für $c = 2r$ gilt $c^2 = a^2 + b^2$. Dieser Satz ist auch das Ziel von Euklid, er wird von ihm als letzter Satz von Buch I bewiesen. Die thaletische Grundfigur legt nahe, die »Kongruenz« von Strecken einerseits als Seitengleichheit (im Thalesviereck) zu definieren, andererseits als Diagonalengleichheit (im Thalesviereck). Das heißt, daß zwei Strecken *CA*, *CB*, die von einem Punkt *C* ausgehen, genau dann diagonalengleich heißen sollen, wenn sich aus den freien Endpunkten ein Thalesviereck auf den verlängerten Strecken konstruieren läßt.

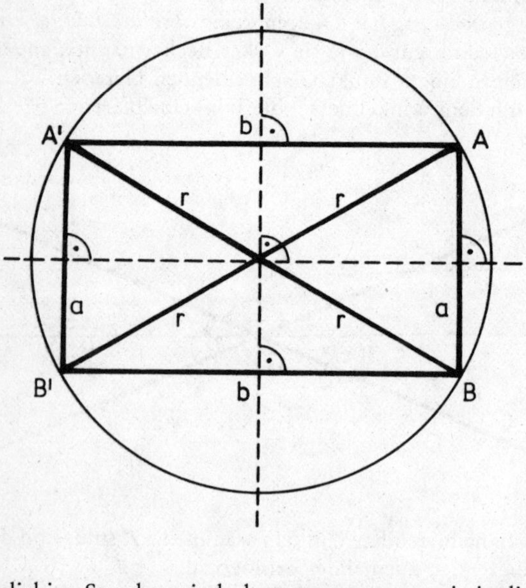

Zwei beliebige Strecken sind »kongruent«, wenn sie je diagonalengleich zu zwei seitengleichen Strecken sind.
Diese »Kongruenz« heißt auch – um sie von der protogeometrischen Kongruenz zu unterscheiden – »Größengleichheit«.
Auf zwei Strahlen von einem Punkt *C* aus läßt sich für jeden Punkt *A* auf einem Strahl ein Punkt *B* auf dem anderen Strahl konstruieren, wenn man (mit einem Zirkel oder auch nur mit einem Eichmaß) die Strecke *CA* »abträgt«.

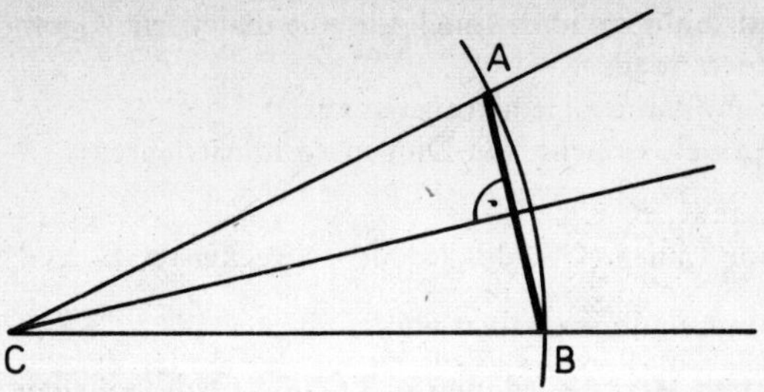

So läßt sich auch die *Winkelhalbierende* (als Orthogonale zu *AB* durch *C*) konstruieren.

Geht man umgekehrt von der Konstruierbarkeit der Winkelhalbierenden aus (die als zueinander orthogonale Orthogonalen zu den Seiten durch den Mittelpunkt in einem Thalesviereck definiert werden), so ist damit die Diagonalengleichheit definierbar.

Diese Überlegungen führen zur Aufstellung einer – wie ich sie nennen möchte – »thaletischen« Geometrie, die die Formen von Figuren aus den Grundformen der Gerade und des rechten Winkels konstruiert. Als »Axiome« sind die Konstruierbarkeit von Verbindungsgerade, Orthogonale *und* Winkelhalbierende aufzustellen.

Als Basis aller Konstruktionen genügen zwei Punkte. Das sind protogeometrisch die beiden Endmarkierungen eines Eichmaßes (etwa des »Urmeters«).

Die Technik der Längenmessung ist nur dadurch eine reproduzierbare Technik, daß sie skaleninvariant ist: Punktepaare (wie sie als Konstruktionsbasen dienen) lassen sich durch die aus ihnen zu konstruierenden Figuren geometrisch nicht unterscheiden: diese Figuren sind sogar formgleich (»ähnlich«).

Die bei Euklid stillschweigend benutzte Anordnung der Punkte auf Geraden ist auch für die thaletische Geometrie unproblematisch. Die Anordnung ist schon protogeometrisch zu begründen und sie ist größeninvariant. Es können daher die üblichen Sätze über die Anordnung, etwa die zwei Hilbertschen Axiome

> von drei Punkten auf einer Geraden liegt genau einer zwischen den beiden anderen,
> das Pasch-Axiom (eine Gerade, die eine Seite, aber keine Ecke eines Dreiecks schneidet, schneidet noch eine Seite)

als »Anordnungsaxiome« auch für eine thaletische Geometrie genommen werden.
Diese sieht dann folgendermaßen aus.
Es sind zwei Bereiche von Dingen zu konstruieren:

Punkte $A, B, C, \ldots$
gerade Linien (Gerade, Strahlen, Strecken) $a, b, c, \ldots$

Als Grundrelationen haben wir

Inzidenz $A|a$, Anordnung $A\,B\,C$ und Orthogonalität $a \perp b$

(statt $A\,B\,C$ schreiben wir auch $C\,B\,A$, statt $a \perp b$ auch $b \perp a$).
Durch die Anordnung sind in üblicher Weise die Strecken $A\,B$ und die beiden Strahlen von einem Punkt A auf einer Geraden a zu definieren. Wir bezeichnen diese Strahlen mit $A \rightarrow a$ und $A \leftarrow a$.
Eine Strecke $A\,B$ heiße eine »vollorientierte Strecke«, wenn einer der Punkte, etwa A ausgezeichnet ist *und* auf der Orthogonalen a zu $A\,B$ durch A einer der beiden Strahlen $A \rightarrow a$, $A \leftarrow a$.
Als Basisaxiom (1) genügt die »Existenz« von zwei Punkten. (2) und (3) seien die obigen Anordnungsaxiome.

Hinzu kommen drei *Konstruktionsaxiome*
(4) Zu je zwei Punkten A, B läßt sich eindeutig die Verbindungsgerade konstruieren: $A \vee B$
(5) Zu jedem Punkt A und jeder Geraden a läßt sich eindeutig die Orthogonale durch A zu a konstruieren: $A \dashv a$
(6) Zu je zwei Strahlen $C \rightarrow a$, $C \rightarrow b$ von einem Punkt C aus läßt sich eindeutig die Winkelhalbierende konstruieren $(C \rightarrow a) \boxtimes (C \rightarrow b)$

Das letzte Axiom heiße das *Formprinzip*
(7) Figuren, die aus zwei vollorientierten Strecken auf dieselbe Weise konstruiert werden, sind geometrisch (d. h. durch die Grundrelationen) nicht unterscheidbar.

Im folgenden sei skizziert, wie man mit diesen 7 »Axiomen« einer thaletischen Geometrie bis zum Beweis des Quadratsummensatzes kommt. Von den 14 Axiomen Hilberts sind hier zwei Anordnungsaxiome übernommen. (Die beiden restlichen Anordnungsaxiome sind aufgrund der Konstruktionsaxiome beweisbar.) Es bleiben 10 Axiome zu beweisen. Eine Durchmusterung zeigt, daß

7 von ihnen in unserer thaletischen Geometrie trivial sind: Basisaxiom und die Konstruierbarkeit der Verbindungsgeraden liefern die 3 ebenen Inzidenzaxiome und die vier ersten Kongruenzaxiome entfallen, weil statt der Kongruenz die »Größengleichheit« als transitive Hülle von Seitengleichheit und Diagonalengleichheit definiert wird. Es bleiben nur das Kongruenzaxiom für Dreiecke (Euklid 1,4), das berühmte Parallelenaxiom und das archimedische Axiom übrig.

Wir haben zu zeigen, daß die beiden erstgenannten Axiome – im wesentlichen dank des Formprinzips – in der thaletischen Geometrie beweisbar sind. Dann bleibt von den 14 Hilbertschen Axiomen nur das archimedische Axiom: dieses gilt wieder trivialerweise, weil nach den Konstruktionsaxiomen, analytisch gesprochen, als Streckenverhältnisse nur Zahlen des pythagoreischen Zahlkörpers (der mit ξ stets $\sqrt{(1 + \xi^2)}$ enthält) konstruierbar sind.

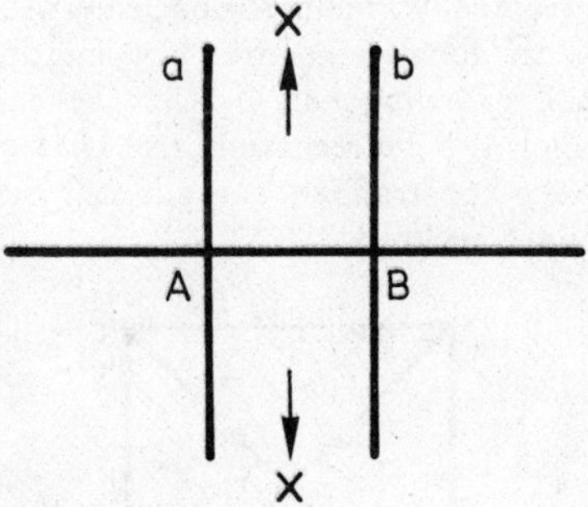

Das Parallelenaxiom ergibt sich als der folgende

Parallelensatz: Zwei Geraden *a*,*b* haben genau dann einen Schnittpunkt, wenn für eine Gerade *c* gilt:

$a \perp c$, aber nicht $b \perp c$.

Beweis: Gilt für eine Gerade $a \perp c$ und $b \perp c$, so schneiden sich *a* und *b* nicht.

Ergäbe nämlich die Konstruktion der orthogonalen Strahlen $A \to a$ und $B \to b$ einen Schnittpunkt (über der vollorientierten Basis $A\,B$), so ergäbe – nach dem Formprinzip – diese Konstruktion über der Basis *A B* mit der anderen Orientierung einen Schnittpunkt der Strahlen $A \leftarrow a$ und $B \leftarrow b$, im Widerspruch zur Eindeutigkeit von Verbindungsgeraden.

Für die Umkehrung sei über *A B* eine Orthogonale *a* und eine Gerade *b* mit einem Winkel *ß* kleiner als *R* konstruiert. (Solche Winkel werden durch sukzessive Konstruktion von Winkelhalbierenden aus rechten Winkeln *R* konstruiert.) Auf *b* läßt sich (z. B. mit der Orthogonalen zu *b* durch *A*) mindestens ein Punkt *C* konstruieren. Die Orthogonale $C \dashv (A \vee B)$ schneide *A B* in *A'*. Über *A'B* läßt sich also ein rechtwinkliges Dreieck mit dem Hypotenusenwinkel *ß* konstruieren. Das gilt nach dem Formprinzip dann auch für die Strecke *A B*.

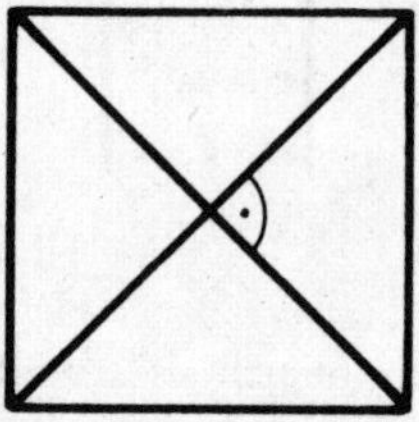

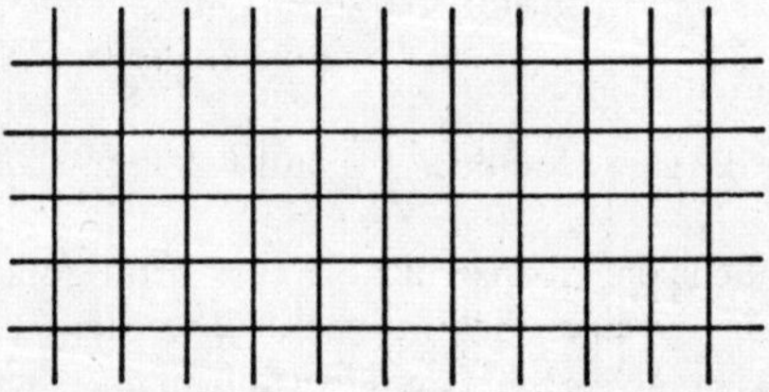

Ohne Benutzung von Kongruenzsätzen läßt sich mit dem Parallelensatz zunächst der Satz vom vierten rechten Winkel beweisen: ist zu zwei Geraden eine dritte gemeinsam orthogonal, so ist auch jede vierte Gerade gemeinsam orthogonal, wenn sie zu einer der ersten beiden Geraden orthogonal ist. Hieraus folgt der Satz von Thales. Damit läßt sich dann über jeder konstruierten Strecke das Quadrat (mit orthogonalen Diagonalen) konstruieren und anschließend – durch beliebige Iteration – Quadratgitter. Durch Halbierungen lassen sich die Quadratgitter beliebig verfeinern und es läßt sich auf bekannte Weise eine Länge der Strecken, die auf den Gittergeraden liegen (relativ zur Gitterbasis) definieren. Es lassen sich – mit anderen Worten – cartesische Koordinaten für jeden (schon konstruierten) Punkt definieren. Wählt man eine andere Gitterbasis (etwa so, daß der bisherige Basispunkt 1, 0 die neuen Koordinaten λ, 0 erhält), dann erhält der Punkt mit den alten Koordinaten ξ,η die neuen Koordinaten $\lambda\xi,\lambda\eta$.
Hieraus folgt sofort der folgende
Tangenssatz: Zwei rechtwinklige Dreiecke, die in einem Hypotenusenwinkel übereinstimmen, haben gleiches Kathetenverhältnis.
Beweis: Man konstruiert ein erstes Quadratgitter so, daß die eine Kathete auf der Gittergeraden $\eta = 0$ liegt und der Hypotenusenwinkel den Scheitelpunkt 0,0 hat.

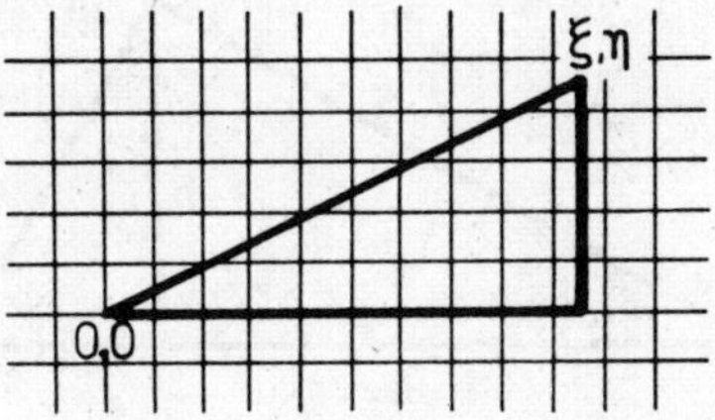

Die Hypotenuse habe dabei den Endpunkt ξ,η. Über einer zweiten Gitterbasis hat dieser Punkt die Koordinaten $\lambda\xi,\lambda\eta$. Also gibt es ein rechtwinkliges Dreieck mit dem vorgegebenen Hypotenusenwinkel, das relativ zu einer Gitterbasis den Eckpunkt $\lambda\xi,\lambda\eta$ hat. Nach dem Formprinzip gibt es ein solches Dreieck auch über der ersten Gitterbasis, d. h. der Punkt $\lambda\xi,\lambda\eta$ liegt auf der Hypotenuse, evtl. auf ihrer Verlängerung.

Das Kathetenverhältnis ist konstant $\frac{\xi}{\eta} = \frac{\lambda\xi}{\lambda\eta}$.

Aus dem Tangenssatz läßt sich in vier Schritten der Quadratsummensatz beweisen (so daß der Weg über das Hilbertsche Kongruenzaxiom ein Umweg wäre).
Zunächst folgt die Gleichheit der Wechselwinkel an geschnittenen Parallelen.

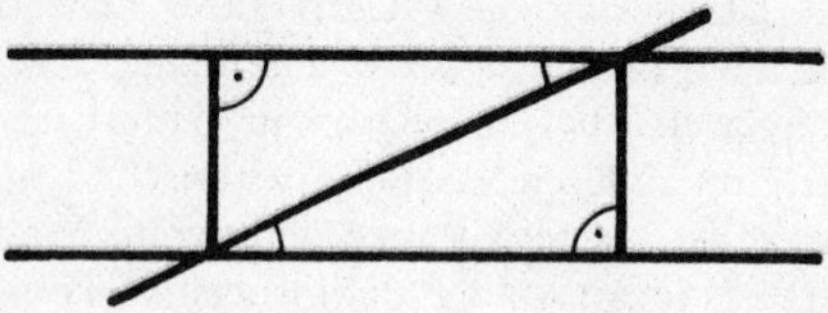

Denn die Wechselwinkel gehören zu rechtwinkligen Dreiecken mit größengleichen Katheten. Insbesondere folgt, daß die Summe der Hypotenusenwinkel R ist. Dann folgt der Höhensatz: im rechtwinkligen Dreieck mit der Höhe h und den Höhenabschnitten p, q gilt

$$h^2 = p\,q$$

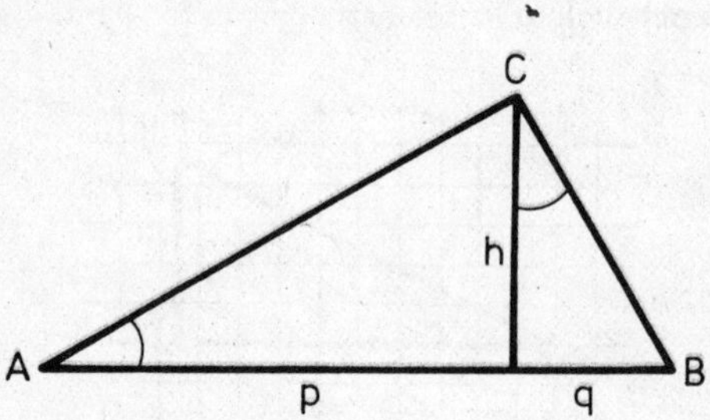

Beweis:
Die eingezeichneten Winkel bei A und C sind größengleich (weil sie beide den Hypotenusenwinkel bei B zu R ergänzen), also gilt

$$\frac{h}{p} = \frac{q}{h}.$$

Der Quadratsummensatz folgt dann für ein rechtwinkliges Dreieck mit den Katheten *a*, *b* und der Hypotenuse *c:*

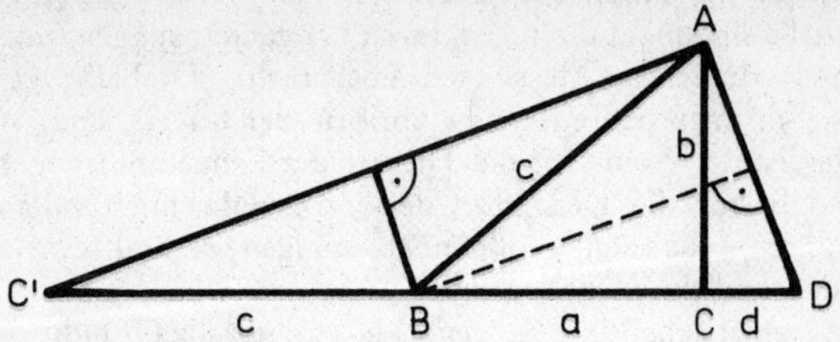

Man verlängere die Kathete *a* um *c* über *B* hinaus (durch Konstruktion der Winkelhalbierenden in *B*) bis *C'*. Die Orthogonale zur zweiten Winkelhalbierenden durch *A* schneide $B \vee C$ in *D* und es sei *d* die Strecke *C D*. *C' A D* ist nach dem Satz von Thales ein rechtwinkliges Dreieck. Wegen $|B\,D| = c$ folgt $d = c - a$ und nach dem Höhensatz

$b^2 = (c + a)\,(c - a)$ q.e.d.

Mit diesem Satz lassen sich die Koordinatentransformationen von beliebigen Quadratgittern (auch nach »Drehungen«) berechnen. Man hat damit die analytische Geometrie erreicht.
Es gilt der *Isomorphiesatz*: Für die thaletische Geometrie ist der Bereich der konstruierbaren Elemente isomorph dem Bereich der cartesischen Koordinatengeometrie über dem pythagoreischen Zahlkörper.
Erweiterungen des pythagoreischen Zahlkörpers (z. B. zum euklidischen Zahlkörper, der mit ξ stets $\sqrt{|\xi|}$ enthält) lassen sich nach Bedarf mit den Mitteln der konstruktiven Analysis durchführen. Das ist – wie die Hilbertsche »Vollständigkeit« – ein analytisches, kein geometrisches Problem und sei daher hier nicht mehr behandelt. Für die Physik ist nur wichtig, daß mit der thaletischen Geometrie eine *Theorie* der Längenmessung vorliegt, mit der man in reproduzierbarer Weise überprüfen kann, ob für Messungen benutzte Maßstäbe »starr« sind, d. h., ob sie beim Transport »größengleiche« Strecken liefern. Die thaletische Geometrie liefert die Kriterien der Überprüfung, indem nur Linien auf ihre Geradheit, Winkel auf ihre Orthogonalität überprüft werden müssen.

Diese Überprüfungen sind durch die Eindeutigkeitssätze der Protogeometrie (für Ebenen, Geraden und rechte Winkel) als reproduzierbare Verfahren begründbar. Diese Prüfungskriterien der Eichmaße sind nicht ihrerseits durch Längenmessungen (oder andere reproduzierbare Messungen) überprüfbar. Deshalb sagt man, daß sie ein meßtheoretisches »Apriori« der Physik sind. »Geometrie« ist der Name für die Theorie der Längenmessungskriterien, d. h. für die Definition der Größengleichheit (»Längengleichheit«) aus den größenunabhängigen Grundformen der Geraden und des rechten Winkels.

Der systematische Einwand gegen die euklidische Grundform des Kreises besteht darin, daß nach Transport eines Kreises überprüfbar sein müßte, ob sich die Größe des Kreises geändert hat. Genau das leistet die thaletische Definition der Größengleichheit für die Radien.

Soviel zur Geometrie!

Wären wir uns über den Status der Geometrie als Theorie der Längenmessung einig, so wäre es vermutlich leicht, auch über Kinematik – und dann über Stoßmechanik und über die Dynamik von Newton bis Einstein – zu einem Konsens zu kommen.

Ohne Konsens über die Geometrie kann ich hier nur noch – scheinbar dogmatisch – skizzieren, wie man *methodisch* zur Dynamik gelangen kann, wenn als Ziel die technische Beherrschung der Bewegungen von Körpern akzeptiert ist.

Den Terminus *Kinematik* verwende ich, wie er in der Brockhaus-Enzyklopädie von 1970 definiert wird, nämlich für den »Teil der Mechanik, in dem allein die Bewegung der Körper *ohne* Rücksicht auf die sie verursachenden Kräfte untersucht wird«.

In der Technik ist die Kinematik ein wichtiger Teil der *Getriebelehre*. Ein Körper hat den Freiheitsgrad 6 bezüglich seiner Beweglichkeit. Kinematische Ketten werden aus Elementarpaaren gebildet, durch die die Beweglichkeit um mindestens einen Freiheitsgrad eingeschränkt wird. Das Ebenenpaar hat z. B. nur den Freiheitsgrad 3, das Paar Schraube-Schraubenmutter nur den Freiheitsgrad 1.

Eine Kette mit Freiheitsgrad 1 heißt »zwangläufig«. (Vgl. W. Blaschke, *Ebene Kinematik*, München 1956.)

Um die in Getrieben auftretenden Geschwindigkeiten zu berechnen, müssen erst *Uhren* als Geräte definiert werden, mit denen skaleninvariant Bewegungsdauern gemessen werden können. Für

die Definition solcher Geräte verweise ich der Kürze halber auf mein Bändchen *Theorie der technischen und politischen Vernunft*, a.a.O.
Beschränken wir uns auf Digitalgeräte, also Taktgeber mit Zählwerk, so heißt ein solches Gerät eine *Uhr*, wenn sie ganggleich ist mit allen Kopien von beliebigen Stellungen aus.
Sind G_1, G_2 zwei Uhren eines Typs, G_3, G_4 zwei Uhren eines anderen Typs, dann sind *per definitionem* für Stellungen $\alpha, \beta, \gamma, \delta$ stets G_1^α und G_2^β ganggleich, ebenso G_3^γ und G_4^δ.
Für die Gangverhältnisse folgt daraus $\bigwedge_{\alpha,\beta,\gamma,\delta} G_1^\alpha : G_3^\gamma = G_2^\beta : G_4^\delta$.
Also nach schlichter Quantoren- und Gleichheitslogik

$$\bigvee_{\beta,\delta} \bigwedge_{\alpha,\gamma} G_1^\alpha : G_3^\gamma = G_2^\beta : G_4^\delta$$

und

$$\bigwedge_{\alpha',\gamma'} \bigwedge_{\alpha'',\gamma''} G_1^{\alpha'} : G_3^{\gamma'} = G_1^{\alpha''} : G_3^{\gamma''}$$

Die Gangverhältnisse je zweier Uhren sind gleich: wir haben eine skaleninvariante Dauermessung (oder »Zeitmessung«, wie man auch sagt). Zur Längenmessung konstruieren wir ein Würfelgitter, zur Dauermessung erhält jeder Gitterpunkt eine Uhr, die als zueinander synchron normiert werden.
Mit Länge und Dauer lassen sich z. B. Geschwindigkeiten und Beschleunigungen messen.
Kinematik ist die Theorie der so definierbaren *Bewegungsformen*.
Als Verbindungsglied, das von dieser Kinematik (in der es noch keine Massen gibt!) zur Dynamik führt, schlage ich aus historischen und systematischen Gründen die *Stoßmechanik* vor.
Gegen die faktische Wissenschaftsgeschichte wird in dieser von der Schwere der Körper abstrahiert. Das geschah aber praktisch z. B. in der Entwicklung des Billardspieles im 16. Jh. in Italien.
Als Theorie dazu gehören die Stoßgesetze, die im 17. Jahrhundert formuliert wurden. Billard realisiert vollkommen elastische Stöße, aber John Wallis zeigte 1670, wie diese theoretisch auf vollkommen inelastische Stöße zu reduzieren sind. Zum vollkommen inelastischen Stoß von zwei Partikeln längs einer Geraden gehören zwei Geschwindigkeiten v_1, v_2 *vor* dem Stoß und eine gemeinsame Geschwindigkeit v *nach* dem Stoß.

Diese Stoßvorgänge lassen sich technisch so realisieren, daß bei Wiederholung eines Zusammenstoßes von zwei Partikeln (d. h. hinreichend kleinen Kugeln) die Geschwindigkeit v eine Funktion von v_1, v_2 wird. Das *Stoßgesetz* ist ein Funktionsterm S mit $v = S(v_1, v_2)$. Relativ zur Erde läßt sich im Bereich der klassisch-technischen Geschwindigkeiten von Körpern, etwa in der Ballistik, nun empirisch – d. h. durch Messung – überprüfen, daß S eine *homogene* Funktion darstellt

$$S(\lambda v_1, \lambda v_2) = \lambda S(v_1, v_2) \quad (\lambda > 0)$$

Diese Meßerfahrung – wir sind jetzt in der empirischen Physik – gestattet, für zwei Partikeln ein »Massenverhältnis« zu definieren:

$$\frac{m_1}{m_2} \leftrightharpoons \lim_{v_1, v_2 \to 0} \frac{v_2 - v}{v - v_1}$$

Man mißt das Massenverhältnis also für hinreichend kleine Geschwindigkeiten. Die Limesdefinition ist skaleninvariant. Aus dieser Definition folgt der klassische Impulssatz

$$m_1 v_1 + m_2 v_2 = (m_1 + m_2) v$$

für den vollkommen inelastischen Stoß.
Es wird hier die Größe $m\,v$ »Impuls« genannt.
Der Schritt zur Dynamik wird vollzogen, indem man »Kräfte« dadurch definiert, wie sie den Impuls pro Zeit (t) ändern – also so, *als ob* der Körper gestoßen würde.
Das führt zu dem Newtonschen Programm in Vektornotation:

$$m \frac{dV}{dt} = \sum_j K_j$$

in dem rechts geeignete »Kraftgesetze« zu finden sind, die die (beobachtete oder erwartete) Impulsänderung zu berechnen gestattet. Insbesondere der Erfolg des Gravitationsgesetzes $K \sim \frac{mM}{r^2}$ in der Astronomie hat das Newtonsche Programm zu einer Selbstverständlichkeit der Physik des 18. und 19. Jahrhunderts werden lassen. Erst gegen Ende des 19. Jahrhunderts, als die *Elektrodynamik* durch die Maxwellschen Gleichungen in das Newtonsche Programm einbezogen werden konnte, entstanden Schwierigkeiten.

Die Theorie der Elektrizität hatte mit der elektrostatischen Definition des Ladungsverhältnisses angefangen. Man konnte technisch die Herstellung von geladenen Körpern reproduzieren und die Kraft dieser »Quelle« auf geladene Probekörper – also ihre Impulsänderung – messen. Empirisch ließ sich überprüfen, daß unabhängig von der Ladung der »Quelle« und unabhängig vom Abstand von der »Quelle« an jeder Stelle das Verhältnis der Kräfte K_1, K_2 nur von den zwei Probekörpern abhing.
Diese Meßerfahrungen gestatteten Coulomb ein Ladungsverhältnis zu definieren

$$\frac{q_1}{q_2} \leftrightarrows \frac{K_1}{K_2}$$

Von der Quelle aus gesehen, konnte man sagen, daß sie an jeder Stelle des Raumes eine »Feldstärke« E bewirkt, so daß dort auf ein Partikel mit der Ladung q eine Kraft

$$K = qE$$

wirkt.

Beim Übergang von den Partikeln zum elektrischen Feld definiert man an jeder Stelle eine Ladungs*dichte* ϱ und berechnet eine Kraft*dichte* k nach der *Coulomb-Formel*

$$k = \varrho E$$

Für bewegte Ladungen berechnet sich für die Stromdichte I (d. h. die Ladungsdichte mal Geschwindigkeit) die Kraftdichte aus der sog. magnetischen Flußdichte $*B$ nach der *Laplace-Formel* $k = I \times *B$. Zusammengefaßt erhält man die *Lorentz-Formel*

$$k = \varrho E + I \times *B$$

Die Vektoren E und B (B heißt der magnetische Bivektor und ist das Orthokomplement von $*B$) sind aus den Maxwellschen Gleichungen in Abhängigkeit von Ladungsdichte und Stromdichte der Quellen zu berechnen.
In der Notation der alternierenden Differentialformen geschrieben, sind das zwei homogene Gleichungen

$$dB = 0$$
$$dE + \dot{B} = 0$$

(Der Punkt über B ist Newtons Notation der Differentiation nach t) und für $\delta = {}^*d^*$ zunächst zwei Proportionalitäten

$$\delta B \sim I \qquad \text{für } \dot{E} = 0$$

und

$$\delta E \sim \varrho$$

Dazu kommt die Ladungskonstanz

$$\delta I + \dot{\varrho} = 0$$

Als Proportionalitätskoeffizienten (alles finde im Vakuum statt) werden definiert

$$\delta B = \mu_0 I \qquad \text{für } \dot{E} = 0$$

und

$$\delta E = \frac{1}{\varepsilon_0}\varrho$$

Wegen der Ladungskonstanz muß man für $\dot{E} \neq 0$ mit *Maxwell* setzen

$$\delta B = \mu_0(I + \varepsilon_0 \dot{E})$$

Das hier auftretende Produkt $\mu_0\varepsilon_0$ lieferte – zunächst überraschend – die Lichtgeschwindigkeit c durch die Definition

$$\frac{1}{c^2} \leftrightharpoons \mu_0\varepsilon_0$$

Dadurch werden die inhomogenen Maxwellschen Gleichungen zu

$$\delta B - \frac{1}{c^2}\dot{E} = \mu_0 I$$

$$\frac{1}{c^2}\delta E = \mu_0\varrho$$

Das Auftreten einer Geschwindigkeit in diesen Gleichungen ist für die Newtonsche Mechanik irritierend. Benutzen wir für die Raum- und Zeitmessungen ein Würfelgitter, das wir fest mit unserem (irdischen) Labor verbunden denken, dann haben wir – wir können in unserem Zusammenhang die Erdrotation und Erdrevo-

lution vernachlässigen – ein Inertialsystem, d. h., es gilt der klassische Impulssatz. Ein relativ zum Laborsystem gleichförmig bewegtes Bezugssystem müßte dann auch ein Inertialsystem sein.
Für die Maxwellgleichungen haben Lorentz und Poincaré erkannt, daß sie koordinateninvariant nur dann formulierbar sind, wenn man für die stetige Mannigfaltigkeit der Raum-Zeit-Punkte $x^1, x^2, x^3, x^4 = t$, die zum Laborsystem gehören, eine neue »Metrik« (im Sinne Riemanns) einführt. Der *Fundamentaltensor* G_{mn} wird dadurch definiert, daß im Laborsystem gelten soll

$$G_{mn} = \begin{pmatrix} 1 & & & \\ & 1 & & 0 \\ & & 1 & \\ 0 & & & -c^2 \end{pmatrix}$$

Statt der bisherigen Raumvektoren werden *Vierer*vektoren eingeführt durch

$$\underline{B} = B + Edt$$

und

$$\underline{I} = I - c^2 \varrho dt$$

Statt der bisherigen Maxwellschen Gleichungen erhalten wir die *Vierer*gleichungen

$$d\underline{B} = 0$$
$$\delta\underline{B} = \mu_0 \underline{I}$$

Selbst dies läßt sich noch kürzer schreiben, wenn ein *Viererpotential* $\underline{A}$ durch $d\underline{A} = \underline{B}$ definiert wird.
Es bleibt dann nur eine Gleichung übrig: $\delta d\underline{A} = \mu_0 \underline{I}$.
Alles das kann als bloße mathematische Eleganz betrachtet werden. Einstein hat aber gesehen, daß diese Formeln eine Revision des klassischen Impulssatzes nahelegen. Statt der Lorentzschen Kraftdichte k benutzt er eine *Vierer*kraftdichte $\underline{k}$, die durch $\underline{k} = \underline{I} \times {}^*\underline{B}$ definiert wird. In der Minkowskischen Notation ist dafür das Newtonsche Programm $m \dfrac{dV}{d\tau} = \sum_j \underline{K}_j$ so zu revidieren,

daß ein Newton-Minkowskisches Programm

$$m \frac{d\underline{W}}{d\tau} = \sum_j \underline{K}_j$$

für geeignete *Vierer*kraftgesetze $\underline{K}$ entsteht.
Die Definition eines *Vierer*impulses $m\underline{W}$ und einer »Bogenzeit« τ statt der klassischen Zeitkoordinate t ergibt sich zwangsläufig aus den Riemannschen Untersuchungen über stetige Mannigfaltigkeiten mit einer durch einen Fundamentaltensor definierten Metrik.
Für die Bogenlänge σ gilt $d\sigma = \sqrt{\left(G_{mn} \frac{dx^m}{ds} \frac{dx^n}{ds}\right)}\, ds$ für jeden Kurvenparameter s. Die Bogenzeit τ wird durch $i\,c\,\tau = \sigma$ definiert und der Vierervektor $\underline{W}$ (der Viererimpuls pro Masse) durch

$$\underline{W}^m = \frac{dx^m}{d\tau}$$

In den Raumkoordinaten (m = 1, 2, 3) unterscheidet sich $\underline{W}$ vom klassischen Geschwindigkeitsvektor $V^m = \frac{dx^m}{dt}$ durch den berühmten Faktor

$$\beta_v = \frac{1}{\sqrt{\left(1 - \frac{v^2}{c^2}\right)}}$$

Wegen $\beta_0 = 1$ ist die Newtonsche Dynamik als Näherung in der Newton-Minkowskischen Dynamik enthalten.
Es scheint mir verwirrend zu sein, zu behaupten, der kinematische Geschwindigkeitsvektor V sei im Zuge einer Revision der *Kinematik* durch eine »Vierergeschwindigkeit« $\underline{W}$ ersetzt.
Es wird vielmehr – ohne die klassische Kinematik anzutasten – der klassische Impuls mV im Zuge einer Revision der *Stoßmechanik* durch einen Viererimpuls $m\underline{W}$ ersetzt. Man tut sich schwer, diesen Unterschied zu erkennen, wenn man die Stoßmechanik ausgerechnet »Kinematik« nennt. Genau das ist aber leider üblich. Es fehlt dann ein Wort für die apriorische Theorie der Zeit- und Bewegungsmessung.
Einstein erkannte sehr früh – nämlich schon 1907 –, daß die Gravitation im Newton-Minkowskischen Programm *nicht* durch eine geeignete Viererkraft behandelt werden konnte.

Er hatte (wie er selber sagte) die »beste Idee seines Lebens«, als er erkannte, daß man für die Behandlung der Schwere im *homogenen* Gravitationsfeld überhaupt keine Kraft braucht. Wenn der Dachdecker vom Dach fällt, ist er – als Physiker betrachtet – in der glücklichen Lage, sich in einem gravitationsfreien Newton-Minkowskischen Inertialsystem zu befinden.

Alle Körper erfahren eine konstante Beschleunigung. Es ist geradezu komisch, dies dadurch zu »erklären«, daß einerseits Kraft = Masse m mal Beschleunigung b sei, andrerseits die Gravitationskraft = Masse m mal der Konstanten g. Wegen $m > 0$ folge $b = g$.

Im *homogenen* Gravitationsfeld braucht man auch für das Newton-Minkowskische Programm keine Viererkraft: *vor* Anwendung des Newton-Minkowskischen Programms gehe man zu einem Koordinatensystem über, das gegenüber dem Laborsystem um g beschleunigt ist: der Physiker läßt sich in Gedanken vom Dach fallen!

Die *allgemeine Relativitätstheorie* löst das Problem, auch für *inhomogene* Gravitationsfelder an jeder Stelle des Feldes eine Koordinatentransformation zu bestimmen, die *lokal* zu einem Newton-Minkowskischen Inertialsystem führt.

Einstein und Hilbert fanden 1915 die Lösung, daß zunächst ein Tensorfeld G_{mn} durch die Feldgleichung

$$R_{mn} - \tfrac{1}{2} G_{mn} \cdot R \sim T_{mn}$$

aus dem Stromdichtetensor T_{mn} des Viererimpulses zu berechnen ist. (R_{mn} und R sind dabei Verjüngungen des allein durch G_{mn} bestimmten Riemannschen Tensors R^k_{mln}). G_{mn} ist entsprechend der Potentialgleichung der Elektrodynamik ein »Potential« der gesuchten Transformation auf ein lokales Newton-Minkowski-Inertialsystem.

Diese Interpretation der allgemeinen Relativitätstheorie hat St. Weinberg in seinem Buch *Gravitation and Cosmology* dargestellt. Von einer Revision der Geometrie zu reden, ist danach nur noch ein Mißbrauch der geometrischen Sprache.

III
Politik

Autonomie und empirische Sozialforschung*

Daß sich jede Fachwissenschaft als »autonome« Institution benimmt, ist eine der größten Schwierigkeiten, die der interdisziplinären Zusammenarbeit verschiedener Wissenschaften gegenwärtig entgegenstehen.

An unserer Universität (Erlangen–Nürnberg) haben wir jetzt 12 Fachbereiche. Der Fachbereich, dem ich angehöre, hat 15 Institute. Zumindest jedes Institut repräsentiert eine autonome Fachwissenschaft – »autonom« in dem Sinne, daß keinem Fach die anderen Fächer hereinreden dürfen, welche wissenschaftlichen Zwecke es sich setzt und mit welchen Mitteln es diese Zwecke zu erreichen sucht. Der Staat hat nur die Rechtsaufsicht. Das Institut für Philosophie, dem ich angehöre, hat nach dieser Konstruktion ebenfalls das Recht, sich eigene Zwecke, die man eben »philosophische« nennt, zu setzen und darf dann – auf Einladung – anderen Fächern gelegentlich mitteilen, wie in der Philosophie z. B. das Wort »autonom« verwendet wird und verwendet wurde. Erfreulicherweise ist es aber so, daß man zu dieser Karikatur von fachwissenschaftlicher Autonomie nicht verpflichtet ist. Unter dem Titel »Wissenschaftstheorie« verstehe ich vielmehr die Aufgabe, darüber nachzudenken, was die Fächer aller Fachbereiche denn überhaupt Gemeinsames haben, so daß sie gemeinsam »Wissenschaften« genannt werden dürfen.

Das Wort »Wissenschaftstheorie« verweist dabei sofort auf eine Schwierigkeit, nämlich auf das ungeklärte Verhältnis von »Wissenschaft« und »Theorie«. Ist jeder Wissenschaftler ein Theoretiker? Häufig werden »empirische Wissenschaften« den »Theorien« entgegengesetzt. Aber selbstverständlich sind auch die »empirischen Wissenschaftler« keine Macher: sie greifen nicht *handelnd* in das Leben ihrer Mitmenschen ein (es sei denn als Privatpersonen), als Wissenschaftler *reden* sie nur über das Leben. Die empirischen Wissenschaftler sammeln Fakten – sie erheben

* Überarbeitete Fassung eines Vortrags im Sonderforschungsbereich 22: Sozialisations- und Kommunikationsforschung der Universität Erlangen–Nürnberg. Der Text nimmt Bezug auf einen vom Sonderforschungsbereich 22 herausgegebenen Materialienband (cf. Anm. 1).

Daten – und stellen sie – mehr oder weniger geordnet – dem Publikum dar.
Um Streit um Worte zu vermeiden, schlage ich vor, jeden, der nicht handelt, sondern nur *redet* – positiver formuliert: der für die Handelnden *denkt* –, einen Theoretiker zu nennen. Dazu gehören insbesondere alle Fachwissenschaftler, ob es nun sogenannte Statistiker sind oder z. B. empirische Familienforscher.
Ich hoffe, daß wir uns darüber einig sind: wenn es die Fachwissenschaften nicht gäbe, dann müßte man sie schleunigst erfinden. Denn sie sollen den Menschen helfen, mit ihren Problemen fertig zu werden. Sie sollen die Menschheit beraten, wenn zu entscheiden ist, was zu tun ist. Jedem Menschen ist zu empfehlen, erst zu denken, bevor er handelt. Die Fachwissenschaften sind eine institutionalisierte Form dieser Denkarbeit. Diese institutionalisierten Fachwissenschaften, die heutzutage eine »Universität« bilden (genauer: eine Multiversität), sind historisch mühsam entstanden. Sind sie einmal da, verhalten sie sich wie autonome Institutionen. Nur bei solchen Zentralstellen, wie z. B. der DFG, die über Forschungsmittel zu entscheiden haben, müssen auch die Fachwissenschaften immer wieder ihre Existenz rechtfertigen. Anträge müssen »begründet« werden – an dieser Stelle endet die vermeintliche Autonomie. Da bei solchen Zentralstellen alle Fächer in Konkurrenz stehen, zeigt sich, daß für die Beratungen *über* die Fachwissenschaften eine gemeinsame Basis vorhanden sein muß, von der aus überhaupt für oder gegen einen Antrag argumentiert werden kann.
Selbstverständlich braucht man keine Argumente, wenn die Mittel für alle Anträge reichen – aber das ist, ebenso selbstverständlich, fast nie der Fall.
Es zeigt sich, daß die Wissenschaften gegenüber dem Leben nicht autonom sind. Sie sind aus dem Leben, aus der Not der Lebensprobleme entstanden. Um vernünftig über Wissenschaftsförderung entscheiden zu können, empfiehlt es sich wieder, erst zu denken, bevor man handelt. Unter dem Namen »Wissenschaftstheorie« – unsere Universität plant sogar ein »Wissenschaftstheoretisches Zentrum« – beginnt sich zur Zeit die hier zu leistende Denkarbeit zu institutionalisieren. Die historische Frage, in welcher Kontinuität dies mit der Denkarbeit etwa von Platon, Kant und Hegel oder Marx steht, lasse ich hier beiseite. Die Wissenschaftstheorie ist Theorie (weil sie redet und nicht handelt), sie ist

aber keine Wissenschaft, weil sie über das, was allen Wissenschaften gemeinsam ist, nachdenkt. Sie hat eine gemeinsame *Basis* der Wissenschaften zu erarbeiten, also gewisse *erste* sprachliche Mittel für das Beraten überhaupt zu lehren, gewisse *erste* Zwecksetzungen zu formulieren. Spricht man von einer Basis, von Grundbegriffen, von Grundsätzen oder Grundgedanken, so gebraucht man die Metapher des Aufbauens, der Konstruktion von Gerüsten. Konstruiert werden hier Gerüste von Begriffen und Gedanken, konkret von Wörtern und Sätzen. In der Wissenschaftstheorie geht es um die *ersten* Wörter und Sätze, um die *Anfänge* aller Wissenschaften. Das übliche lateinische Wort für diese Anfänge ist »Prinzipien«.

Die Schwierigkeit der Kooperation von Einzelprojekten und allgemeiner der Kooperation von Fachwissenschaften wiederholt sich hier als die Schwierigkeit der Zusammenarbeit zwischen den Theoretikern, die sich mit den Prinzipien allen Wissens beschäftigen, und den Theoretikern, die solche Prinzipien (Grundbegriffe und Grundsätze) benutzen, um damit Fakten, Formeln oder fachwissenschaftliche Theorien im engeren Sinne herzustellen.

Für die Wissenschaftstheoretiker – also die Prinzipienreiter, wenn Sie so wollen – ist es selbstverständlich, daß ihre Prinzipien zu nichts nütze sind, wenn sie nicht von den Fachwissenschaften benützt werden. Es besteht demgegenüber ersichtlich eine Neigung der empirischen Wissenschaften, ihre Fakten für nützlich zu halten, unabhängig davon, ob die zu ihrer Aufstellung benutzten Prinzipien kritisch überdacht sind oder nicht – so wie auch die Mathematiker dazu neigen, ihre Formeln für nützlich zu halten, ohne die zu ihrer Aufstellung benutzten Prinzipien (das sind die sogenannten Axiome und logischen Regeln) kritisch geprüft zu haben. So unbezweifelbar wie die Gefahr der leeren Prinzipienreiterei besteht, so besteht auch die Gefahr blinder Fakten- und Formelhuberei. Sinnvoll werden aber beide, Wissenschaftstheorie und die Fachwissenschaften, nur, wenn eine Kooperation gelingt.

In einem ersten Teil möchte ich über die in den empirischen Sozialwissenschaften zu benutzenden Begriffe und Gesetze im Allgemeinen sprechen und in einem zweiten Teil über Interpretationen des Wortes »Autonomie«.

I.

Schon im Allgemeinen gibt es Schwierigkeiten genug. Einigkeit besteht, so scheint mir, nur dann, wenn man sich auf *operationale* Begriffe (also Wörter, deren Verwendung operational definiert ist) beschränkt und mit ihnen das Tun der Menschen, sei es Handeln oder Verhalten, *beschreibt*. Diese deskriptiven Aussagen stellen Fakten (Tatsachen) dar. Die Frage, welche Begriffe operational definiert werden sollten, um mit ihnen zu Fakten zu kommen, führt dagegen sofort zu Uneinigkeit. Häufig erhält man die Antwort, daß man empirische Gesetzmäßigkeiten suche. Um diese zu überprüfen, brauche man die Fakten. Man kennt diesen Zusammenhang aus den Naturwissenschaften. Um irgendwelche außermenschlichen Geschehnisse technisch zu beherrschen (das können Naturvorgänge, belebt oder unbelebt, sein oder von uns selbst in Gang gesetzte technische Vorgänge), muß man wissen, nach welchen Gesetzen sie verlaufen. Nur ein hinreichend empirisch überprüftes Wissen ermöglicht ein zweckgerichtetes Eingreifen, das Aussicht auf zukünftigen Erfolg hat. Handelt es sich nicht um unseren Umgang mit Naturdingen oder Geräten, sondern um die Gestaltung menschlicher, speziell sozialer Verhältnisse, so gilt die letzte Formulierung gleichermaßen: nur ein hinreichend empirisch überprüftes Wissen ermöglicht ein zweckgerichtetes Eingreifen, das Aussicht auf zukünftigen Erfolg hat.

Da Naturdinge – im Gegensatz zum Menschen – keine eigenen Zwecke haben (obwohl Tiere wie wir Bedürfnisse haben), verschärft sich das Problem, *zu welchen Zwecken* technisches Wissen erworben werden soll, durchaus, wenn wir es nicht bloß mit Naturdingen, sondern mit Menschen zu tun haben. Dieses Problem besteht aber jedenfalls auch schon für die auf Naturbeherrschung gerichtete Technik, nicht nur für jede Sozialtechnik. Ich lasse dieses Problem hier beiseite in der Annahme, daß wir uns z. B. faktisch darin einig sind, daß »autonomes Handeln« ein wünschenswertes Ziel ist. Man ist nur das leere Geschwätz und die bloßen Appelle leid: empirisches Wissen soll die Frage beantworten, wie denn mehr »Autonomie« erreicht werden kann.

Die Gleichheit zwischen Natur- und Sozialwissenschaften erstreckt sich auch noch darauf, daß das gesuchte Wissen zweierlei Sätze enthalten muß:

1. Deskriptive Einzelsätze, die darstellen, welche Situation »jetzt« (d. h. im Zeitpunkt, in dem es zu handeln gilt) besteht.
2. Bedingte Allsätze, die besagen, daß *wenn* eine Situation gewisse Bedingungen erfüllt, daß *dann* (mit Notwendigkeit oder jedenfalls mit guter Chance) sich die Situation auf eine bestimmte Weise ändert.

Analysiert man diese Sätze noch einen Schritt weiter, so kommt man allerdings zu einem wichtigen Unterschied zwischen Natur- und Sozialwissenschaften. In der Physik gibt es keine Probleme mit der Auswahl der operationalen Grundbegriffe: man mißt Längen von Strecken, Dauern von Zeitintervallen und Massen oder elektrische Ladungen von Körpern. Das gilt grundsätzlich auch für die moderne Biologie. In der Verhaltensforschung hat man es allerdings mit lernenden Tieren zu tun. Dann gehört zur Situation auch das, was die Tiere gelernt haben (und das ist – per definitionem – individuell verschieden). Hat man es mit Menschen zu tun, so gehört zur Situation nicht nur das erlernte *Verhalten,* sondern auch das erworbene *Denken.* Menschen, das sind ja – wieder per definitionem – Lebewesen, die so wie wir sind: lernende und redende Tiere. Sie erwerben sich durch das Reden gewisse Meinungen über ihre Situation, sie setzen sich Zwecke, sie machen sich gewisse deskriptive Allsätze zu eigen, auch gewisse präskriptive Allsätze (Maximen oder Normen) und bringen all dies in ihrem Denken in einen – mehr oder weniger geordneten – Zusammenhang.

Zu ihren Situationsmeinungen gehören dabei wieder insbesondere Meinungen über das Denken anderer Menschen, Meinungen über deren Situationsmeinungen, über deren technisches Wissen (oder Unwissen) und über deren praktische Einsicht (oder Uneinsicht) in die Zusammenhänge von Zwecken und Normen. Für das, was jeder – mehr oder weniger ausgebildet – so in seinem Kopfe hat, möchte ich den Terminus »Sinngehalt« verwenden. Das kann – technisch gesehen – reiner Aberglaube sein und – praktisch gesehen (also, was Zwecksetzungen und Normensysteme betrifft) – reine Ideologie sein. Leider muß man mit den unvernünftigsten Sinngehalten rechnen. Die empirische Sozialforschung darf ich aber wohl als eine Vorarbeit verstehen für jede Bemühung, die mehr Vernunft in die Köpfe bringen will, also kritischer durchdachte Sinngehalte.

Damit kommen wir nun zu einer entscheidenden Schwierigkeit

der gegenwärtigen empirischen Sozialforschung. Die Datenerhebung beschränkt sich, um der Objektivität willen (d. h., um bloß subjektive Sinngehalte der Forscher auszuschließen), auf das, was sich mit *operationalen* Begriffen erfassen läßt. Man entwirft in der Psychologie etwa Tests, deren Resultate Zahlen sind. Führt man Umfragen durch Interviews durch, so soll der Interviewer keine literarischen Essays als Resultat mitbringen, sondern Fragebogen, die mit Zahlen (es genügen Nullen und Einsen) ausgefüllt sind. Die Zwecke empirischer Forschungsprojekte werden aber nicht in operationalen Begriffen beschrieben. Sie beziehen sich auf Sinngehalte. Um diese darzustellen, braucht man im Deutschen Wörter wie »Denken«, »Meinen«, »Zwecke«. Abstrakt spricht man von »intentionalen Begriffen«. Die Engländer haben das konkrete Wort »mental terms«.

Das Verhältnis operationaler Begriffe zu den intentionalen Begriffen ist deshalb schwierig, weil man – leider – die intentionalen Begriffe nicht »operationalisieren« kann. Man kann sie nicht durch operational Definierbares *ersetzen.* Trotzdem tritt der Ausdruck »operationalisieren« häufig auf – hier ist der Wunsch der Vater des Wortes.

Es wäre ja schön, wenn man etwa Autonomie »operationalisieren« könnte derart, daß man *immer* (ohne weitere Denkarbeit) von bestimmten operational beschriebenen Vorgängen auf »autonomes Handeln« schließen könnte, sei es mit Notwendigkeit oder jedenfalls mit Wahrscheinlichkeit. Dann brauchte man *nur* noch Gesetzmäßigkeiten zu finden, die operational definierte Bedingungen mit operational definierten Voraussagen verbinden. Mit diesem Trick hätte man die Sinngehalte erfolgreich umgangen. Wir hätten unsere eigenen Sinngehalte überlistet. Jetzt ist zunächst zu fragen, ob es solche rein-operational formulierbaren Gesetzmäßigkeiten überhaupt gibt. Trivialerweise ja, weil für den Menschen wie für alle Dinge auch die Gesetze der Physik gelten, ferner weil für ihn auch die Gesetzmäßigkeiten gelten, die für alles Lebendige gelten. Der Mensch ist außerdem ein Lerntier wie alle anderen höheren Tiere. Die Frage, die zu stellen ist, ist aber, ob es rein-operationale Gesetzmäßigkeiten gibt, die das spezifisch Menschliche, nämlich sein Handeln (dessen Wirkungen operational beschreibbar sind), vorauszusagen gestatten. Der Mensch ist nicht nur ein Lerntier, sondern auch ein Redetier. Deshalb hat er einen Sinngehalt (z. B. deskriptive und präskriptive Sätze) im

Kopf und er *handelt* gemäß diesem Sinngehalt. Genauer: ich schlage vor, nur dann von Handeln – statt von Verhalten – zu sprechen, wenn der Mensch gemäß seinem Sinngehalt, also aufgrund der gedachten Sätze, etwas tut. Handeln stehe also, anders formuliert, für *sinnrationales* Tun. Die Sinnrationalität ist eine Verallgemeinerung der üblichen Zweckrationalität, um auch die komplexere Struktur der Maximen- oder Normensysteme mitzuerfassen. Ich behaupte durchaus nicht, daß alle Menschen stets (sinnrational) handeln. Oft reagieren die Menschen nur »emotional«, wie man sagt. Dann ist ihr Verhalten in derselben Weise voraussagbar wie das von bloßen Tieren.
Allerdings kommt für Menschen folgende Besonderheit hinzu: Die Menschen reagieren auf die jeweilige Kultursituation (ohne sie zu verstehen). Kästner formulierte treffend:

»Die Ahnen kletterten im Urwald –
wir sind die Affen im Kulturwald.«

Die Verhaltensweisen, mit denen der Mensch (in einer unverstandenen Kultursituation) lernt, seine Überlebenschancen zu verbessern, werden anschließend »rationalisiert«, d. h., es werden in unkritischer Weise Sinngehalte gebildet, nach denen das Verhalten dann (zumindest teilweise) sinnrationales Handeln wird.
Im Falle des Einzelnen kann man psychodiagnostisch die Verhaltensweisen und ihre (per definitionem) auf Lustgewinn gerichteten Ziele erklären – und zwar gegen die Sinngehalte des »Patienten«, gegen dessen Selbstdeutung. Es ist üblich, von den Zielen (die nur von dem Psychotherapeuten zur Erklärung des Verhaltens gedacht werden) so zu reden, *als ob* auch sie zu den Sinngehalten des Einzelnen gehörten: das sind dann die Sinngehalte des »Unterbewußtseins«, »latente« Sinngehalte im Gegensatz zu den »manifesten« Sinngehalten des »Oberbewußtseins« (einschließlich der Handlungsgewohnheiten). Dieser Sprachgebrauch hat den Nachteil, zu der Meinung zu verführen, daß man zur Erforschung des Unterbewußtseins andere Methoden als die Methoden der Verhaltensforschung anwenden müßte.
Die Rationalisierung von Verhaltensweisen in unverstandenen Kultursituationen – insbesondere in einer hochdifferenziert arbeitsteiligen Gesellschaft (»Entfremdung«) – bewirkt Gruppenbildungen derjenigen, die ihre gemeinsame Situation mit gemeinsamen Sinngehalten (z. B. Unternehmergesinnung oder Gewerk-

schaftsgesinnung) beantworten. So kann es zur Verzerrung der Sinngehalte auch der professionellen Denker (der Intellektuellen von den Wissenschaftlern bis zu den Literaten) kommen, die sich diesen Gruppen, meistens den herrschenden Gruppen, anschließen. Es entstehen dann Ideologien.

Latente Sinngehalte und Ideologien entstehen durch die Besonderheit, daß die Menschen Lerntiere sind, die auf die von ihnen – als Redetiere – selbst geschaffenen Kultursituationen reagieren. Für die empirische Sozialforschung ist diese Besonderheit zu berücksichtigen, wenn die Frage gestellt wird, ob es empirische Gesetzmäßigkeiten gibt, die auch für das Handeln, das sinnrationale Tun gelten. Häufig wird behauptet, es gäbe hierfür zwar keine deterministischen, wohl aber statistische (man sagt auch: probabilistische) Gesetze. Das glaube ich zwar – offen gestanden – nicht, möchte mich hier aber auf keine Behauptung über die Unmöglichkeit solcher empirischer Gesetze einlassen. Statt dessen möchte ich zeigen, auf welche Weise man ohne solche Gesetze trotzdem durch empirische Forschung zu statistischen Voraussagen kommen kann.

Man muß sich dazu von dem Vorbild der Naturwissenschaften lösen und sich an die Aufgabe heranmachen, aus den operational formulierten Daten der empirischen Forschung als erstes auf die Sinngehalte zu »schließen«. Dieses besondere »Schließen« nennt man *Deuten.* Ein beobachtetes Tun der Menschen wird als (sinnrationales) Handeln gedeutet – und man schließt dadurch auf den Sinngehalt, den der Täter im Kopfe hatte. Das Schema dieses Schließens ist im einfachen Fall der Zweckrationalität wohlbekannt. Man deutet eine Tat als ein Mittel, einen Zweck zu erreichen. Dieser Zweck – so behauptet man dann – gehörte zum Sinngehalt des Täters, außerdem die Meinung, mit seinem Tun den bezweckten Zustand bewirken zu können.

Die Nationalökonomie als die älteste Sozialwissenschaft hat ihre prognostischen Erfolge nicht daher, weil sie schon seit Jahrhunderten der Methode der Naturwissenschaft folgte, sondern daher, weil die Europäer seit Jahrhunderten alle erreichbaren Menschen mit gewissen Handlungsmaximen der ökonomischen Rationalität erfolgreich indoktriniert haben. Deshalb kann man sich z. B. darauf verlassen, daß hinreichend viele Menschen einer europäischen Bevölkerung sinnrational relativ zu ökonomischen Sinngehalten handeln. Und deshalb stimmen die Prognosen – es sei denn, sie stimmen nicht, nämlich dann, wenn die Menschen doch einmal ihren Sinn ändern und das Ökonomische sich nicht als oberste Maxime setzen. Ist der Sinngehalt bekannt, dann ist es kein empirisches Gesetz, sondern ein analytisch-wahrer Allsatz, daß ein sinnrationaler Mensch unter gewissen Bedingungen auf eine bestimmte Weise handeln wird. Tut er etwas anderes, dann hat er (per definitionem) nicht sinnrational gehandelt – oder sein Sinngehalt war anders. In dem Fall waren die Deutungen falsch. Was ich gesagt habe, ergibt sich mit analytischem Denken allein, also allein mit Definitionen und mit logischem Schließen.

Die empirische Forschung wird in den Sozialwissenschaften nicht (wie in der Physik) zum Überprüfen von Gesetzeshypothesen gebraucht, sondern um Daten zu erhalten, aus denen durch Deutung auf den Sinngehalt der Handelnden geschlossen werden kann. Wenn ich wissen will (und jeder Sozialreformer ist auf solches Wissen angewiesen), wie eine gewisse Maßnahme, z. B. Änderungen der Mitbestimmungsgesetze oder Änderungen der Berufsausbildung usw., sich vermutlich auswirken wird, wenn sie *jetzt* ergriffen wird – ja, dann muß ich wissen, welche Sinngehalte in den Köpfen der Betroffenen *jetzt* stecken. Ist eine große Anzahl von Menschen betroffen, etwa die ganze Bevölkerung eines Landes, dann kann es selbstverständlich nur eine *statistische* Beschreibung dieser Sinngehalte geben. Man braucht dazu aber Statistik nur als deskriptive Statistik, man braucht keine probabilistischen Gesetze wie in der Physik.

Neben einer deskriptiven Statistik der Sinngehalte (in den Köpfen der Betroffenen) braucht man jedoch auch noch eine deskriptive Statistik darüber, wie – altertümlich ausgedrückt – die Tugend der Sinnrationalität verteilt ist. Zum (sinnrationalen) Handeln gehört neben dem Sinngehalt (wie unvernünftig dieser auch sei) nämlich immer noch zweierlei: Mut zum Denken und Mut zum Handeln.

In einer neuen Situation braucht man Mut zum Denken, um nicht sofort emotional zu reagieren, sondern um erst zu denken, bevor man handelt. Hat man dann alles gemäß dem eigenen Sinngehalt durchdacht, braucht man Mut zum Handeln, nämlich Mut, das Sinngemäße auch wirklich zu tun. Das Wort »Mut« steht hier für die Beherrschung des Emotionalen durch das Denken. Für Prognosen muß man also wissen, wie diese Gefühlsbeherrschung oder Sinnrationalität in der Bevölkerung statistisch verteilt ist.

Keine noch so gut durchdachte Konjunkturmaßnahme hat Erfolg, wenn die meisten Leute sofort emotional reagieren oder, falls sie denken, zu emotional sind, das Sinnrationale auch zu tun.
Der Vorschlag, den ich hiermit zur Diskussion stelle, ist also eine Erweiterung der empirischen Sozialwissenschaften, eine Erweiterung um die Deutung der operationalen Daten. Statt vermeintliche Gesetzeshypothesen zu überprüfen, sind – wie bisher – Daten zu erheben (durch Tests, Interviews usw.), diese sind aber anschließend zu deuten, so daß statistische Beschreibungen der gegenwärtigen Sinngehalte herauskommen. Durch besondere Untersuchungen ist zu erforschen, wie die Sinnrationalität statistisch verteilt ist. Danach sind dann Prognosen rein analytisch zu gewinnen.
Die empirische Sozialwissenschaft ist dadurch keine Gesetzeswissenschaft mehr wie die Physik, sie wird vielmehr eine deskriptive Wissenschaft wie die Geschichte. Aber im Unterschied zur bloßen Historie liefert die empirische Sozialwissenschaft durch ihre Datenerhebungen eine *systematisch erweiterte* zeitgeschichtliche Erfahrung. Der Historiker ist beschränkt auf das, was – ohne ihn – in der Vergangenheit faktisch getan wurde. Die empirische Sozialforschung kann Situationen, in denen gehandelt wird, selber herstellen. Sie kann immer neue operationale Verfahren benutzen, um bisherige Deutungen (die von den Fakten zu Sinngehalten führen) zu überprüfen, eventuell zu ändern. Hat man auf diese Weise eine hinreichend genaue Beschreibung der Gegenwart, einschließlich einer statistischen Verteilung der Sinngehalte und der Sinnrationalität, dann sind Prognosen rein analytische Schlüsse. Prognosen gelten nur, solange die aus den bisherigen Taten gedeuteten Sinngehalte sich nicht ändern.
In den Naturwissenschaften gebraucht man zur Prognose empirisch überprüfte Gesetze. In dieser Überprüfung kann man auch die Naturvorgänge, z. B. die Entstehung von Sternen, heranziehen. Die Gesetze müssen sich dann zur »Erklärung« der Naturvorgänge benutzen lassen.
Mit einem Wissen um die gegenwärtigen Sinngehalte lassen sich die früheren Taten von Menschen aber nicht »erklären«. Die Sozialgeschichte, allgemeiner die Kulturgeschichte, muß vielmehr die Sinngehalte früherer Zeiten durch Deutung erschließen, wenn sie die historischen Geschehnisse erklären will. Das heißt aber, daß umgekehrt die Sozialgeschichte nicht unmittelbar für gegen-

wärtige Prognosen nützlich ist. Sie liefert nicht, wie die Naturgeschichte, eine Überprüfung von Gesetzeshypothesen. Die Kulturgeschichte unterscheidet sich gerade dadurch von der Naturgeschichte, daß sich die Sinngehalte ändern. Obwohl sie keine prognostische Kraft besitzt, ist die Kulturgeschichte aber auf andere Weise – wie ich später zeigen werde – von entscheidender Bedeutung für die Sozialwissenschaften.

Die Änderung der Sinngehalte ist der Inhalt der Geistesgeschichte. Sie ändern sich dadurch, daß die Menschen nicht nur Sinngehalte übernehmen, sondern daß sie diese miteinander diskutieren, daß sie die Sinngehalte durch kritisches Überdenken selber verändern. Das ist genau das Problem der »Autonomie«. Sie macht die Handlungen erfreulicherweise unvorhersehbar. In Diktaturen versucht man, konstante Sinngehalte durch Indoktrination zu erreichen. Nur dann sind Menschen »manipulierbar«. Gesellschaften, in denen kritisches Durchdenken der Sinngehalte gefördert wird, sind nicht manipulierbar. Hier darf ja mit den Manipulierern diskutiert werden.

Das ist ersichtlich ein utopischer Zustand, aber von der Gegenwart aus ist ein Arbeiten in Richtung auf mehr Kritik an den eigenen Sinngehalten keine Utopie, sondern dringend erforderlich. Das ist zum Teil eine individualpsychologische Aufgabe, aber auch die Aufgabe, geeignete soziale Bedingungen für kritischeres Denken zu finden.

Das Wort »Autonomie« paßt philosophiegeschichtlich nicht besonders gut für diese Aufgabe, aber in der modernen Bildungssprache ist m. E. der Gebrauch des Wortes »Autonomie« so vage, daß es durchaus per definitionem dieser Aufgabe zugeordnet werden kann. Es hat den Vorteil, noch nicht so zerredet zu sein wie z. B. »Emanzipation«. Auch das von mir bisher verwendete Wort »kritischeres Denken« ist leider schon bis zur Unbrauchbarkeit zerredet.

II.

Ich bleibe daher für den zweiten Teil meiner Überlegungen, mit denen ich zur Kooperation zwischen Wissenschaftstheorie und empirischen Sozialwissenschaften beitragen möchte, bei dem Terminus »Autonomie«. Es besteht dann das Problem, autonomes

Handeln vom bloßen Handeln = sinnrationalem Tun zu unterscheiden. Es genügte aber auch, den Komparativ zu definieren: Wann heißt ein Handeln »autonomer« als ein anderes?
Wer sich die Aufgabe setzt, die Sozialisationsbedingungen »autonomeren« Handelns zu erforschen, dem kann kein Literaturstudium die Entscheidung abnehmen, wie das Wort »autonom« zu definieren ist. Denn durch die Definition setzt er sich ja seinen Zweck. Erfahrungsgemäß gibt es hier zur Zeit »unterschiedliche Standpunkte«: für den einen sind nur die um gesellschaftlichen Wandel Bemühten »autonom«, für den anderen auch die, die sich bemühen, gesellschaftskonformer zu werden. Ersichtlich hat das kritische Durchdenken der eigenen Zwecke und der Zwecke der Interaktionspartner hier noch zu keiner Lösung dieses Konfliktes zwischen »Reformisten« und »Konformisten« geführt. Z. B. enthalten auch die sorgfältigen »Anmerkungen« von Nacken zum »Basiskonzept 2« des Sonderforschungsbereichs 22 (Sozialisations- und Kommunikationsforschung) an der Universität Erlangen–Nürnberg diesen Konflikt noch in sich.[1] Sein Definitionsvorschlag, seine »Arbeitsdefinition«, lautet:

P handelt autonom $\leftrightarrows$ P setzt und begründet Handlungszwecke *selbständig*
$\wedge$ P ist bereit, seine Setzungen und Begründungen *zur Disposition zu stellen.*

Man kann das »Zur-Disposition-Stellen«, also den mit den Partnern zu führenden Dialog (über die Normhierarchien, aus denen die Zwecke folgen), so interpretieren, daß der Konflikt eventuell auch »unfriedlich« gelöst werden darf. P muß »lediglich begründen können, warum er eine bestimmte Lösung anstrebt«.[2] Bei Nacken selbst heißt es dagegen, daß im Konfliktfall nur Zwecke und Normen benutzt werden sollten, die »mit denen der Interaktionspartner verträglicher gemacht wurden«.[3]
Die Definition läßt also, wie man sieht, offen, ob es nur ein »Begründen« gibt, das trotz zunächst konfligierender Zwecke mit einem »Kompromiß« (mit einem Normensystem, das von allen Betroffenen akzeptiert wird, also »verallgemeinert« worden ist) endet, oder ob es ein »Begründen« gibt, das gegen den faktischen Konsens der anderen verteidigt werden kann. Wie läßt sich nach ihr ein dogmatischer Schwätzer, der sein Reden als »Begründen« bezeichnet und zu jeder Diskussion stundenlang bereit ist, von

einem selbständig Denkenden unterscheiden, der die Unvernunft des allgemeinen Konsensus durchschaut hat? Operational lassen sich nur Lippenbekenntnisse für die herrschenden Normen feststellen. Operational wird man also nur Konformisten und die gefährlicheren Schein-Konformisten als »autonom Handelnde« finden, weil man die Reformisten, mit den Spinnern zusammen, ausschließen muß. Nennt man nur denjenigen »autonom«, der sich von den geltenden Normen distanziert, dann entwertet man damit von vornherein alle Bemühungen, vom Bestehenden das zu bewahren, was sich »begründen« läßt.

Die Spannung zwischen Konformismus und Reformismus, zwischen *Anpassung* und *Distanz*, läßt sich, bleibt man im Allgemeinen, leicht auflösen. Man braucht ja nur das Wort »Kritik« so zu definieren, daß der Kritiker am Bestehenden zu *unterscheiden* weiß, was zu bewahren ist (und dem man sich daher anpassen sollte) und was geändert werden sollte. Dieses Kunststück läßt sich auch mit dem Wort »autonom« machen. Da wo die geltenden Normensysteme begründbar sind, paßt der autonom Handelnde sich an, da wo eine Änderung begründbar ist, distanziert er sich.

Will man nicht im Allgemeinen bleiben, dann muß man sich mit der Situation des Handelnden im Detail befassen. Wer beurteilen will, ob eine Person P in einer Situation »autonom« handelt oder nicht, muß sich die Mühe machen, die von P im Handlungsprozeß vollzogene Änderung seines Sinngehaltes, also seine Sinnesänderung (wie ich kurz sagen will), schrittweise zu rekonstruieren – und er muß sich fragen, ob er selber (gesetzt, er wäre P) so gehandelt hätte. Hierbei soll der Forscher selbstverständlich nicht unkritisch seinen eigenen Sinngehalt in das Urteil eingehen lassen – der Forscher muß vielmehr selber Begründungen geben können für alle die Sinnesänderungen, die er als »autonom« anerkennen will.

Es ist wohl inzwischen deutlich, daß sich derjenige, der sich mit »autonomem Handeln« beschäftigt, ernsthaft auf die Problematik einlassen muß, daß die Sinngehalte keine Konstanten sind, sondern individuell und sozial stets im Wandel begriffen sind. In naturwissenschaftlicher Terminologie würde man sagen, daß keine Statik der Sinngehalte genügt, sondern eine dynamische Betrachtungsweise erforderlich ist. Statt dessen möchte ich lieber sagen, daß wir berücksichtigen müssen, daß Sinngehalte stets eine

Entstehung, eine *Genese*, hinter sich haben. Ob sie sich zukünftig ändern oder nicht, liegt dann an uns, an unserer Bereitschaft zur Sinnesänderung. Für die Lebensgeschichte des Individuums erschließen wir (durch Deutung seiner Taten) die Genese seines Sinngehaltes. Das sind die sogenannten subjektiven Sinngehalte. In der Geschichte von Gesellschaften rekonstruieren wir durch Deutung der Quellen außerdem die Genese von Sinngehalten (deskriptiven und präskriptiven Allsätzen, und von geordneten Systemen solcher Sätze), die »allgemein« anerkannt werden. Das sind die sogenannten objektiven, faktisch geltenden Sinngehalte.

Daß objektive Sinngehalte, z. B. Sitten oder Rechtsnormen, faktisch »allgemein« gelten, heißt – erfreulicherweise – nicht, daß es nicht auch immer wieder, wenn auch zunächst nur vereinzelt, Distanzierung von ihnen gäbe. Sonst gäbe es ja keinen Wandel. Und nur, wenn wir begründete Kritik an objektiv geltenden Normen für möglich halten, gibt es »autonome« Nicht-Konformisten. Sonst sind alle Nicht-Konformisten bloße »Spinner«.

Wie ein chinesisches Sprichwort sagt, hat jedes Ding drei Seiten. In einer Handlungssituation sind das die subjektiven Sinngehalte der Handelnden, die objektiven Sinngehalte der Gesellschaft *und* die für die Situation erst zu findenden »wahren« Sinngehalte. Wem das Wort »wahr« nicht gefällt, weil es zu sehr nach dogmatischer Metaphysik klingt, ersetze es durch ein anderes. Man kann sich aber drehen und wenden, wie man will: man braucht ein Wort, um Sinnesänderungen, die nicht nur Anpassungen an faktische Sinngehalte sind, zu unterscheiden in solche, die nur Willkür, Phantasie, Geschwätz usw. sind, und in die anderen. Diese anderen nennt man jedenfalls für deskriptive Sätze »wahr«. Oder man nennt den, der sich von faktisch anerkannten Unwahrheiten distanziert, »klug«.

Im Falle von präskriptiven Sätzen, von Normensystemen, wird traditionell auch das Wort »gerecht« an Stelle von »wahr« gebraucht. In dieser alten Terminologie wäre »Autonomie« zu definieren durch Klugheit und Gerechtigkeitssinn. Die Klugheit bezieht sich auf die technischen Probleme der Mittelwahl, der Gerechtigkeitssinn auf die praktischen Probleme der Zwecksetzung.

Die Erweiterung um die Aufgaben der Deutung der sozialwissenschaftlichen Daten zu Sinngehalten bedingt im Falle eines so ehrgeizigen Projektes, das sogar das autonome Handeln untersuchen will, daß sich die Wissenschaftler, die an einem solchen Projekt teilnehmen, gemeinsam um eine Begründung derjenigen Handlungsweisen bemühen, die sie als »autonom« auszeichnen. Das Wort »Begründung« steht dabei stillschweigend stets für *kluge* Begründungen im Falle technischen Dissenses über Mittel und für *gerechte* Begründungen im Falle praktischen Dissenses über Zwecke. Ohne diese stillschweigende Qualifikation lassen sich eben »Begründungen« nicht vom bloßen Reden unterscheiden. Es genügt auch nicht, auf die bloße Form der Sätze zu achten. Zwecke Z werden – in einer Situation S – durch Maximen der Form »Wenn T, dann Z!« begründet. T muß hierbei eine Teilsituation von S sein. Behauptet man, daß eine solche Maxime »autonom« gewählt sei, also »gerecht« sei – und nicht bloß faktisch von geltenden Normen übernommen sei –, dann muß man die Maxime als Norm begründen. Es genügt an dieser Stelle nicht, die Maxime als allgemeine Norm zu *wollen* (wie das z. B. R. M. Hare im Anschluß an Kant unterstellt), die Norm muß begründet werden. Wird sie aus Obernormen abgeleitet, verschiebt sich das Begründungsproblem auf diese Obernormen. Es bleibt schließlich, das darf ich in Kenntnis der gesamten Bemühungen unserer Geistesgeschichte (von Platon bis Max Weber) zu diesem Begründungsproblem sagen, nur übrig, auf eine kritische Rekonstruktion der Genese der strittigen Sinngehalte zurückzugehen. Man braucht zwar nicht bis Adam und Eva zurückzugreifen, sondern nur so weit, bis man auf nicht-strittige Sinngehalte stößt. Aber schon das ist schwer genug, zu einem Konsens darüber zu kommen, wo kein Dissens besteht.

Wir haben die faktischen Genesen der objektiven Sinngehalte, also die faktischen Sinngenesen, zu rekonstruieren. Wir haben diese faktischen Sinngenesen aber auf die Wahrheit und Gerechtigkeit ihrer einzelnen Schritte kritisch zu prüfen. Als Kriterium haben wir dafür nur das Prinzip, daß alle Subjektivitäten, auch dann, wenn es Interessen von Teilnehmern sind, nach Möglichkeit zu überwinden sind. Ob diese Überwindung, das »Transzendieren« der Subjektivität, wie es in theologischer Terminologie heißt, gelingt oder nicht, darüber läßt sich selbstverständlich auch im günstigsten Fall nur faktischer Konsens herstellen. Aber die Anerkennung der »Transsubjektivität« als Prinzip macht schon den entscheidenden Unterschied zur bloßen Rekonstruktion faktischer Sinngenesen aus. Nur durch Anerkennung der Transsubjektivität kann man – allerdings nur in spiraliger Annäherung – zur kritischen Konstruktion von Sinngenesen kommen, zu kritischen Sinngenesen. Erst diese ermöglichen es, Reformvorschläge für die Gegenwart zu begründen. Die Kulturgeschichte, die auf diese Weise zu kritischen Sinngenesen führt, ermöglicht daher den Sozialwissenschaften zwar keine besseren Prognosen, wohl aber die Begründung von Reformen. Die kritische Kulturgeschichte hat – im Gegensatz zur Naturgeschichte – keine prognostische Kraft, aber reformerische Kraft.

Die Kulturgeschichte in Verbindung mit dem Prinzip der Transsubjektivität ermöglicht eine Begründung dafür, daß gewisse Sinnesänderungen, also gewisse Änderungen der Sinngehalte, sein *sollen*. Sie ermöglicht, über bloß naturwüchsige Änderungen nach dem *trial-and-error*-Prinzip hinauszukommen. Es sind dazu zukünftige Situationen »im Denken« vorwegzunehmen. Spätestens hier macht sich bemerkbar, daß alles, was wir über Sinngehalte sagen, davon abhängt, daß wir die Sinngehalte durch Wörter und Sätze darstellen. Sagt man im einfachsten Falle von einer Person P, daß P einen gewissen Zweck im Sinne habe – und stellt man den bezweckten Zustand durch einen deutschen Satz dar, so will man ja nicht sagen, daß P diesen deutschen Satz im Kopfe habe. Niemand braucht Deutsch zu können, um Zwecke zu haben. Das leidige Problem der Sprache (das ich bisher ausgespart habe) kann nicht vermieden werden, wenn man in wissenschaftlicher Weise über Sinngehalte und die zu ihnen führenden Deutungen sprechen will.

Die Schwierigkeit ist dabei nicht, daß man eventuell lernen müßte, Zustandsdarstellungen wie die deutsche Wendung »ein Glas Wasser trinken« z. B. ins Chinesische zu übersetzen – die Schwierigkeit liegt darin, daß man üblicherweise über Sinngehalte in einer Terminologie spricht, die aus den nationalen Bildungssprachen entnommen ist. Z. B. werden häufig als sogenannte »Elementarkategorien« aufgezählt: Bedürfnisse, Motive, Wertstandards, Vorstellungen, Erwartungen, Meinungen und Urteile. Das sind »hypothetische Konstrukte«. Sie treten in »Theorien« auf, die mit ihrer »Erklärungskraft« konkurrieren. Nur die Kräftigsten überleben in diesem Theoriendarwinismus.

Auf die Problematik aller dieser psychologischen Termini und aller Theorienbildung brauche ich hier nicht einzugehen. Im Behaviorismus von Watson bis Skinner wird der Versuch gemacht, alle zu benutzenden Termini durch das Reiz-Reaktions-Schema auf physikalische Termini zu reduzieren. Da wo Sprache ins Spiel kommt, wird dann von »verbal behavior« gesprochen. Hiergegen sind insbesondere von linguistischer Seite Einwände erhoben worden.

Ich möchte hierzu auf zweierlei nur hinweisen: erstens gehören Wörter wie »Motiv«, »Vorstellung« usw. nur scheinbar zu einer Wissenschaftssprache. Sie gehören in Wirklichkeit zur Literatursprache. Selbstverständlich sind diese Termini nicht speziell ans Deutsche gebunden, es gibt für sie alle z. B. englische Äquivalente. Das heißt aber nur, daß sie der Literatur des europäischen Kulturkreises angehören. Man versteht diese Wörter nicht, es sei denn, man hat gewisse bis auf Homer zurückgehende Sprachtraditionen aus der Umgangssprache gelernt. Das sind die Sprachtraditionen, nach denen wir über Fühlen, Wollen und Denken sprechen. Im europäischen Kulturkreis versteht man Wendungen wie z. B. »Man muß wollen können« – aber das ist ein vorwissenschaftliches Verstehen, das außerdem nationale Unterschiede aufweist. Völker außerhalb unseres Kulturkreises können Mathematik und Physik lernen. Das sind im strengen Sinne »interlinguale« Wissenschaften (wobei es selbstverständlich irrelevant ist, daß die Newtonsche Definition »K = m · b«, die im Deutschen als »Kraft gleich Masse mal Beschleunigung« gelesen wird, in jeder Sprache anders gelesen wird). Die psychologischen »Kategorien« sind dagegen von den sprachlichen Bildungstraditionen der eigenen Kultur abhängig.

Zweitens möchte ich darauf hinweisen, daß dieses spezifische Vokabular moderner psychologischer Theorien in der empirischen Sozialforschung gelegentlich schon überhaupt nicht mehr auftritt. Es sieht so aus, als ob hier ein gedanklicher Prozeß stattgefunden hat, der in der oben angeführten Arbeitsdefinition von Nacken am weitesten fortgeschritten ist. In seiner Definition wird statt von »Motiven« usw. nur von »Zwecken« und »Begründen« gesprochen und im Kommentar von »Kooperation« und »Kommunikation«. Wenn ich mich nicht irre, beginnt sich hier eine – wie ich es nennen möchte – »konstruktive« Terminologie für das Reden über Sinngehalte durchzusetzen. Diese Terminologie heißt »konstruktiv« nicht, weil sie aus sogenannten »hypothetischen Konstrukten« besteht (was immer das sein mag), sondern weil sie die sprachlichen Mittel, über die sie spricht, selber erst schrittweise aufbaut, eben *konstruiert* – statt sie aus vorgegebenen Umgangs- oder Bildungssprachen unkritisch zu übernehmen. Zu einem großen Teil ist diese Konstruktion einer Wissenschaftssprache nur kritische Rekonstruktion schon in Gebrauch befindlicher Sprachen. Das ist selbstverständlich. Aber nur durch kritische Rekonstruktion, die so vorgeht, *als ob* die sprachlichen Mittel zum ersten Mal schrittweise aufzubauen wären, läßt sich eine kritische Kontrolle über alle Termini gewinnen. Verzichtet man auf eine solche Konstruktion, dann hat man als Basis allen Argumentierens nur, wie F. Kambartel es einmal formuliert, »unvordenkliche gruppenrelative Weltanschauungen, Standpunkte und subjektive Interessen, die sogenannten Werte«.[4] Alles dieses übernimmt man nämlich ohne Möglichkeit kritischer Distanz aus der sozialen Umgebung, wenn man aus ihr – wie üblich – unkritisch das eigene Sprechen übernimmt.

Die Konstruktion von Wissenschaftssprachen ist eine positive Antwort auf die in der Gegenwart fortschreitende Sprachkritik, auf das immer kritischer werdende Wissen davon, daß die Sozialwissenschaften von den kontingenten Besonderheiten unserer sprachlichen Traditionen abhängen. Die *Konstruktive Logik, Ethik und Wissenschaftstheorie* von O. Schwemmer und mir (Mannheim 1973) wäre völlig mißverstanden, wenn die dort verwendeten Wörter als »theoriespezifisch« bezeichnet würden. Wir haben uns jedenfalls größte Mühe gegeben, jedes Wort – aber wirklich jedes bis herunter zu den grammatischen und logischen Partikeln – schrittweise nachvollziehbar zu definieren. Und sogar noch die Definition zu begründen, soweit dies die jeweils zur Verfügung stehenden sprachlichen Mittel gestatten. Die Lautgestalt der gewählten Wörter ist dabei jedesmal irrelevant. Nur aus mnemotechnischen Gründen haben wir uns nicht 456 neue Symbole ausgedacht.

Mein Beitrag zur Kooperation zwischen den empirischen Sozialwissenschaften und der Wissenschaftstheorie wäre jedenfalls mißverstanden, wenn man denkt, ich wollte jemanden zu einer »Theorie« oder zu »Prinzipien« überreden. Die Konstruktive Wissenschaftstheorie ist nur ein Vorschlag eines – nach bestem Können – lückenlos aufgebauten Systems von Grundbegriffen. Aus den Definitionen der Begriffe folgen dabei gewisse Grundsätze, Prinzipien. Durch die Definition der Satzarten, z. B. der

deskriptiven oder präskriptiven bedingten Allsätze, läßt sich dann in wissenschaftlicher Weise von Sinngehalten reden, die die Menschen »im Kopfe« haben. Solange die Sozialwissenschaften sich keine eigene Wissenschaftssprache erarbeiten, mit deren Sätzen Sinngehalte »interlingual« dargestellt werden können, solange werden die Sozialwissenschaften – kraß formuliert – nur Literatur produzieren. Das gilt natürlich nicht für die Sozialwissenschaftler, die sich – gerade um nicht bloß die Literatur zu vermehren – auf operational definierbare Termini beschränken. Das bleibt aber Faktenhuberei, wenn man nicht anschließend durch Deutung zu Sinngehalten fortschreitet – und wird dadurch wieder zu Literatur, solange keine schrittweise aufgebaute Wissenschaftssprache für intentionale Begriffe zur Verfügung steht.
Die Anfänge solcher Wissenschaftssprachen werden von der Konstruktiven Wissenschaftstheorie erarbeitet. In der Wissenschaftstheorie konstruieren wir Begriffsgerüste, die nicht nur »theorieunspezifisch«, sondern auch unabhängig von den Partikularitäten der sogenannten natürlichen Sprachen unserer kulturellen Tradition sind. Aber, dieses sei zum Schluß noch einmal wiederholt, daß wir Wissenschaftstheoretiker so reden können, ist zu nichts nütze, wenn nicht die empirischen Sozialwissenschaften mit diesen Begriffen erforschen, welche Sinngehalte denn faktisch in den Köpfen der Menschen stecken, mit denen wir zusammen leben. Auch das Wissen um die faktischen Sinngehalte ist allerdings kein Selbstzweck, sondern ein Mittel, um unser Zusammenleben »sinnvoller« zu machen. Erst durch diesen Dienst am Leben der Gesellschaft werden sowohl Wissenschaftstheorie als auch die empirischen Sozialwissenschaften ihrerseits »sinnvoll«.

Anhang:
13 Thesen zur empirischen Sozialforschung

These 1:
Jedem Menschen ist zu empfehlen, erst zu denken, bevor er handelt. Die Fachwissenschaften sind eine institutionalisierte Form dieser Denkarbeit.

These 2:
Die Wissenschaftstheorie hat eine gemeinsame *Basis* der Wissenschaften zu erarbeiten. Sie konstruiert überprüfbar ein Gerüst von Prinzipien, d. h. Grundbegriffen und Grundgedanken, die allen Wissenschaften gemeinsam sind.

These 3:
Fakten und Formeln sind nur nützlich, wenn die benutzten Prinzipien kritisch überprüft sind.

These 4:
Die Zwecke empirischer Sozialwissenschaften sind nicht operational beschreibbar. Sie beziehen sich auf Sinngehalte. Intentionale Begriffe lassen sich nicht »operationalisieren«.

These 5:
Aus den operational beschriebenen Daten sind Sinngehalte durch »Deutung« zu erschließen. Daß ein sinnrationaler Mensch gemäß seinem Sinngehalt handeln wird, ist kein empirisches Gesetz, sondern ein analytisch-wahrer Allsatz.

These 6:
Die empirische Sozialwissenschaft ist keine Gesetzeswissenschaft. Sie liefert durch ihre Datenerhebung eine *systematisch erweiterte* zeitgeschichtliche Erfahrung.

These 7:
Hat man eine hinreichend genaue Beschreibung der Gegenwart, einschließlich einer statistischen Verteilung der Sinngehalte und der Sinnrationalität, dann sind Prognosen rein analytische Schlüsse.

These 8:
Wer beurteilen will, ob eine Person P in einer Situation »autonom« handelt oder nicht, muß sich die Mühe machen, die von P im Handlungsprozeß vollzogene Sinnesänderung schrittweise zu rekonstruieren – und er muß selber Begründungen geben können für alle Sinnesänderungen, die er als »autonom« beurteilt.

These 9:
Das Wort »Begründung« ist nur sinnvoll, wenn es – stillschweigend – für *kluge* Begründungen im Falle technischen Dissenses

über Mittel und *gerechte* Begründungen im Falle praktischen Dissenses über Zwecke gebraucht wird.

These 10:
Zur Begründung einer Norm genügt es nicht, sie als allgemeine zu *wollen.* Wird sie aus Obernormen abgeleitet, sind diese zu begründen. Es bleibt schließlich nur übrig, auf eine kritische Rekonstruktion der *Genese* des Normensystems zurückzugreifen.

These 11:
Zur Überprüfung der faktischen Sinngenesen auf Wahrheit und Gerechtigkeit haben wir als Kriterium nur das Prinzip der Transsubjektivität.

These 12:
Die kritische Kulturgeschichte hat im Gegensatz zur Naturgeschichte keine prognostische Kraft, aber reformerische Kraft. Sie begründet, daß gewisse Sinnesänderungen sein sollen.

These 13:
Die Konstruktion von Wissenschaftssprachen ist eine positive Antwort auf das immer kritischer werdende Wissen davon, daß Sozialwissenschaften von den kontingenten Besonderheiten unserer sprachlichen Traditionen abhängen.

Anmerkungen

1 W. Nacken, »Anmerkungen zum Inhalt und Aufbau des Basiskonzeptes« 2, in: *Materialien zum Basiskonzept (Sozialisationsbedingungen autonomen Handelns, Materialienband)*, hg. vom Sonderforschungsbereich 22 (Sozialisations- und Kommunikationsforschung der Universität Erlangen–Nürnberg), Nürnberg 1974, S. 35-65.

2 H. P. Frey, »Autonomes Handeln als spezifischer Bewältigungsprozeß sozialer Handlungssituationen«, a.a.O., S. 75.

3 W. Nacken, a.a.O., S. 63.

4 F. Kambartel, »Ethik und Mathematik«, in: *Zum normativen Fundament der Wissenschaft*, hg. v. F. Kambartel und J. Mittelstraß, Frankfurt/Main 1973, S. 116.

Konstruktive Wissenschaftstheorie und politische Vernunft

Die in die Augen springende gegenseitige Abhängigkeit von Politik und Ökonomie bedeutet für viele von ihr Betroffene leider nicht, daß unsere Zeit eine *wissenschaftliche* Behandlung der Politik und Ökonomie erfordert. Denn Politik ist für viele ja geradezu ein Gegensatz zur Wissenschaft: geht es hier um den Erwerb von Wahrheit, so geht es dort – wie es scheint – allein um den Besitz von Macht. Wahrheit als Ziel ist ein rationales Ziel, Macht als Ziel ist irrational. Macht als Mittel wäre nur dann rational, wenn der Zweck des Machtgebrauchs mehr Gerechtigkeit wäre. Ist Gerechtigkeit aber wissenschaftlich – wie Wahrheit – erkennbar?

Um über solche sofort sich aufdrängenden Fragen hinwegzukommen – um überhaupt in Ruhe *beginnen* zu können, über das Verhältnis der Wissenschaft zur Praxis, speziell wirtschaftlicher Praxis, nachzudenken, ist eine Reflexion auf das, was Wissenschaft ist und sein könnte, sein sollte, erforderlich.

Das Wort »Wissenschaftstheorie« ist in Mode gekommen. Um sich der Mode anzupassen, reden viele jetzt dort, wo man früher von »Methodologie« sprach, von Wissenschaftstheorie – obwohl sich gar nichts geändert hat und man nach wie vor mit einer Beschreibung, allenfalls Kritik der in den Wissenschaften verwendeten Methoden beschäftigt ist, also mit Methodologie als einer Lehre von den *Wegen* – die *Ziele,* zu denen diese Wege führen oder führen sollen, bleiben unreflektiert. Mir scheint ein neues Wort wie »Wissenschaftstheorie« nur dann gerechtfertigt, wenn damit explizit die Forderung verbunden ist, nicht *nur* die Wege, sondern *auch* die Ziele der Wissenschaft kritisch zu überdenken.

Nur Methodologie, die um eine dann sogar vorrangige *Teleologie,* eine Lehre von den Zielen, erweitert worden ist, sollte – so möchte ich vorschlagen – eine Wissenschaftstheorie heißen.

Es ist ersichtlich, warum viele diesem Vorschlage nicht folgen und lieber, trotz des neuen Namens, bei der Untersuchung der Methoden allein bleiben: wer eine »Theorie« aufstellen will, welche die Ziele der Wissenschaften festlegt, stellt sich schon gegen die herrschende Meinung, daß »Theorie«, »Rationalität« oder »Wissenschaft« – wie immer man es nennt – keine Ziele, keine Zwecke, keine Normen als »gerecht« erkennen könne.

Genau dies ist allerdings zur Zeit ein wissenschaftstheoretischer Schulstreit. Während die analytische Wissenschaftstheorie bis hin zum kritischen Rationalismus die sog. »Wertfreiheit« der Wissenschaften vertritt, sind Normen und die Frage nach ihrer Gerechtigkeit das Hauptthema der konstruktiven Wissenschaftstheorie, jedenfalls der konstruktiven Theorie der Kulturwissenschaften, also der Wirtschafts- und Sozialwissenschaften bis hin zu den Geisteswissenschaften.

Statt von Normen und von Zwecken wird in diesen Diskussionen seit dem vorigen Jahrhundert von »Werten« gesprochen. Die Unglücksgeschichte der »Geltung« von Werten begann mit Lotze. Als Pluralismus von Werten, genauer »Grundwerten«, hat sie heute die Menschen auf der Straße ebenso erreicht wie die führenden Politiker: die Dame und der Herr von Welt, so las ich kürzlich, trägt heute »Grundwerte« – nicht mehr »Grundrechte« wie z. B. noch vor fünf Jahren.

Wir leben bekanntlich in einer rechtsstaatlichen Demokratie. Als Beamte sind wir auf sie sogar verpflichtet – aber daß wir in einer pluralistischen Demokratie leben und daß auch sie unsere Pflicht sein soll, das ist erst in den letzten Jahren modern geworden.

Das Sinnen und Trachten der Menschen ist vielfältig – das steht schon, soweit ich mich erinnere, in der Bibel. Das kann also mit Pluralismus nicht gemeint sein. Auch daß in unserer Gesellschaft Gruppen aufgrund ihrer verschiedenen sozialen und wirtschaftlichen Lage verschiedene Interessen haben, ist so trivial, daß es nicht lohnte, deshalb von Pluralismus zu reden. Daß keine dieser Gruppen mehr durch die Verfassung privilegiert ist, das ist der Sinn von »Demokratie«. Wenn »pluralistische Demokratie« nicht bloß pleonastisch sein soll, muß etwas anderes gemeint sein, nämlich eine Vielfalt von »Grundwerten«, also die Anerkennung miteinander unverträglicher Grundnormen. Und als Pluralismus wird uns empfohlen, diese Vielfalt miteinander unverträglicher Grundnormen für unser Leben freudig anzuerkennen. Praktisch kommt das darauf hinaus, daß man diese Grundnormen nicht mehr miteinander diskutiert: jeder resigniert, den anderen überzeugen zu können, man wird gleichgültig – und nennt das Toleranz. Man versucht eben, mit der Vielfalt der »Weltbilder«, die mit den »Grundwerten« verbunden sind, zu leben.

Die gegenwärtige wissenschaftstheoretische Diskussion um die Begründung von Normen findet in diesem Klima einer pluralistischen öffentlichen Meinung statt – und hat es schon deshalb schwer. Daß diese resignierende Toleranz gegenwärtig zum Gesprächsstil nicht nur der Intellektuellen, sondern auch aller, die nur über eine allgemeine Bildung verfügen, gehört, ist selbstverständlich historisch leicht zu erklären: die Religionskriege der beginnenden Neuzeit und die Religionskritik der Aufklärung haben diesen Zustand herbeigeführt.

Akzeptiert man aber den gegenwärtigen Konsensus der Allgemeinbildung nicht unkritisch als der Weisheit letzten Schluß, dann sieht man, daß man ein solches Problem wie das der Wissenschaftlichkeit von Gerechtigkeitsfragen, also von ethisch-politischen Fragen, nicht durch den Rekurs auf die opinio communis einfach verschwinden lassen sollte.

Politische Tugenden wie Besonnenheit und Tatkraft lassen sich nicht als Lehrstoff von Wissenschaften erlernen. Es läßt sich wissenschaftlich nur das Denken üben und erziehen. Und wie bei allen Dingen muß man auch hier bei den Anfängen anfangen. Das ist zwar tautologisch wahr, es hat aber so seine Schwierigkeiten, einen Anfang zu finden. Die Anfänge des politischen Denkens liegen in der vorwissenschaftlichen Praxis, wenn z. B. in der Familie oder im Kindergarten über Zwecke gestritten wird. Diese faktischen Konflikte zu studieren, ist allerdings sinnlos: jeder kennt sie von zu Hause. Wie sich Kinder faktisch streiten, ist außerdem irrelevant, weil sie nicht wissen, was sie tun – oft sprechen sie nur wie Papageien. Erwachsene dagegen sind fast immer schon verbildet. Sie haben sich schon Meinungen und Maximen gebildet, nach denen sie denken und handeln.

Also, so scheint es, müßte man in die Prähistorie zurückgehen. Wie stritten und einigten sich die frühen Menschen über Zwecke, etwa Neandertaler, die gerade erst dabei waren, sich eine Sprache für dieses Sich-Streiten und Sich-Einigen zu schaffen?

Hierüber weiß man faktisch selbstverständlich gar nichts. Das hat den Vorteil, daß die Überlegungen, die die konstruktive Wissenschaftstheorie darüber anstellt, wie Menschen sich möglichst zweckmäßig eine Sprache hätten erarbeiten können – daß diese Überlegungen nicht kontrafaktisch sind.

Wir können unsere Kulturentwicklung nicht rückgängig machen – das will ja wohl auch niemand. Aber unsere Kultursprache müssen wir für wissenschaftliche Zwecke nicht so akzeptieren, wie sie faktisch geworden ist. Wir können als Wissenschaftler *alle* sprachlichen Mittel – ich meine ernsthaft: *alle* – kritisch daraufhin prüfen, ob wir sie in unsere Wissenschaftssprache aufnehmen oder nicht. Außerhalb der Wissenschaft behält man selbstverständlich die sog. natürliche Sprache bei. Man wird also zweisprachig: man spricht wildwüchsig etwa Deutsch, in der Wissenschaft aber »Ortho«. So möchte ich die kritisch zu konstruierende Wissenschaftssprache kurz nennen.

Der gegenwärtige Wissenschaftsbetrieb ist teilweise schon zweisprachig – man spricht Wissenschaftsjargon –, aber gerade die sprachlichen Mittel, mit denen man über die Grundtermini der Theorien redet, diese bleiben wildwüchsig. Ich kann hier nur trocken versichern, daß in der konstruktiven Wissenschaftstheorie eine – insbesondere für den Zweck der Einigung über Zwecke geeignete – Syntax logisch-elementarer Sätze ausgearbeitet worden ist, dann eine Einführung der logischen Partikeln (Junktoren und Quantoren) bis hin zu den Modalitäten, die im Deutschen wildwüchsig als »notwendig und möglich« bzw. »geboten und erlaubt« bekannt sind.

Für diese Konstruktion einer wissenschaftlichen Orthosprache, die zugleich international ist, ist entscheidend, daß sie zunächst in allen Schritten »empraktisch« kontrollierbar ist. Es wird nur über Dinge und Geschehnisse gesprochen, die in der Praxis vorkommen, keinerlei Abstrakta, keinerlei seelische oder geistige Termini. Orthotermini, die deutsche Wörter wie »Fühlen« und »Denken« kritisch rekonstruieren – und dann etwa das historisch so unglücklich belastete Wort »Wille« – solche Termini erfordern eigene Lehrstücke in einer Ethik.

In gewachsenen Kleingruppen, wie etwa der Familie, bedarf es in vielen Fällen keiner eigenen Kunst, sich auf gemeinsame Zwecke zu einigen. Man spricht dann von natürlichen Autoritäten, denen man hier folgt.

Erst im Konfliktfall – und z. B. im Betrieb, wo einander fremde Menschen gemeinsam handeln müssen – gibt es keine Personen natürlicher Autorität mehr. *Zwang* heißt der eine Lösungsweg solcher Konflikte. Als einzige Alternative bleibt die zwanglose Einigung durch Reden, in denen niemand als Autorität ausgezeichnet wird. Es wird »ohne Ansehen der Person« diskutiert. Dieses Prinzip des zwanglosen Miteinanderredens, in dem alle beteiligten Subjekte (wie man traditionell sagt) gerade dadurch sich zur Person bilden, daß sie nicht auf ihren Reden bloß deshalb bestehen, weil es ihre eigenen Reden sind – dieses Prinzip, nach dem keiner auf seiner bloßen Subjektivität besteht, nennt man *Vernunftprinzip*. Per definitionem ist derjenige »vernünftig«, dessen Bildung nicht Subjektivität, sondern gerade Überwindung der Subjektivität hervorgebracht hat. Vernünftige Subjekte heißen auch »Personen«. Im religiösen Sprachgebrauch heißt das Überwinden der Subjektivität »Transzendieren«. Vernunft ist dann Transsubjektivität. Dieser Zusammenhang mit religiösen Traditionen, in denen das Prinzip der Transzendenz, durch das die Subjekte allererst Personen werden, selbst bildhaft zu einer transzendenten Person wird, macht deutlich, daß Vernunft primär ein ethisches Prinzip, kein religiöses ist. Ethik ist der rationale Kern, der in den religiösen Schalen steckt.

Die Einübung in vernünftiges Argumentieren nach dem Prinzip der Transsubjektivität ist die Basis aller weiteren Differenzierungen bis zu den Fachwissenschaften hin. Da es sich um eine Einübung in eine schrittweise zu konstruierende Orthosprache handelt, ist es – leider – vergebliche Liebesmühe, die konstruktive Wissenschaftstheorie mit den wildwüchsigen Mitteln der Umgangs- oder Bildungssprache einzuordnen.

Ich muß auch hier diese Einübung überspringen und setze mich daher der Gefahr von Mißverständnissen aus, wenn ich in dem Bildungsdeutsch dieser essayistischen Skizze jetzt schildere, wie der Aufbau ethisch-politischer Wissenschaften (also der Kulturwissenschaften) in einer Orthosprache weitergeführt werden kann.

Wir verfügen dann in Ortho über Tatimperative und Zweckimperative, denen im Deutschen etwa Sätze wie »Tue p« und »Bewirke A« entsprechen. p steht für ein Tatwort, A für eine Aussage, die, wie man sagt, eine »Situation« darstellt. »Handeln« wird exemplarisch als das Tun eingeübt, mit dem man einen Imperativ beantwortet. »Beantworten« ist hier keine Metapher, sondern man lernt zunächst, Fragen zu beantworten, z. B. mit »Ja« oder »Nein«. Dieses Reden liefert die ersten Exempla des Handelns: auf Imperative »antwortet« man mit einer Handlung, indem man die geforderte Tat ausführt oder unterläßt. Wer Reden nicht von

»verbal behavior« unterscheiden kann, der kann Handeln auch nicht von Verhalten unterscheiden. Ob eine Tat eine Antwort ist, ein Handeln, oder bloß eine Reaktion, ein Verhalten – diesen Unterschied kann man nur dann begreifen, wenn man vorher Reden gelernt hat. Sprachdressur nützt nichts.
Auf die eben verwendeten Wörter »Tun – Handeln – Verhalten« kommt es nicht an, wohl aber auf die Begriffe, die durch diese Wörter hier definiert sind. Zur Abgrenzung von anderen Verwendungen des Wortes »Handeln« möchte ich den eingeführten Begriff den »dialogischen« Handlungsbegriff nennen.
Seine Definition vermeidet die Verwendung psychologischer oder noologischer Termini. Wird z. B. Handeln als »bewußtes« oder »willentliches« oder »absichtsgeleitetes« Tun definiert, so gerät man in Definitionszirkel für diese Wörter. Wie solche »noologischen« Wörter zirkelfrei über das Denken als einem inneren Reden, einem Reden mit sich selbst, definiert werden, muß ich hier ebenfalls übergehen. Psychologische Termini wie »Fühlen«, »Schmerz« und »Lust« können durch eine Präzisierung der behavioristischen Lerntheorien eingeführt werden. Hierbei werden die Menschen nur als eine Spezies der Lerntiere betrachtet.
Für den Aufbau von ethisch-politischen Wissenschaften sind wir dann mit einem Grundvokabular ausgestattet. Wir haben auch schon das Prinzip allen vernünftigen Argumentierens – so lange wir aber den Menschen nur als Neandertaler, oder als Kind, isoliert von seiner Kultur, in der er lebt, betrachten, so lange fehlt uns noch jeder Inhalt.
Es lassen sich zwar schon die sprachlichen Mittel formal für die späteren kulturellen Inhalte bereitstellen – und es läßt sich anschließend der normative Inhalt unserer Kultur – oder jeder anderen Kultur – von der Vergangenheit bis zur Gegenwart erfassen. Aus den Worten und Taten bzw. aus den Spuren früherer Worte und Taten werden die Maximen der Personen und die Normen der Gruppen erdeutet.
Das ist ein mühsames Geschäft – es liefert uns die unerschöpfliche Vielfalt des *Faktischen*. Wem aber nützt bloß faktisches Wissen? Was wir für die Bewältigung unserer Lebensprobleme brauchen, ist – außer technischem Wissen – eine Einübung in die politische Kunst, bei konfligierenden Normen durch transsubjektives Miteinanderreden Einigkeit, also die Wiederherstellung gemeinsamen Handelns, zu erreichen.

Schon die Meinungen darüber, welche Situation vorliegt, sind subjektiv – und eine Einigung über die Darstellung der Situation ist nur als Resultat transsubjektiver Beratungen zu erhalten. In anderer Ausdrucksweise: es muß erst dialogisch ein Konsens darüber erreicht werden, welche der wahren Sätze, mit denen das jeweilige Hier und Jetzt beschrieben wird, für die Normenbeurteilung *relevant* sind, welche Sätze zur Darstellung der *Situation* erforderlich sind. Das jeweilige Hier und Jetzt, in dem darüber entschieden wird, was zu tun ist, möchte ich terminologisch eine »Stelle« nennen. Man befindet sich also jeweils *an* einer Stelle – es ist aber erst zu begründen, *in* welcher Situation man sich befindet. Die Situation ist erst aus wahren deskriptiven Sätzen über die Stelle zu konstruieren. Alle Entscheidungen über die Anwendung einer Norm sind damit verbunden, die Stelle als eine bestimmte Situation anzunehmen. Weil eine Norm ein Imperativ ist, der an eine Situation als seine Bedingung gebunden ist, sind politische Entscheidungen stets verbunden mit der Annahme einer Situation, in der man sich an seiner Stelle befindet.
Diese Bindung aller Entscheidungen an Situationsannahmen gilt übrigens auch für die technischen Entscheidungen in allen Kulturwissenschaften. Auch die Hypothesen über das, was eintreten wird, sind ja an Situationen als ihre Bedingungen gebunden. In der sog. Entscheidungslogik nennt man die hier geforderten Situationsannahmen gelegentlich auch Situationsdeutungen – oder aber man begnügt sich mit der Wahl eines *Modells*, genauer: eines Entscheidungsmodells für die Situation.
Die Annahmen eines Modells sind Vereinfachungen der Situation. Sie sind mehr oder weniger realistisch, d. h. sie weichen weniger oder mehr ab von wahren Beschreibungen der Stelle, an der man sich befindet. Die Annahmen eines Modells sind daher dem Verdacht ausgesetzt, erstens unrealistisch zu sein, und zweitens (falls sie realistisch sind) irrelevant zu sein. Die Annahmen eines Modells »Axiome« zu nennen, ändert daran gar nichts. Bei *Planungen* handelt es sich um die Gesamtwirkung von Entscheidungen an verschiedenen Stellen. Durch jede Entscheidung wird die Situation geändert, man muß das Handeln daher in zeitlich aufeinanderfolgenden Schritten (Stufen) planen.
Die Wahl eines Modells, allgemeiner eines Plans, dient der Lösung eines technischen Problems, wenn der Zweck, z. B. die Maximierung gewisser Größen, nicht strittig ist.

Ein politisches Problem liegt dagegen dann vor, wenn mit der Darstellung der Situation zugleich die Zwecke noch strittig sind. Dann geht es außer um die Situation auch um die Gerechtigkeit von Normen. Es ist ein gewisser Trost in diesen Schwierigkeiten, daß wir für die voraussichtlichen Wirkungen einer politischen Reform (außer technischem Wissen) nur die faktischen Maximen zu kennen brauchen.

Politische Prognosen sind Prognosen über das zukünftige Handeln der Menschen, nicht über ihr Verhalten. Sie hängen nicht davon ab, daß wir über »wahre« Hypothesen verfügen – und wir brauchen nicht zu wissen, welche Normen »gerecht« sind. Es genügt zu wissen, welche Meinungen und Maximen die Betroffenen faktisch im Kopfe haben. Das ist selbstverständlich nicht beobachtbar, sondern nur zu erdeuten – aber der erdeutete »Sinngehalt«, wie ich die Situationsmeinungen, die technischen Meinungen, die politischen Meinungen und die Maximen zusammenfassend nennen will, genügt, um vorauszusagen, wie ein Mensch mit diesem Sinngehalt handeln wird. Ob er überhaupt *handeln* wird – und nicht nur »emotional« reagiert –, das folgt allerdings nicht aus seinem Sinngehalt, darüber kann man günstigenfalls ein deskriptiv-statistisches Wissen haben. Handelt ein Mensch nach seinem Sinngehalt, so sagt man, er sei »sinnrational« auch dann, wenn der Sinngehalt – leider – totale Situationsverkennung, technischen Aberglauben, politische Unvernunft und unüberlegte Maximen enthält. Die Handlungen eines sinnrationalen Menschen sind trotzdem voraussagbar. Sie folgen analytisch aus dem Sinngehalt – sie sind »sinn-notwendig«.

Daß die prognostische Kraft der empirischen Sozialforschung auf ihrem Vermögen beruht, ein deskriptiv-statisches Wissen über die Verteilung der Sinnrationalität und der Sinngehalte in einer Gruppe zu erarbeiten – das scheint mir eine erfreuliche Klärung zu sein. Es ist ein Verdienst der konstruktiven Wissenschaftstheorie, an diesem Klärungsprozeß mitgewirkt zu haben, der in der analytischen Wissenschaftstheorie selbst begonnen hatte, das ursprüngliche Dogma zu kritisieren, nach dem Voraussagen auch in den Sozialwissenschaften allein durch empirische Hypothesen zu gewinnen seien. Diese Klärung hängt letztlich daran, daß der Handlungsbegriff dem Verhaltensbegriff methodisch vorgeordnet wird – und dann ist man außerhalb der analytischen Wissenschaftstheorie.

Die Schwierigkeiten der Beurteilung von Normen auf ihre Gerechtigkeit werden dadurch allerdings nicht geringer. Immerhin hat die konstruktive Wissenschaftstheorie hier das Kriterium der Transsubjektivität.

Schon durch die Benutzung einer Orthosprache, d. h. einer gemeinsam kontrollierbaren Begrifflichkeit für die faktischen Normen unserer Gegenwart, und durch die Verpflichtung, gemäß dem Vernunftprinzip für jede vorgeschlagene Änderung von Normen Gründe anzugeben, die nicht bloß subjektiv sind – schon dadurch, so darf vermutet werden, verschwinden in den Beratungen viele Differenzen. Das braucht nicht zu einer Entscheidung zu führen, oft aber zu der gemeinsamen Erkenntnis, daß man über subjektive Interessen hinaus *keine* Gründe (weder dafür noch dagegen) habe.

Die praktischen Kulturwissenschaften haben die Aufgabe, die Menschen, die politische Entscheidungen z. B. in den Betrieben oder im Staat zu treffen haben, für solche Beratungen auszubilden. Man übt sich dazu an Beispielen von Entscheidungen aus der Vergangenheit. Auch das Durchdenken langfristiger Planungen in die Zukunft hinein ist eine wissenschaftliche Aufgabe, weil dies nicht unter dem Zeitdruck der kurzfristigen Politik steht.

Für die ethisch-politischen Wissenschaften bleibt in unserer Gegenwart die Schwierigkeit, daß alle technischen Wissenschaften sich auf Menschen stützen können, denen neuzeitliche Zweckrationalität erfolgreich indoktriniert wurde (das ist z. B. in Indien gar nicht der Fall). Aber Transsubjektivität ist den Menschen dabei zugleich erfolgreich ausgetrieben. Ohne Überwindung des neuzeitlichen Subjektivismus bleiben die Aussichten ethisch-politischer Wissenschaften gering. Das gilt aber auch umgekehrt: ohne unsere Bemühung um solche Wissenschaften wird sich am gegenwärtigen Subjektivismus, insbesondere Pluralismus, nichts ändern. Über die Schwierigkeit, Normen auf ihre Gerechtigkeit zu beurteilen, läßt sich nur weniges im allgemeinen sagen. Aber man kann wohl sagen, daß *die* Hauptschwierigkeit in der Komplexität unserer Gegenwart liegt, in der jede Norm nur Teil eines Normensystems ist (z. B. Teil des Normensystems unserer Wirtschaftsordnung) und daß die Normensysteme für Wirtschaft, Bildung, Gesundheit, Verkehr usw., usw. einen Gesamtzusammenhang, eine Totalität bilden, in der nichts isoliert betrachtet werden darf. Für diese Hauptschwierigkeit der zu komplexen Totalität unserer Gegenwart gibt es nur eine Lösung: es muß versucht werden, die Gegenwart in Gedanken schrittweise aus weniger komplexen Totalitäten aufzubauen. Das führt zwangsläufig zu dem bekannten methodologischen Vorschlag, für den Komplex unserer Normensysteme die faktische Genese zu studieren, um dann die Schritte dieser Genese nacheinander auf ihre Vernunft, also ihre Transsubjektivität, zu prüfen. Nur so kann eine kritische Genese unserer Normensysteme entstehen.

Es ist mir bewußt, daß diese »Lösung« zu allgemein ist. Nur durch die Detailarbeit der Fachwissenschaften können nach dieser Methode Resultate, also begründete Urteile über gegenwärtige Normensysteme entstehen.

Der Vorwurf, die allgemeine Wissenschaftstheorie sei zu nichts nütze, weil sie – allein genommen – zu keinen praktischen Resultaten führt, ist leicht zu ertragen. Man braucht ja nur darauf hinzuweisen, daß die Fachwissenschaften ohne Wissenschaftstheorie, ohne Teleologie und Methodologie wie ein steuerloses Schiff ebenfalls den Zielhafen nicht erreichen werden. Man braucht beides, Schiff *und* Steuer.

Versuch einer wissenschaftlichen Grundlegung des Demokratischen Sozialismus

Daß die praktische Politik keine Wissenschaft ist, sondern – wenn sie überhaupt mehr ist als eine bloße Praxis – allenfalls eine Kunst, das ist (so hoffe ich) unter uns nicht strittig.

Ein Problem ist nur, ob es wenigstens Prinzipien – also Grundbegriffe und Grundnormen – für die Politik gibt, die in dem Sinne »wissenschaftlich« sind, daß für die Definition der Grundbegriffe und für die Aufstellung der Grundnormen auf eine konsensfähige Weise argumentiert werden kann: es soll so argumentiert werden können, daß »prinzipiell« wenigstens über diese Prinzipien stets ein Konsens erreichbar ist. Und ein Konsens heißt dabei gemeinsame Zustimmung, gemeinsame Ablehnung – oder gemeinsame Enthaltung vom Urteil. In der römischen Rechtssprache formuliert lautet der Konsens, das gemeinsame Urteil, also: *Sic, Non* oder *Non-liquet*. Die Forderung, daß politische Prinzipienfragen sogar stets entscheidbar sein sollten, daß stets ein Sic oder Non erreichbar wäre – diese Forderung wäre ersichtlich sehr stark: in keiner Wissenschaft sind alle einschlägigen Fragen entscheidbar.

Um für unser Problem der »Möglichkeit« politischer Wissenschaft, also politischer Theorien, überhaupt eine Diskussionsbasis zu erhalten, beginne ich mit einer Darstellung des Verhältnisses von Wissenschaft und Politik in unserer Gegenwart. Es ist mir dabei bewußt, daß meine Darstellung subjektiv gefärbt ist – aber ich hoffe, daß Sie sich davon überzeugen werden, daß diese Färbung irrelevant für die späteren theoretischen Aussagen ist. Auch wer unsere Gegenwart anders beurteilt, wer insbesondere anderes für relevanter hält, auch der wird, so hoffe ich, den später vorzutragenden Argumenten zustimmen – oder ich werde seinen Gegenargumenten zustimmen – oder wir einigen uns auf ein Non-liquet.

Ich beginne mit der politischen Situation in Deutschland nach dem letzten Weltkrieg, als sich ziemlich bald – spätestens in den fünfziger Jahren – weitgehend eine *Entideologisierung* der Politik durchsetzte. Diese hatte selbstverständlich eine lange neuzeitliche

Vorgeschichte, aber der Wahnsinn der NS-Ideologie war wohl der stärkste Anlaß. Den Kirchen war es nach 1945 nicht gelungen, diese Entideologisierung aufzuhalten, in ihr herrschte die Entmythologisierung. In den politischen Parteien begann entsprechend eine Entprogrammatisierung, die Parteien wurden Volksparteien. Es wurde für die bessere Mannschaft, nicht mehr für ein besseres Programm geworben.

Mit der Apo der sechziger Jahre endete die »Entisierung«, die als eine Reduktion alles Politischen auf bloß technisches Wissen und Können entlarvt wurde. Gegen diese Reduktion auf technische Vernunft rebellierten zunächst marxistisch denkende Studenten – aber nach der Studentenrebellion begann in der sog. Tendenzwende allgemein eine Ent-Entisierung: alles Religiöse, alles Weltanschauliche, Programmatische wurde wieder wichtig. Die Parteien haben Grundwertekommissionen – die faktische Vielfalt ideologischen Denkens wird als »Pluralismus« anerkannt. Es genügt nicht mehr, Demokrat zu sein: man sollte pluralistischer Demokrat sein – und eine Vielfalt von Grundsatzprogrammen sogar wollen. Benutzt man das Wort »Ideologie« im kritischen Sinne von Marx, also nicht wie im real existierenden Sozialismus als synonym mit Prinzipienlehre, dann muß unser gegenwärtiger Prinzipienpluralismus als ein Rückfall in unaufgeklärtes Denken erscheinen. Marx ging es um wissenschaftliches politisches Denken – es heißt ja auch immer noch »wissenschaftlicher Sozialismus« – im Gegensatz zu allen Ideologien, im Gegensatz zu allen bloßen »Bekenntnissen« oder »Entscheidungen« zu Grundwerten. Es ist einigermaßen komisch, aber der vielbeschworene Konsens aller Demokraten hat dazu geführt, daß sich die beiden großen Parteien auf dieselben Wörter geeinigt haben: »Freiheit, Gerechtigkeit und Solidarität« heißt die profane Dreifaltigkeit der Grundwerte bei der SPD und bei der CDU.

Das ist ersichtlich eine Variante der »Freiheit, Gleichheit und Brüderlichkeit« von 1789 – aber warum nimmt man nicht z. B. »Einigkeit und Recht und Freiheit« aus dem Deutschlandlied? Oder da wir alle bekanntlich auf dem berühmten Boden der freiheitlich-demokratischen Grundordnung stehen, sollte doch auch »Freiheit, Demokratie und Ordnung« eine geeignete Triade von Schlagwörtern sein. Wenn es denn drei Wörter sein müssen – aber ich bin kein Experte in Rhetorik – wäre ich für »Frieden, Ordnung und Gerechtigkeit«. Das wären zwei Grundziele und ein

Grundwert. Da die Grundwerte-Diskussion mittlerweile auch die Theologie erreicht hat, las ich neulich, daß als eigentliche Grundwerte »Glaube, Liebe, Hoffnung« anzuerkennen seien, denn *ohne* Vertrauen, Lieben und Hoffen ist keine Politik möglich: ein Staat von Menschen, die einander mißtrauen oder gar hassen – und daher verzweifeln –, ist unregierbar.
Auch das leuchtet ein, es zeigt aber einmal mehr das – nach Hennis – »horrende Maß an Konfusion« unserer Grundwerte-Diskussion. Ich möchte im folgenden dafür argumentieren, daß gewisse Grundbegriffe aus der Ethik – man nennt sie traditionell »Tugenden«, ein modischer Ausdruck wäre »anthropologische Grundwerte« – *vor* den »politischen Grundwerten« definiert werden müßten, wenn wir denn überhaupt diese Konfusion der Grundwerte-Diskussion zu einem Ende bringen wollen. Das Problem ist aber noch offen: gibt es *wissenschaftliche* Prinzipien der Ethik oder Politik derart, daß dadurch nicht wieder alles politische Denken auf bloß technisches Denken reduziert wird? Gibt es zwischen – oder über – der technischen Vernunft und den Ideologien nicht doch noch eine ethisch-politische Vernunft? Gibt es nur technische Vernunft, nur technisches Wissen und ist der Rest Unvernunft – oder gibt es auch politische Vernunft, politisches Wissen?
Über diese Frage ist zu entscheiden, wenn man nach *wissenschaftlichen* Prinzipien der Politik fragt.
Die Antwort auf diese Frage hängt nicht nur davon ab, was man »politisch« nennt, sie hängt auch davon ab, was man »wissenschaftlich« nennt. Wir dürfen nicht davon ausgehen, daß es schon feststeht, was »Wissenschaft« sei – so daß wir dann nur zu fragen hätten, ob oder welche wie zu definierende Politik Gegenstand solcher Wissenschaft sein könne. Wir brauchen vielmehr auch ein kritisches Überdenken dessen, was man unter Wissenschaft versteht – wir brauchen ein Stück »Wissenschaftstheorie«.
Das Wort »Wissenschaft« steht nicht zu beliebiger Verfügung. Es muß so definiert werden, daß dadurch zumindest die Physik ein Musterbeispiel von Wissenschaft wird. Aber daraus folgt nicht, daß alle Wissenschaften in der Physik ihr methodisches Ideal, ihr Paradigma, sehen sollten. Das ist Physikalismus – und in leichten Varianten ist es Empirismus oder Positivismus.
Ich skizziere eine Antwort auf die Frage, warum Physik eine Wissenschaft heißt. Die üblichen Antworten, die sich auch noch bei

Popper finden: weil die Physik uns lehrt, die Natur zu erkennen, weil ihre Methoden uns zu Wahrheiten führen, sind zirkelhaft. Man müßte ja schon »Erkenntnis« oder »Wahrheit« definiert haben. Erkenntnisse und Wahrheiten sind umgekehrt nur definierbar als das Resultat wissenschaftlichen Denkens.

Für eine zirkelfreie Definition beginne ich mit Praxis. Für die Physik als Wissenschaft genügt unsere technische Praxis. In ihr produzieren wir Geräte, und mit diesen Geräten lassen sich – auf wiederholbare Weise – Dinge bewegen. So werden z. B. Häuser gebaut, Felder gepflügt, Güter verschickt – und so bewegen wir uns z. B. mit Autos oder Raketen.

Unsere technische Praxis hat sich aus primitiven Techniken durch sehr viel Denken entwickelt: unsere Technik ist eine theoriegestützte Praxis. Was immer nun Physik im Selbstverständnis der Physiker sein mag: alle physikalischen Theorien von der Mechanik über die Elektrodynamik und Thermodynamik bis zur Quantenphysik sind als theoretische Stützung unserer Technik nützlich, ja mittlerweile geradezu unentbehrlich.

Physik ist deshalb eine Wissenschaft – so lehrt es dieser Exkurs –, weil es eine Praxis gibt, die sich durch physikalische Theorie verbessern läßt.

Für unser Problem einer Wissenschaft von der Politik haben wir daher zu fragen, ob es eine politische Praxis gibt, die sich ebenfalls durch Denken, durch Theorien verbessern läßt. Das wird ein ganz anderes Denken sein, weil wir mit politischem Handeln ja keine Dinge bewegen wollen (das tun wir als Techniker), sondern weil wir – ja, was tun wir eigentlich in einer Praxis, die »politisch« zu heißen verdient?

Wenn in einer Affenhorde Machtkämpfe stattfinden – das ist keine politische Praxis, ebensowenig wie die »Aktionen«, die Verbrecherbanden unternehmen. Schon Augustinus wies darauf hin, daß Staaten häufig nicht von Räuberbanden zu unterscheiden seien. Der Unterschied sollte darin liegen, daß politische Praxis einem *normativ-geordneten Zusammenleben* dient. Die Normen, die das Zusammenleben ordnen, brauchen nicht im modernen Sinne »zwangsbewehrt« mit einem Gewaltmonopol der Justiz zu sein – auch ein germanisches Thing sorgte für normativ-geordnetes Zusammenleben, für eine »politische« Ordnung, wie wir mit dem griechischen Terminus sagen.

Wer die Praxis, die dem normativ-geordneten Zusammenleben

dient, nicht »politisch« nennen möchte, den kann ich nicht daran hindern. Er möge mir sagen, wie er sie nennen möchte. Ich streite nicht um Wörter, sondern habe durch die angeführten Beispiele nur zu zeigen versucht, daß es sich wohl lohnt, für die sich um ein normativ-geordnetes Zusammenleben mühenden Praxen einen eigenen Terminus zu haben. Mit dem Sprachgebrauch, der hier von *politischer* Praxis redet, lautet die Frage nach der »Möglichkeit« politischer Wissenschaft, politischer Theorien, jetzt so: läßt sich politische Praxis durch konsensfähig argumentierendes Denken stützen?

Bei uns ist niemand gesetzlich dazu verpflichtet, sich über politische Probleme – also die Erhaltung und Verbesserung des normativ-geordneten Zusammenlebens in Westdeutschland 1979 – den Kopf zu zerbrechen. Es liegt nahe zu erwarten, daß die Politologen wenigstens professionell dazu verpflichtet wären – aber das ist auch nicht der Fall: kein Kultusministerium greift ein, wenn ein Politologe sich als empirischer Sozialwissenschaftler definiert, oder als bloßer Historiker.

Nun ja, so ist es faktisch bei uns. Bei uns ist weitgehend akzeptiert, daß auch alle Sozialwissenschaften wie die Technikwissenschaften »wertfrei« sind – nur als Privatpersonen betätigen sich manche Wissenschaftler aus Neigung, also in der Freizeit, auch politisch. Man sagt dann bildungssprachlich, daß sie neben ihrer Wissenschaft politisch »interessiert« sind. In der Kantischen Terminologie sind das keine *Vernunftinteressen,* sondern pathologische Interessen. Die Bildungssprache, die Neigungen und Interessen konfundiert, verdeckt dadurch, daß es ein politisches Vernunftinteresse gibt. Die Definition lautet: wer um der politischen Praxis willen denkt, d. h. die Anstrengung konsensfähigen Argumentierens auf sich nimmt, der hat politisches Interesse.

Man kann niemandem Physik lehren, der nicht ein technisches Interesse mitbringt (alles andere sind nur Dressurkunststücke). Ebenso kann niemand politische Theorien verstehen, der kein politisches Interesse mitbringt, er muß zumindest in Gedanken an politischer Praxis teilnehmen – und diese versuchen durch wissenschaftliches Denken zu erhalten und zu verbessern.

Dieser definitorische Vorspann über Praxis, politische Praxis, Interesse und Wissenschaft löst das Problem noch nicht, ob es überhaupt wissenschaftliche Prinzipien der Politik gibt. Aber aus der Definition politischer Praxis als einer Praxis für ein normativ-geordnetes Zusammenleben folgt doch schon, daß es politische Prinzipien, wenn überhaupt, nur auf der Basis anthropologischer Prinzipien – traditionell gesagt: ethischer Grundbegriffe und ethischer Grundnormen – geben kann. Physik und alle technischen Wissenschaften setzen keine Ethik voraus: schon Affen können an technischer Praxis teilnehmen – wenn sie reden könnten (genauer: wenn sie Mathematik könnten), könnten sie auch Physiker werden.

Um an politischer Praxis teilzunehmen, muß man aber erst zur Teilnahme an normativen Ordnungen erzogen sein. Normen sind selbst schon nur sprachlich Darstellbares. Im Gegensatz zur technischen Praxis erfordert schon die primitivste politische Praxis die für das Zusammenleben miteinander redende Sprachgemeinschaft. Modern ausgedrückt: die dialogische Gemeinschaft ist eine Bedingung jeder politischen Praxis – und also *a fortiori* jeder politischen Theorie. Ethik als Wissenschaft beginnt daher mit der Bemühung, das Miteinanderreden um des Zusammenlebens willen – noch *vor* allen politischen Ordnungen – durch Nachdenken zu erhalten und zu verbessern. Mir liegt nichts an dem Wort »Ethik« – ich möchte keinesfalls im üblichen Sinne »moralisieren«. »Ethik« dient hier nur als ein Terminus für ein der Politologie vorausliegendes Stück Wissenschaft, also für eine *Protopolitologie*.

Damit wäre, so hoffe ich, wohl genug zur Vorbereitung des nun beginnenden methodischen Aufbaus ethisch-politischer Wissenschaften gesagt. Wir gehen von der Praxis des Miteinanderredens aus – und versuchen diese Praxis zu verbessern. Hier erlaube ich mir, die vorhin mehrfach verwendete Wendung »erhalten *und* verbessern«, die noch diesseits der Unterscheidung von konservativ (d. h. nur erhaltend) und progressiv (d. h. nur verbessernd) liegt, progressiv zu verkürzen. Das Miteinanderreden, so wie es bei uns praktiziert wird, insbesondere unter Theoretikern, scheint mir eindeutig verbesserungsbedürftig. Um miteinander zu reden, braucht man nicht schon über eine Sprache als ein fertiges Kulturprodukt zu verfügen. Man kann sich sprachliche Mittel zum Zusammenleben selbst verfertigen. Nur eine solche »Konstruktion« unserer sprachlichen Mittel – deshalb heißt die hier vorgetragene Wissenschaftstheorie »konstruktiv« – ermöglicht konsensfähiges Argumentieren: es muß auch über die sprachlichen Mittel selbst Konsens hergestellt werden.

Ohne sich auf eine bestimmte Kultur einzulassen, ist es allerdings sinnlos, darüber nachzudenken, welche Unterscheidungen für ein wissenschaftliches Begreifen der politischen Praxis in dieser Kultur durch Wörter ausgezeichnet werden sollten. Es stellt sich also sofort das Problem der Auswahl erster Wörter, der Auswahl von Grundbegriffen.

Man spricht hier oft von einer Wahl des kategorialen Ansatzes. Der eine wählt diesen kategorialen Ansatz, der andere jenen – und schon ist die Konsensfähigkeit verloren. Statt eines Dialogs monologisiert jeder vor sich hin. Bei strengerem Sprachgebrauch, wie z. B. bei Aristoteles, sind »Kategorien« aber stets grammatische Unterscheidungen: sie betreffen nur die Syntax, die Form der Sprache – nicht den materialen Inhalt. Also sind sie auch unabhängig von den Kulturen in ihrer jeweiligen materialen Ausprägung. Sie sind transkulturell, »überhistorisch«, wie man auch sagt. Selbstverständlich finden wir solche transkulturell konsensfähigen Kategorien nicht, wenn man sich auf die Grammatik der vorfindlichen Kultursprachen bezieht. Die griechische Wissenschaft beging diesen Fehler, indem sie das Griechische als *die* Kultursprache schlechthin benutzte, die Scholastik wiederholte diesen Fehler mit dem Latein – und die neuzeitliche Wissenschaft (mit Ausnahme der Naturwissenschaften) läßt sich bis heute von den jeweiligen Nationalsprachen gängeln.

Erst die moderne Sprachkritik, beginnend mit Frege, ermöglicht eine transnationale Wissenschaft auch der kulturspezifischen politischen Praxen: jedenfalls, so behaupte ich, ist die Prinzipienlehre der Politologie transkulturell.

Der Beweis dieser Behauptung wird durch den empraktischen Aufbau einer rationalen Grammatik geführt. Der Bühlersche Terminus »empraktisch« steht dabei für die Einführung sprachlicher Mittel *im Vollzuge* einer Praxis. Bei Wittgenstein gibt es das berühmte Beispiel, daß man im Vollzuge einer Baupraxis die Unterscheidung gewisser Baumaterialien lernt und geeignete Wörter für diese Unterscheidung einführt. An elementaren Imperativen, wie sie in der Baupraxis vorkommen,

»Peter, trage das Brett!«

sind für uns aber nicht die materialen Unterscheidungen relevant (etwa zwischen »tragen« und »werfen« oder zwischen »Brett« und »Stein«), sondern nur die (grammatischen) Kategorien. Wir lernen hier Imperative, Tatwörter und Dingwörter kennen – außerdem einen Eigennamen. Diese Unterscheidungen gehören zu einer rationalen Grammatik, nicht zur deutschen (oder indogermanischen), weil jede Sprache, die für Praxis verwendet werden soll, gut beraten wäre, sie – wenn nicht syntaktisch, dann jedenfalls pseudosyntaktisch im Lexikon – zur Verfügung zu stellen.

Auch Indikative, wie z. B.

Peter trägt das Brett
Der Stein fällt

werden empraktisch gelernt, weil sie zur Ausführung eines Imperativs oder zur Wirkung solcher Ausführung gehören. Auf eine Symbolisierung dieses Anfangs einer rationalen Grammatik verzichte ich hier. Es sei nur darauf aufmerksam gemacht, daß das deutsche Verb »fallen« – im Unterschied zu »tragen« – kein Tatwort ist, sondern ein Geschehniswort. Es empfiehlt sich festzusetzen, daß alle Taten auch Geschehnisse sind, aber allein für Tatwörter ist ein Imperativ sinnvoll – nur Magier befehlen den Steinen zu fallen oder der Sonne aufzugehen. Aus dieser rationalen Grammatik gewinnen wir folgendes kategoriale Schema:

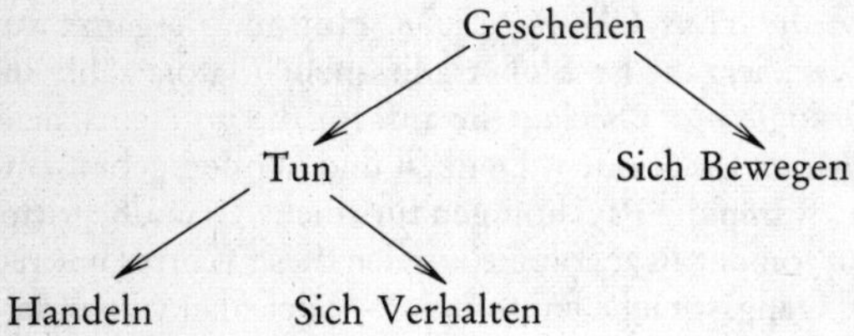

Das sind zwar 5 Termini, diese ergeben sich aber per definitionem aus nur 2 Unterscheidungen.

Erstens: Tun ist ein spezielles Geschehen, alles Geschehen, das kein Tun ist, heißt »Sich Bewegen«.

Zweitens: Handeln ist ein spezielles Tun, alles Tun, das kein Handeln ist, heißt »Sich Verhalten«.

Die Unterscheidung zwischen Handeln und Tun hat ihren Grund darin, daß Menschen und Tieren das Tun gemeinsam ist (im Gegensatz zu den Steinen und Pflanzen, die sich nur bewegen), daß aber nur der Mensch redet, also nur der Mensch fragt und Fragen beantwortet z. B. mit Ja oder Nein – und daher auch nur der Mensch befiehlt und Befehle beantwortet, nämlich durch Ausführen oder Unterlassen. »Handeln«, so lautet mein terminologischer Vorschlag, sei das Tun (das Ausführen oder Unterlassen), mit dem ein Mensch einen Imperativ beantwortet. Statt durch Handeln zu antworten (Handeln ist verantwortliches Tun), kann der Mensch auch – wie die Tiere – bloß reagieren, bloß sich verhalten. Als Nebenbemerkung möchte ich hier einfügen, daß die zusätzliche, z. B. auch bei Aristoteles auftretende Unterscheidung, die innerhalb des Geschehens zunächst das Leben spezifiziert (so daß alles Nicht-Lebende sich bloß bewegt) und dann innerhalb des Lebens das Tun (der Tiere) vom bloßen Sich-Regen (der Pflanzen) unterscheidet – daß diese zusätzliche Unterscheidung zwar biologisch begründbar ist (Tiere und Pflanzen sind ja genealogisch verwandt, im Unterschied zu allem Nicht-Lebenden), daß sie aber nicht zu den Prinzipien ethisch-politischen Denkens gehört. Sie ist auf keine Weise aus der rationalen Grammatik deduzierbar. Die 3 Tatbegriffe, die sich hier »deduzieren« lassen, nämlich: Sich Verhalten, Reden und Handeln, führen uns nun zu den politischen Grundwerten zurück, zunächst allerdings zu anthropologischen Grundwerten. In der Tradition platonischer Politologie zählt man hier 4 Kardinaltugenden. Das Viergespann wird später christlich durch die Trias Glaube, Liebe, Hoffnung ergänzt zu 7 Tugenden. Die Vierzahl ist bloß traditionell: Platon zählt in seiner Anthropologie nur 3 Seelenteile auf, für die im Deutschen meistens die Wörter Empfinden, Denken und Wollen gebraucht werden. Bei uns wären die Psychologen für solche Grundbegriffe zuständig. Aber von der Psychologie werden diese Wörter unkritisch aus der Umgangssprache entnommen – oder man vermeidet sie ganz wie im Behaviorismus. Dadurch ist man dann allerdings bei bloßer Naturwissenschaft vom Menschen.

Eine Definition dieser Grundbegriffe ist auf der Basis unserer Tatbegriffe nicht schwierig. Dem Behaviorismus verdankt man die Reduktion unseres Redens über Empfinden, nämlich über Lust- und Schmerzempfinden, auf ein Reden über das *Lernen* von Verhaltensweisen. Daß wir Lust suchen und Schmerz vermeiden, wenn wir bloß reagieren – das wird für Tiere und Menschen dadurch analytisch wahr. Statt vom traditionellen Empfindungsvermögen genügt es deshalb vom *Lernvermögen* zu reden.

Schon bei Platon steht, wie das *Denken* als ein inneres Reden, als ein Selbstgespräch der Seele, definiert werden kann. Das sogenannte bildhafte Denken möchte ich terminologisch »Vorstellen«

nennen – dann ist alles Denken per definitionem sprachliches Denken. Und alle Unterscheidungen, die für Dialoge – für das äußere Reden – sinnvoll sind, übertragen sich auf das Denken als inneres Reden.

Praktische Dialoge beginnen mit *Vorschlägen* – über die Vorschläge wird dann beraten (das ist das hin und her redende *Argumentieren*) – am Ende steht, wenn es gut geht, ein gemeinsamer *Beschluß*. Noologisch, das heißt für das Denken, beginnt man im Selbstgespräch mit *Wünschen* – diese Wünsche werden dann hin und her *überlegt* – und am Ende steht, wenn es gut geht, ein einsamer *Entschluß*. Geht es bei dem Entschluß nur um ein Ja oder Nein (soll ich oder soll ich nicht?), so heißt das eine *Entscheidung*.

Wer zu einem Entschluß bzw. einer Entscheidung gekommen ist, von dem kann dann gesagt werden, daß er das »wolle«, wozu er sich entschlossen hat. Der Terminus »Wollen« ist allerdings überflüssig: es geht ja nur um das *Handlungsvermögen*, nämlich um das Vermögen, das zu tun, wozu man sich entschlossen hat. Das Handlungsvermögen ist bei den Menschen oft schwach entwikkelt. Hat jemand ein starkes Handlungsvermögen, so nennt man ihn *tatkräftig*. Das ist weniger mißverständlich als der üblichere Ausdruck »willensstark«. Denn seit der christlich werdenden Antike, genauer seit Clemens von Alexandrien, wird stets von einem Willen geredet, der entweder gut oder böse ist, nicht nur schwach oder stark in der Ausführung der guten oder bösen Entschlüsse. Dieser christliche Wille ist ein Überrest des mythischen Handelns des alttestamentlichen Gottes. In einer wissenschaftlichen Ethik ist eine Unterscheidung von gut und böse nur für die Entschlüsse sinnvoll, nicht für das Handlungsvermögen. Das war für die klassische griechische Ethik selbstverständlich. Die Entschlüsse entstehen durch die Überlegung, die mit Wünschen beginnt. Und Wünsche, speziell Begehrungen, haben wir, weil wir – wie die Tiere – nach Lust- und Schmerzempfindungen reagieren.

Allein das Empfindungsvermögen und das Denkvermögen sind auf gut und böse hin zu beurteilen. Für gute Entschlüsse sollte man dann ein starkes Handlungsvermögen (Tatkraft) haben – dann ist man ein *rechtschaffener* Mensch. Statt »rechtschaffen« sagt man traditionell auch »gerecht« – so ist man zur Gerechtigkeit als vierter Tugend gekommen, obwohl »rechtschaffen« nur für tugendhaft insgesamt steht. Es bleibt die Frage, mit welchem

Maßstab wir denn das Empfindungsvermögen und das Denkvermögen messen wollen. Wie sollte es beim rechtschaffenen Menschen sein? Ich kann auch fragen, wie hätten Sie es denn gerne? Vielleicht sollte das Empfindungsvermögen möglichst differenziert für Genüsse (d. h. Lustempfindungen) sein – Schmerzen werden mit Pharmaka behandelt – und das Denkvermögen sollte technisch-vernünftig genug sein, um die Bedingungen der Genüsse zu erreichen. Dann noch die Tatkraft dazu, um ohne Rücksicht auf andere die Genüsse auch zu verwirklichen – nun ja, dann hätten wir ja wohl das Ideal der meisten: den hedonistischen Erfolgsmenschen. Der rechtschaffene Mensch bei Platon und Aristoteles, bei Thomas von Aquin, aber auch bei Kant, Marx oder Bahro ist allerdings anders. Er gehorcht nicht seinen Trieben, den Lust- oder Schmerzempfindungen, denen er sein Denkvermögen nur als Mittel zur Verfügung stellt – sondern er beherrscht seine Triebe, um erst einmal sein Tun zu bedenken. Das Verhältnis des Empfindungsvermögens zum Denkvermögen ist besonnene Unterordnung: Besonnenheit. Besonnenheit und Tatkraft zusammen bilden die ethische Tugend des Mutes. Mut ist die emotionale, also nicht-intellektuelle Bedingung der Rechtschaffenheit. Mut haben aber auch viele Bösewichte, sind sie dann noch technisch perfekt, so sind sie am gefährlichsten. Gegen den jüdisch-christlichen Mythos vom guten oder bösen Willen hängt der Unterschied zwischen gut und böse allein vom Denken ab.
Woher bekommen wir Gründe, um ein Denken »gut« zu nennen, ein anderes »böse« (oder jedenfalls nicht »gut«)?
Aus der Logik sollte man dazu wissen, daß aus nichts auch nichts folgt. Wir können ein Prinzip des »guten« (oder wie man präziser sagt: des »vernünftigen«) Denkens nicht aus nichts deduzieren. Genau wegen dieser Schwierigkeit habe ich Ethik als Protopolitologie definiert – und dem politischen Denken die Aufgabe gestellt, der politischen Praxis zu dienen, d. h. der Erhaltung und Verbesserung unseres normativ-geordneten Zusammenlebens.
Teilnahme an politischer Praxis und politisches Interesse ist also vorausgesetzt. Wir haben die Voraussetzung, daß unser Denken unsere politische Praxis erhalten und verbessern soll. Und daraus läßt sich nun ein Vernunftprinzip »deduzieren«.
Normen werden im einfachsten Falle durch generelle bedingte Imperative dargestellt. Das ethisch-politische Denken bemüht sich um solche Normen, die für jedermann konsensfähig sind. Denn

die einzige Alternative zum allgemeinen Konsens ist die zwangsweise Durchsetzung von Normen – und das ist ein sozialtechnisches Problem, kein ethisch-politisches Problem.

In traditionalen Kulturen haben wir gedankenlose Anerkennung von Normen, Kinder erkennen ebenso die »natürliche« Autorität der Eltern, d. h. ihrer Gebote und Verbote an. Gibt es aber unter denkenden Erwachsenen keine traditionale Autorität mehr, so bleibt nur *Zwang* zur Durchsetzung einer normativen Ordnung – oder als einzige Alternative ohne Zwang, also in *Freiheit,* bleibt die zwanglose Einigung durch Reden, in denen niemand als Autorität ausgezeichnet wird. Es wird »ohne Ansehen der Person« diskutiert. Dieses Prinzip des zwanglosen Miteinanderredens, in dem alle beteiligten *Subjekte* (wie man traditionell sagt) gerade dadurch sich zur Person bilden, daß sie nicht auf ihren Reden bloß deshalb bestehen, weil es ihre eigenen Reden sind – dieses Prinzip, nach dem keiner auf seiner bloßen Subjektivität besteht, nennt man Vernunftprinzip. *Per definitionem* ist derjenige »vernünftig«, dessen Bildung nicht Subjektivität, sondern gerade Überwindung der Subjektivität hervorgebracht hat. Vernünftige Subjekte heißen auch »Personen«. Im religiösen Sprachgebrauch heißt das Überwinden der Subjektivität »Transzendieren«. Vernunft ist dann *Transsubjektivität.* Dieser Zusammenhang mit religiösen Traditionen, in denen das Prinzip der Transzendenz, durch das die Subjekte allererst Personen werden, selbst bildhaft zu einer transzendenten Person wird, macht deutlich, daß Transzendenz primär ein ethisches Prinzip, kein religiöses ist. Ethik ist der rationale Kern, der in den religiösen Schalen steckt.

Für den Aufbau von ethisch-politischen Wissenschaften sind wir jetzt mit einer Grundterminologie ausgestattet. Wir haben auch schon das Prinzip allen vernünftigen Argumentierens – so lange wir aber den Menschen nur als Neandertaler, oder als Kind, isoliert von seiner Kultur, in der er lebt, betrachten, so lange fehlt uns noch jeder Inhalt.

Es lassen sich zwar schon die sprachlichen Mittel formal für die späteren kulturellen Inhalte bereitstellen – aber es fehlen dann relevante Beispiele.

Tatimperative (»Tue p«) lassen sich *per definitionem* durch technisches Wissen auf Zweckimperative (»Bewirke A«) reduzieren. Man tut p, um A zu bewirken – vorausgesetzt, man ist der Meinung, daß für die Situation S, in der man sich befindet, *wahr* ist,

daß immer dann, wenn man p in S tut, A bewirkt wird. Das sind die generellen bedingten Indikativsätze, für deren Begründung die technischen Wissenschaften aufzubauen sind.
Über Zweckimperative »Bewirke A«, deren Zweck *nicht* durch technisches Wissen auf Oberzwecke reduzierbar sind, läßt sich entsprechend nur argumentieren, wenn man zu generellen bedingten Imperativsätzen übergeht: »Immer, wenn Du in einer Situation S bist, bewirke A«. Wer nach einem solchen Satz handelt, wessen Taten – mit anderen Worten – als Antwort auf einen solchen Imperativ *gedeutet* werden können, von dem sagen wir, daß der generelle bedingte Imperativ eine seiner Maximen sei. Wir deuten seine Taten durch Maximen und – andersherum gesagt – wir *erdeuten* seine Maximen aus Taten. Maximen sind zunächst bloß subjektiv. Alle Menschen sind aber sterblich – und sie können nicht miteinander leben, wenn sie nicht wenigstens in einigen Maximen übereinstimmen. In einer Menschengruppe gemeinsam anerkannte Maximen heißen »Normen«. Man kann auch sagen, daß die Normen »sanktionsbewehrte« generelle bedingte Imperative sind. Denn, wer sie nicht befolgt, setzt sich zumindest der Mißbilligung und vielerlei Ermahnungen aus. Gibt es eine eigene mit Zwangsmitteln ausgestattete Organisation (z. B. eine Betriebsjustiz), die die Anerkennung von Normen überwacht, dann mögen diese Normen »Rechtsnormen« heißen.
Mit diesen Begriffen läßt sich anschließend der normative Inhalt unserer Kultur – oder jeder anderen Kultur – von der Vergangenheit bis zur Gegenwart erfassen. Aus den Worten und Taten bzw. aus den Spuren früherer Worte und Taten werden die Maximen der Personen und die Normen der Gruppen erdeutet.
Das ist ein mühsames Geschäft – es liefert uns die unerschöpfliche Vielfalt des Faktischen. Wem aber nützt bloß faktisches Wissen? Was wir für die Bewältigung unserer Lebensprobleme brauchen, ist – außer technischem Wissen – eine Einübung in die politische Kunst, bei konfligierenden Normen durch transsubjektives Miteinanderreden Einigkeit, also die Wiederherstellung gemeinsamer Ordnung zu erreichen. Die faktischen Normen der Gegenwart sind nur das Material der ethisch-politischen Wissenschaften: die Aufgabe ist, in transsubjektiver Weise Normen vor anderen auszuzeichnen, so daß Vorschläge zur Änderung von Normen formuliert werden können. Eine Kritik und Reform der faktischen Normen ist die Aufgabe. Das Prinzip der Transsubjektivität ist

das Kriterium dieser Kritik und Reform. Der naheliegende Vergleich der Normen mit den Hypothesen unserer technischen Wissensbildung ist nur mit einer Einschränkung brauchbar. Man kann zwar definieren, daß so, wie sich Hypothesen bei kritischer Prüfung eventuell als falsch, d. h. »unwahr« herausstellen, daß entsprechend eine transsubjektive Prüfung von Normen diese als »ungerecht« erweisen soll.

Man kann sogar die Normen, die die – bisher – angestellten Prüfungen auf Ungerechtigkeiten überstanden haben, als die – bis auf weiteres – »gerechten« Normen bezeichnen. Diese Analogie zwischen Wahrheit und Gerechtigkeit täuscht aber über einen entscheidenden Unterschied hinweg.

Die Beurteilung einer Hypothese geschieht dadurch, daß die Situation, die als Bedingung in der Hypothese auftritt, reproduziert wird. Die Reproduktion wird durch Raum- und Zeitmessungen überprüft – und kann daher methodisch unabhängig von den empirischen Hypothesen durchgeführt werden.

Für die Beurteilung einer Norm als »ungerecht« kann die Situation, in der es um dieses Urteil geht, nicht wiederholt werden. Schon die Meinungen darüber, welche Situation vorliegt, sind subjektiv – und eine Einigung über die Darstellung der Situation ist nur als Resultat transsubjektiver Beratungen zu erhalten.

Über den bloßen Utilitarismus hinaus, der von der Fiktion einer Maximierung bzw. Minimierung der Summe der Lust bzw. der Summe des Schmerzes ausgeht, als ob ein Mensch nicht um der Gerechtigkeit willen Schmerzen ertragen könne – über diesen bloßen Utilitarismus hinaus kann als Richtung, in der sich eine Gesellschaft ändern sollte, angegeben werden, daß die Menschen immer mehr zu Personen werden, die eine dialogische Gemeinschaft bilden, in der transsubjektive Einigung über Normen die oberste Norm ist. Das Vernunftprinzip der Transsubjektivität beschreibt keinen Zustand, sondern nur eine Richtung. Oder – wie die Chinesen sagen würden – der Weg ist das Ziel: Tao. In der modernen Terminologie der Grundwerte erhält man die Formulierung, daß der Pluralismus von Grundwerten durch einen Universalismus mit dem einen »Grundwert« der Transsubjektivität, der Verwirklichung der dialogischen Vernunft, ersetzt wird. Politik bewegt sich dann nicht mehr pluralistisch im Vorletzten – während das Letzte, die Grundwerte, im Gewissen der unpolitischen einzelnen unantastbar sind. Statt dessen hat umgekehrt die

Politik als Richtung das Letzte, den Grundwert der Vernunft. Und im Gewissen der politischen einzelnen ist die Frage zu entscheiden, welches die nächsten Schritte in dieser Richtung sein könnten, sein sollten. Im Gewissen prüft sich das Subjekt selbst auf seine »Transsubjektivität«. Über die nächsten Schritte ist durch diese Befreiung vom Pluralismus vermeintlicher Grundwerte zwar noch nichts entschieden, aber die Diskussion hat eine Basis, von der sie anfangen kann.

Da es uns hier um die Grundwerte-Diskussion geht, brauche ich nicht auf alle die Schwierigkeiten einzugehen, die sich ergeben, wenn man eine einzelne politische Situation, insbesondere unsere Situation in Westdeutschland 1979, analysieren, kritisch verstehen will, um in ihr, soweit möglich, Richtlinien langfristiger Politik zu begründen. Wir bleiben hier ganz allgemein, um wenigstens die Konfusion in der ethisch-politischen Prinzipienlehre zu entwirren.

Zum Schluß möchte ich daher einige Vorschläge machen, wie wir die Wörter, die zur aktuellen Diskussion gehören, also Freiheit, Gerechtigkeit und Solidarität, Frieden und Ordnung, und schließlich noch: Demokratie und Gleichheit in das hier begründete System von Grundbegriffen einordnen könnten. Aber diese Vorschläge sind nicht zur Verwendung für die nächsten Wahlen gemeint, sondern nur für unsere interne Theoriediskussion.

Extern hätte ich nur einen Vorschlag für die Diskussion mit Theologen: Vertrauen, Lieben und Hoffen wären so zu interpretieren, daß Liebe, Nächstenliebe, für die Überwindung der Eigenmächtigkeit (so heißt es bei Bultmann und Kamlah), also – nach Abzug aller Schwärmerei – für die Transsubjektivität steht. Vertrauen heißt die Erwartung, daß auch der andere zur Transsubjektivität bereit ist – und dann ist die Situation des Menschen eben nicht hoffnungslos.

Für unsere interne Diskussion habe ich schon Gerechtigkeit als den »Wert« definiert, den Normen haben sollten. Gerecht heißen die Normen, die sich im vernünftigen Dialog als allgemein konsensfähig herausstellen.

Der Grundwert der Vernunft ist dafür schon vorausgesetzt – und wird seinerseits durch die Transsubjektivität des Argumentierens definiert.

Freiheit ist nur als Alternative zu Zwang vorgekommen. Die Alternative lautet zunächst: Vernunft oder Zwang. Nur diese Freiheit der Vernunft läßt sich als Alternative zum Zwang begründen.

»Freiheit oder Sozialismus« übersetzt sich für den *Sozialismus*, der sich als wissenschaftliche Politik der Industriestaaten definiert, dann als die zunächst sinnlose Alternative von »Freiheit oder Vernunft«. Sie wird nur sinvoll, wenn man Freiheit als die Freiheit *von* Vernunft, als die mythische Willensfreiheit interpretiert. Vernunft als Zwang mißzuverstehen, heißt aber sich außerhalb der politischen Praxis zu stellen, d. h. nicht an normativer Ordnung interessiert zu sein. Das sind dann die erfolgreichen Hedonisten – oder Chaoten. Ihre Freiheit ist – im Sinne Kants – pathologische Freiheit. Sie sagen »Freiheit« und meinen Willkür. Für die Vernunftfreiheit gilt in Industriestaaten dagegen: Sozialismus oder Unfreiheit.

Ganz andere Schwierigkeiten enthält die Solidarität als Nachfolgerin der Brüderlichkeit. Es ist anzuerkennen, daß man sich von der schwärmerisch-christlichen Tradition der Nächstenliebe, für die Brüderlichkeit ja nur ein anderes Wort ist, distanzieren wollte. Aber Solidarität hatte ihren guten Sinn für eine Klassenpartei – es gibt Solidarität der Unterdrückten gegen die Unterdrücker, also unter Zwangsverhältnissen. Für eine wissenschaftliche Politik scheint mir die sogenannte universelle Solidarität nur wie die Liebe der Theologen als Transsubjektivität interpretierbar zu sein.

Nicht zu den Grundwerten gehören Frieden und Ordnung. Ordnung als eine normative Ordnung ist das Ziel, das jede politische Praxis hat. Es gilt dieses Ziel zu erhalten und zu verbessern, die Ordnung soll gerechter werden. Stillschweigend habe ich mich bisher dabei auf Innenpolitik bezogen. Solange wir aber noch keinen Weltstaat haben, gibt es den Primat der Außenpolitik. Ihr Ziel ist Frieden durch Verträge – aber auch hier versucht die politische Praxis, möglichst theoriegestützt zu gerechten Friedensverträgen zu kommen.

Als letztes bleibt die Demokratie und Gleichheit als Schlagwort. Wie läßt sich wissenschaftlich begründen, daß eine gerechte Ordnung »demokratisch« sein sollte. Theoretisch ist das kein Problem, weil die Gerechtigkeit ja als Resultat vernünftiger Dialoge definiert ist. Und d. h., es soll transsubjektiv ohne Ansehen der Person diskutiert werden. Anders ausgedrückt: keiner ist privilegiert, weder Herkunft noch Reichtum zählen in der Wissenschaft.

Wissenschaft ist in diesem Sinne per definitionem »demokratisch« – mit dem lateinischen Terminus redet man deshalb von der Gelehrtenrepublik.

Für unsere politische Ordnung ist Demokratie aber ein praktisches Problem: es sind ja nicht alle Westdeutschen Gelehrte, sie sind noch nicht einmal alle politisch-vernünftig, selbst wenn nur minimale Anforderungen an die Vernunft gestellt werden. Bei uns gilt an dieser Stelle die gesetzliche Vermutung, daß jeder Westdeutsche mit 18 Jahren hinreichend politisch-vernünftig ist. Das ist die politische Gleichheit, die Egalité von 1789. Diese Vermutung gilt solange, bis sie durch Gerichtsbeschluß aufgehoben wird, z. B. durch Entmündigung. Die untere Grenze von 18 Jahren ohne obere Grenze ist nicht aus Prinzipien deduzierbar, man könnte empirisch z. B. auch für die Norm: »Trau keinem unter 30 oder über 60« argumentieren. Vernunft wird durch Bildung erworben, und zur politischen Vernunft gehört – viel mehr als zur technischen Vernunft – Erfahrung, d. h. Teilnahme an politischer Praxis. Man könnte theoretisch also z. B. auch politische Mitbestimmung von einer politischen Reifeprüfung abhängig machen. Aber Demokratie läßt sich erst verwirklichen, wenn die sozialen Bedingungen, unter denen die Bürger leben, also die Bedingungen der Arbeitswelt, die politische Bildung fördern statt hindern. Dazu gehört die ökonomische Sicherheit, aber sie genügt, wie man in Ost und West sehen kann, nicht: damit der Sozialstaat inhaltlich, nicht bloß formal demokratisch ist, muß er *emanzipatorisch* sein. Der Sozialstaat muß ein Mittel zum Bildungsstaat werden. Nur wenn wir die politische Bildung durch Emanzipation aller Bürger fördern, nur in einem emanzipatorischen Sozialismus, in dem politische Vernunft immer mehr Allgemeingut wird, nur in einer solchen politischen Ordnung wird mehr Demokratie verwirklicht.

Politische Anthropologie

In der »Islamischen Republik« schien sich – zur großen Überraschung in Ost und West – das Prinzip zu verwirklichen, daß *Religion* und *Politik* »unteilbar« sind. Genaugenommen vertritt auch der Papst dieses Prinzip, aber bei den Kirchen hat man sich daran gewöhnt, daß es bei einer Trennung von Wort und Tat, von Theorie und Praxis bleibt.

Das schwächere Prinzip, daß *Ethik* und *Politik* unteilbar seien, hat viele Anhänger auch außerhalb der Religionen. Aber die Wissenschaft, die uneingeschränkte geistige Autorität unserer Zeit, schweigt dazu. Sie schweigt dazu, obwohl in »Theorien« *über* die Wissenschaft beredt die Meinung vertreten wird, daß wissenschaftliche Ethik so unmöglich sei wie hölzernes Eisen. Wohl niemand würde leugnen, daß eine solche Ethik – wäre sie nur erreichbar – sehr wünschenswert ist: es ließe sich ja dann der Orientierungslosigkeit im ethisch-politischen Bereich, über die fast jedermann stöhnt, mit wissenschaftlichen Mitteln – wenigstens teilweise – abhelfen.

Die Frage nach einer wissenschaftlichen Ethik erfordert zu ihrer Beantwortung zweierlei: es muß definiert werden, was »wissenschaftlich« heißen soll, *und* es muß definiert werden, was »Ethik« heißen soll. Solche Definitionen wiederum sollen nicht willkürlich aufgestellt, sondern durch Argumentation begründet werden. Für eine begründete Definition von »Wissenschaft« ist ein Stück Wissenschaftstheorie erforderlich. Erst danach kann untersucht werden, ob sich ein Problembereich finden läßt, der den Namen »Ethik« verdient – und der sich wissenschaftlich im Sinne der begründeten Definition von Wissenschaft untersuchen läßt. Im ersten Teil dieses Vortrages werde ich also für eine Definition von Wissenschaft argumentieren, die so ist, daß jedenfalls Mathematik und Physik Wissenschaften im Sinne dieser Definition sind – und daß aber zugleich Platz bleibt für andere Wissenschaften. Im zweiten Teil wird für eine Definition von Ethik zu argumentieren sein, die so ist, daß ihre Probleme wissenschaftlich im Sinne der Definition des ersten Teils behandelbar sind.

Diese Aufgabe des zweiten Teils ist ohne den ersten Teil nicht verständlich zu machen. Trotzdem möchte ich das wichtigste Resultat vorwegnehmen, damit möglichst wenig falsche Erwartungen entstehen. Dazu vertraue ich darauf, daß Sie ein gewisses Vorverständnis davon haben, was man eine ethisch orientierte Politik nennen kann – im Gegensatz etwa zur sogenannten Realpolitik oder Machtpolitik. Ich werde im zweiten Teil dafür argumentieren, daß eine wissenschaftliche Ethik dann erreichbar wird, wenn man nach einer politisch orientierten Ethik sucht, d. h. nach einer Ethik, die eine wissenschaftliche Politik möglich macht.

Und um auch hier ein übliches Mißverständnis gar nicht erst entstehen zu lassen: mit wissenschaftlicher Politik soll keine Wissenschaft gemeint sein, die beansprucht, für die Entscheidungen der *praktischen* Politik kompetent zu sein. Es ist nur eine theoretische Politik gemeint, die in wissenschaftlicher Weise die Prinzipien der Politik erfaßt – z. B. sind gegenwärtig sogenannte »Grundwerte« aktuell – und daher günstigenfalls eine Richtlinienkompetenz für die mehr oder weniger langfristige Orientierung der praktischen Politik hat. Irgendwelche Erwartungen über eine wissenschaftliche Antwort, die sich auf private Lebensprobleme beziehen – und hier gibt es viele, die man traditionell als »ethische« (oder moralische) bezeichnet –, möchte ich gar nicht erst aufkommen lassen, da ich sie sonst enttäuschen müßte. Trotzdem wird sich zeigen, daß eine politisch orientierte Ethik tief in vieles eingreift, was häufig als Privatsache angesehen wird.

Diese Andeutungen lassen sich erst im zweiten Teil verdeutlichen. Es ist daher wohl an der Zeit, mit dem ersten Teil zu beginnen, mit der Frage nach einem Wissenschafts*begriff*, d. h. nach einer begründeten Definition von Wissenschaft. Hat man ein Wort definiert, so hat man damit einen Begriff definiert. Denn z. B. wird man in einer anderen Sprache ja ein anderes Wort in der Definition verwenden – aber das, was invariant bei dieser Ersetzung bleibt, das ist der Begriff. Genauer gesagt, das heißt im Deutschen »Begriff«.

Wie schon gesagt, soll Wissenschaft so definiert werden, daß zumindest Mathematik und Physik darunter fallen. Ich wähle hier noch spezieller Geometrie und Mechanik. Warum nennt man z. B. das, was ein Mechaniker macht, eine Wissenschaft. Schon hier ist selbstverständlich nicht der praktische Mechaniker gemeint, sondern ein theoretischer Mechaniker. Einen Korken aus einer Flasche zu ziehen, übersteigt häufig die Kompetenz eines theoretischen Mechanikers – aber er ist für die Theorie dieses Bewegungsvorganges zuständig. Er kann die erforderlichen Kräfte berechnen – aber er braucht sie im Zweifelsfall nicht zu haben.

Die praktische Kompetenz hat allein der Praktiker, trotzdem weiß jeder praktische Mechaniker, daß seine Praxis auf Theorie angewiesen ist. Mathematik und Physik sind als theoretische Stützen all unserer technischen Praxen unentbehrlich, d. h. ohne diese Stützen würde unsere Technik zusammenbrechen. Für primitive Techniken, wie z. B. das Entkorken einer Flasche, ist bis heute niemand auf Theorien angewiesen. Es gibt noch heute eine vorwissenschaftliche Technik – und es gab diese schon vor der Entstehung der Wissenschaften in den Hochkulturen. Bis heute wird in der technischen Praxis erst dann ein Ingenieur herangezogen, wenn man ohne ihn nicht auskommt. Und der Ingenieur zieht nur im Notfalle einen Physiker hinzu – dieser erst in letzter Not einen Mathematiker. In unserer Bildungstradition ist aber diese praxisorientierte Reihenfolge umgekehrt. Man studiert erst Mathematik und wendet das Gelernte in der Physik an. Der Ingenieur wendet dann das in der Physik Gelernte an. Fragt man die Mathematiker, wozu sie ihre Wissenschaft treiben, so erhält man höchst selten die Antwort: zur Stützung der Physik. Erst recht lehnen die Physiker fast stets ab, daß sie ihre Wissenschaft zur Stützung der Technik trieben. Nicht der technische Nutzen sei ihr Zweck, sondern die reine Erkenntnis der Natur. Ersetzt man hier das Wort »Erkenntnis«, um nicht unbemerkt in Zirkel zu geraten, wieder durch »Wissenschaft«, so heißt das, daß als Zweck der Naturwissenschaft nur die Wissenschaft der Natur angegeben wird. Im Verlauf der Kulturgeschichte sind Mathematik und Physik Selbstzweck geworden.

Da es absurd wäre, jede Tätigkeit, die sich Selbstzweck ist, z. B. Tanzen und Spielen, eine Wissenschaft zu nennen, bleibt nichts anderes übrig, als gegen das faktische Selbstverständnis der Mathematiker und Physiker ihre Tätigkeit doch nur deshalb eine »Wissenschaft« zu nennen, weil sie zur theoretischen Stützung einer Praxis dient, nämlich unserer technischen Praxis. Unsere Technik hat sich aus primitiver Praxis durch sehr viel Denken entwickelt: unsere Technik ist theoriegestützte Praxis. Was immer Physik im Selbstverständnis vieler Physiker sein mag: alle physikalischen Theorien von der klassischen Mechanik bis zur

Quantenmechanik sind als theoretische Stützung unserer Technik nützlich, ja mittlerweile unvermeidbar.

Wieviel wir von dieser Technik aber überhaupt wollen, das ist keine naturwissenschaftlich zu behandelnde Frage, sondern eine politische Frage. Für viele bedeutet die Benutzung des Wortes »politisch«, daß damit entschieden ist, daß es keine wissenschaftliche Frage ist. Genau das muß aber noch einmal genau überdacht werden, wenn nach der Möglichkeit wissenschaftlicher Ethik gefragt wird. Ethisch-politische Wissenschaften kann es nur geben, wenn – entsprechend zur technischen Praxis – eine politische Praxis angegeben werden kann, zu deren Stützung ebenfalls theoretisches Denken möglich – und wünschenswert – ist.

Dieses theoretische Denken braucht nicht *beweisend* zu sein wie das Denken der Mathematik und Physik, das der Technik angemessen ist. Soll aber nicht beliebiges Denken und Reden zugelassen sein, so muß es zumindest *argumentierend* sein: für jede Definition und für jeden Satz soll auf eine konsensfähige Weise argumentiert werden. Ein Konsens heißt dabei: gemeinsame Zustimmung, gemeinsame Ablehnung – oder gemeinsame Enthaltung vom Urteil. In der römischen Rechtssprache formuliert heißt der Konsens also: *Sic, Non* oder *Non-liquet*. Vernachlässigt man hier das *Non-liquet* – zu deutsch: es ist noch ungeklärt –, so verlangt man von der argumentierenden Wissenschaft, daß sie jede einschlägige Frage entscheiden solle. Das tun aber selbst die beweisenden Wissenschaften nicht. Auf die Frage, ob es unendlich viele Primzahlzwillinge gibt oder nicht, darauf lautet die Antwort der Mathematiker zur Zeit: *Non-liquet*.

Nur Wissenschaften können sich diesen scheinbaren Luxus des *Non-liquet* leisten – in der Praxis, ob sie nun technisch oder politisch ist, muß entschieden werden. Die Forderung nach konsensfähigem Argumentieren, das bei faktischem Dissens eben nur ein Non-liquet, eine gemeinsame Enthaltung vom Urteil, ergibt, unterscheidet dieses auch von jeder Rhetorik, die den anderen von einer Meinung überzeugen will. Stimmt der andere nicht zu – besteht also faktisch Dissens –, so heißt das in der Rhetorik nur, daß jeder bei seiner Meinung bleibt.

Unter Wissenschaftlern heißt faktischer Dissens aber für alle Beteiligten gemeinsam, daß das Problem noch ungeklärt ist. Es muß noch weiter argumentiert werden – und bis dahin bleibt keiner bei seiner Meinung. Privat mag jeder so seine Vermutungen oder

Wünsche haben. Es gehört aber zur Disziplin des wissenschaftlichen Denkens, bei faktischem Dissens ein *Non-liquet* anzuerkennen. Jeder Wissenschaftler erkennt dadurch den anderen als Wissenschaftler an.

Diese Disziplinierung des Redens zum wissenschaftlichen Argumentieren oder Beweisen lernt man nur, indem man eine Wissenschaft lernt. Es hat deshalb auch keinen Zweck, daß ich bei der Definition der politischen Wissenschaften als einem konsensfähigen Argumentieren zur Stützung politischer Praxis stehenbleibe. Ich muß jetzt im zweiten Teil definieren, welche Praxis »politisch« heißen soll. Anschließend werde ich auch »Ethik« definieren können. Ethik wird ein erster Teil der Politik werden – und ich werde mich in diesem Vortrag auf die Prinzipien, die Grundbegriffe und Grundnormen beschränken, auf eine politische Anthropologie. Für die Definitionskette, die von »politischer Praxis« bis zur »Vernunft« als »Transsubjektivität« führt, sei der Leser auf den voranstehenden Aufsatz (S. 171 oben bis S. 179 Mitte) verwiesen. Diese sei hier nur kurz rekapituliert.

Eine Redepraxis, die der Erhaltung und Verbesserung des normativ-geordneten Zusammenlebens dient, heißt »politisch«. Politisches »Interesse« ist für diese Praxis vorausgesetzt. »Ethik« läßt sich als Protopolitik definieren. Eine ethisch-politische Redepraxis beginnt mit den »Kategorien« einer rationalen Grammatik. »Tun« als Grundbegriff, »Geschehen« als ein Oberbegriff und »Handeln« als ein Unterbegriff von Tun sind dadurch definierbar. Das führt zu psychologischen und noologischen Termini: Empfinden, Denken, Wollen. Entscheidend ist die Reduktion des Wollens auf die Tatkraft zur Erreichung wohlbedachter Wünsche. Erst dann läßt sich aus der Redepraxis, die das Zusammenleben als Zweck hat, begründen, daß die einzige Alternative zu Zwang (Gewalt, letztlich Krieg) das Reden »ohne Ansehen der Person« ist. Das erfordert vom politisch Interessierten, daß er seine bloße Subjektivität transzendiert. Die Transsubjektivität ist das Prinzip ethischer Politik – sie wird daher als Definition des traditionellen Wortes »Vernunft« vorgeschlagen.

Im Gewissen prüft sich das Subjekt selbst auf seine »Transsubjektivität«. Über die nächsten Schritte ist durch diese Befreiung vom Pluralismus vermeintlicher Grundwerte zwar noch nichts entschieden, aber die Diskussion hat eine Basis, von der sie anfangen kann.

Das ist eine sehr schmale Basis. Als Wissenschaftstheoretiker kann ich nur riskieren, einen Dialog der Fachwissenschaften von dieser Basis aus zu antizipieren. Zunächst ist es eine Aufgabe der Geschichtswissenschaften, zu klären, daß unsere Gegenwart die Besonderheit erfüllt, die sich als Bedingung ethisch-politischer Vernunft ergeben hat. Das Vernunftprinzip (die Transsubjektivität) wurde nämlich als einzige Alternative zu Zwang in politischen Verbänden begründet, in denen es keine *traditionale* Autorität mehr gibt, die die normative Ordnung des Zusammenlebens erhält.

Diese Bedingung war welthistorisch zum erstenmal bei den griechischen Städtegründungen (etwa vom 7. Jh. an) erfüllt. Gegen die sophistische Reduktion allen politischen Denkens auf rhetorische Technik haben Platon und Aristoteles ihren Versuch gesetzt, die Prinzipien ethisch-politischer Vernunft zu klären. Dieser Versuch ist schon im Hellenismus gescheitert.

Nach Spätantike und Mittelalter ist mit dem Ende des Absolutismus welthistorisch zum zweiten Mal die Bedingung erfüllt, daß es in den politischen Verbänden Europas – das sind jetzt die Staaten – keine traditionale Ordnung mehr gibt, die die normative Ordnung des Zusammenlebens erhält. Unsere Staaten haben sich aus primitiven politischen Verbänden entwickelt. Sie haben dabei *primär* eine künstlerisch-religiöse *Kultur* entwickelt, die aber zu einer Pluralität traditionaler Lebensgestalten geführt hat. *Sekundär* haben sie – welthistorisch erstmalig – eine einheitliche technisch-ökonomische *Gesellschaft* hervorgebracht. Diese erfordert – und fördert – nur technische Vernunft. Für die politische Vernunft ist die Verwaltung der Gesellschaft dagegen nur ein Mittel, das die Bildung der Staatsbürger zum Zweck hat: das Ziel ist die *tertiäre* Entstehung einer ethisch-politischen *Zivilisation.* Zu den zwei Dimensionen der ethisch-emotionalen und der technisch-rationalen Bildung tritt als Aufgabe die dritte Dimension der ethisch-rationalen Bildung.

Transsubjektivität als das, was Menschen zu Personen werden läßt, kann nur durch Bildung erworben werden. Das geschieht in den Lebensgestalten unserer künstlerisch-religiösen Kultur, in denen der Mensch sich *partiell* (insbesondere in Kleingruppen) in transsubjektives Denken und Handeln einlebt. Keine Vernunft kann die Totalität einer Lebensgestalt ersetzen. Aber um der Vernunft willen darf sich keine Totalität absolut setzen. Toleranz, die den anderen erträgt, genügt nicht. Es geht um Solidarität, die sich selbst in Frage stellt, bis ein Konsens gefunden ist. (Für die Praxis bleiben allerdings Kompromisse ohne Konsens notwendig.) Eine – etwa in dieser Weise – historisch erweiterte Basis des Dialogs um eine »theoriegestützte Gegenwartsanalyse« (mit daraus zu begründendem politischen »Orientierungsrahmen«) ist ersichtlich immer noch zu schmal.

Seit der Spätantike ist in unserer Tradition Vernunft ja reduziert auf die spezifisch »philosophischen« Bereiche des Empfindens, Wahrnehmens und Denkens – die neuzeitliche Reduktion auf technische Vernunft ist nur eine letzte absurde Konsequenz davon, daß das Fühlen (Freude und Leid), Vertrauen, Lieben und Hoffen dem Irrationalen, der Religion überlassen blieb. Das Verhältnis dieser anthropologischen Grundbegriffe zur Religion ist daher neu zu bestimmen. Das ist eine interdisziplinäre Aufgabe der Psychologie, Soziologie und Theologie.

Wiederum kann ich hier nur eine Skizze riskieren. Wir leben nicht miteinander wie behavioristische Wissenschaftler, die durch Beobachtung von Lernprozessen sich Meinungen darüber bilden, ob der andere Lust oder Schmerz empfindet. Wie höher entwickelte Tiere haben wir über Empfindungen und Wahrnehmungen hinaus Erinnerungsvorstellungen – wir haben daher auch Erwartungen, und durch das Miteinanderreden über unsere Vorstellungen haben wir sprachlich gestützte Phantasievorstellungen. Wie sozial lebende Tiere haben wir als naturale Basis allen Miteinanderlebens das *Mitfühlen*: geteilte Freude ist doppelte Freude, geteiltes Leid ist halbes Leid. Es wäre ein naturalistischer Fehlschluß, von dieser Basis auf eine Norm, etwa das Liebesgebot, zu schließen. Aber diese naturale Basis ist die Bedingung dafür, daß sich in unserer Kultur (wie wohl in allen) wenigstens partiell in Kleingruppen (Familien, Freundeskreisen) *Vertrauen* herstellt: man erwartet Mitfühlen und gemeinsames Tun.

In unserer Kultur hat sich ein Nebeneinander oder sogar Gegeneinander der »philosophischen« Tugenden *Vernunft*, *Gerechtigkeit* und *Klugheit* und der »theologischen« Tugenden *Vertrauen*, *Lieben* und *Hoffen* entwickelt. Als Maximen des profanen Menschen gelten so:

(1) Weder Vertrauen noch Mißtrauen, nur Vernunft!
Entsprechend:
Weder Lieben noch Hassen, nur Gerechtigkeit!

Weder Hoffen noch Verzweifeln, nur Klugheit!
Für den religiösen Menschen soll aber gelten:
(2) Vertrauen statt Mißtrauen!
(Und entsprechend: Lieben statt Hassen! Hoffen statt Verzweifeln!)
Diese Maximen werden dabei als Bekenntnisse vorgetragen – man *gelobt*, so zu leben (man »glaubt«). Die Gegenüberstellung zeigt deutlich die Schizophrenie unseres gegenwärtigen Denkens. Vertrauen ist die Bedingung, ohne die sich keine Vernunft (weder in Kleingruppen noch gar als Prinzip der Politik) entwickeln kann:
(3) Ohne Vertrauen keine Vernunft.
Das ist ein Satz politischer Anthropologie. Keine Religion sollte ihn allein für sich in Anspruch nehmen. Als pädagogischer Satz lautet er: Mißtrauen macht unvernünftig. Als Norm ergibt sich (nachdem Vernunft als Norm politisch begründet ist):
(4) Vernunft statt Mißtrauen!
Die religiösen Maximen (Vertrauen statt Mißtrauen usw.) erweisen sich so als Verkürzungen, die deshalb »übervernünftig« erscheinen, weil Vernunft als der Mittelbegriff von (3) und (4) nicht mehr auftritt. Die profanen Maximen (1) sind dagegen nur Rückzugspositionen, in die die »Philosophie« von der Religion gedrängt worden ist.
Es bleibt noch übrig, sich über unsere religiösen Traditionen, also die Geschichte des Christentums, so zu verständigen, daß die Kirchen als die gegenwärtig wichtigsten Institutionen für die ethisch-politische Bildung, insbesondere für die moralische Erziehung, zur Überwindung des Elends unserer Zivilisation (die auf technisch-ökonomische Gesellschaft mit bloßer Freizeit-Kultur reduziert zu werden droht) ihren Teil beitragen können.
Es ist die Bedeutung der Mythen vom Schöpfergott und Richtergott des Alten Testaments zu klären. Durch die Verschmelzung der jüdischen Gottesvorstellung (die schon »bilderlos« war!) und der griechischen Philosophie im Christentum seit der Spätantike läßt sich danach das Leben Jesu als exemplarisches Leben unbedingter Solidarität (Transsubjektivität) deuten. Karfreitag, der Tod Jesu, wird dadurch zugleich das Ende der alttestamentlichen Vorstellung eines Richtergottes: ein Gott, der seinen getreuesten Sohn am Kreuz sterben läßt, ist nicht als Richter vorstellbar. Ostern ist daher das entscheidende religionsgeschichtliche Ereig-

nis: die Urgemeinde fand die Kraft, ohne Furcht vor einem Richtergott nach dem Prinzip der unbedingten Solidarität miteinander zu leben. Mit Jesus starb der Richtergott, und er wurde als das Prinzip der unbedingten Solidarität wieder lebendig. Seitdem sind die Kirchen Institutionen zur Verwirklichung des Prinzips der Transsubjektivität.

Auf dieser breiteren Basis können, von Christen und Nicht-Christen gemeinsam getragen, die politischen Wissenschaften (von der Psychologie und Soziologie bis zur Ökonomie und Jurisprudenz) auf eine konsensfähige Weise mit der Bearbeitung der materialen Normen beginnen, die unsere politische Situation bestimmen.

Marx heute

Karl Marx wurde 1818 in Trier geboren, er starb fast 65jährig in London und ist durch seine Kritik der politischen Ökonomie (deren erster Teil 1867 unter dem Titel *Das Kapital* erschien) ein Vordenker für alle die geworden, die sich heute »Marxisten« nennen – und für viele andere auch.

Da das Leben zu kurz ist, als daß ein einzelner auch nur die wichtigsten politischen Probleme seiner Gegenwart ohne Hilfe anderer durchdenken könnte, ist jeder, der sich selbst ein politisches Urteil bilden will – also jeder, der zur politischen Intelligenz (wie man sagt) gehört –, auf andere als Vordenker angewiesen. Die politische Intelligenz der Lebenden reicht dabei erfahrungsgemäß nicht aus, so daß wir auch auf schon Geschichte gewordene Denker nicht verzichten können.

Die Geschichte politischen Denkens, also der politischen Wissenschaften als denkender Vorbereitung politischen Handelns (soweit sich politisches Handeln denkend vorbereiten läßt!), beginnt vor fast zweieinhalbtausend Jahren mit Platon und Aristoteles. Geschichte schreiben heißt immer: Sich beschränken durch Auswahl. Müßte man sich etwa auf ein Dutzend politische Theoretiker der Vergangenheit beschränken, so würde meine Auswahlliste mit Hegel, Marx und Max Weber enden.

Marx begann als Hegelianer, er promovierte über den antiken Materialismus und wurde Journalist bei der *Rheinischen Zeitung*. Mit 25 Jahren mußte Marx emigrieren. Er ging nach Paris und lernte dort den frühen Sozialismus kennen. Gegen diesen frühen Sozialismus wurde er Kommunist. Zusammen mit Engels schrieb er 1848 das Kommunistische Manifest.

Erst ab 1849 beginnt er in London sein wissenschaftliches Werk, die Kritik der politischen Ökonomie (wie man damals noch treffend das nannte, was später »Nationalökonomie« hieß und heute »Volkswirtschaftslehre« heißt). Damit begründete Marx den wissenschaftlichen Sozialismus.

Für jemanden, der Politik nicht nur hilflos erleiden will, sondern kritisch mitdenken will, um wenigstens zu verstehen, welche Gedanken – oder auch Gedankenlosigkeiten – in der Gegenwartspolitik wirksam sind, lohnt sich eine Auseinandersetzung mit

Marx auch außerhalb des Spezialgebietes der politischen Ökonomie. Denn es gibt Grundbegriffe und Grundgedanken, die Marx für seine Kritik der politischen Ökonomie verwendet – und diese Prinzipien (wie man zusammenfassend für Grundbegriffe und Grundgedanken sagt) sind es, die noch heute für jeden politisch Interessierten aktuell sind.
Die Marxschen Prinzipien bestimmen seinen technisch-ökonomischen Ansatz. Sie bestimmen den Menschen als ein Lebewesen, das für seine Lebenserhaltung – im Unterschied zum Tier – eine Technik entwickelt hat. Das war bei Marx selbstverständlich schon die industrielle Technik und er sah auch voraus, daß die Industrie die Güter mit immer weniger menschlicher Arbeit produzieren würde. Abhängig von der technischen Entwicklung der Produktivkräfte entwickeln sich die Produktionsverhältnisse. Zur Industrie gehört die Produktion der Güter als Waren für den Weltmarkt – und der Reichtum der Bourgeoisie ebenso. Allein diese besitzt die Maschinen und verkauft die Waren.
Zwar hat 1913 Henry Ford in die Betriebswirtschaft die nachfrageorientierte Ökonomie eingeführt (indem er seine Arbeiter so gut bezahlte, daß er noch daran verdiente, daß sie seine Autos kaufen konnten), aber die politische Ökonomie hat bis Keynes warten müssen – und heute ist wieder die angebotsorientierte politische Ökonomie von Adam Smith und Jean Baptiste Say die Meinung der Herrschenden. Diese fachwissenschaftliche Kontroverse kann zu keinem Konsens führen, da die von den beiden Parteien benutzten Prinzipien ungeklärt sind.
Für eine politische Ökonomie müssen nämlich die Prinzipien von Politik überhaupt geklärt sein. Für die liberale Politologie ist der Staat eine Schutzeinrichtung für die Freiheit der Bürger als Privatpersonen. Jeder Bürger hat als Mitglied der Industriegesellschaft das Recht, Eigentum an den Produktionsmitteln zu erwerben, er hat das Recht, Waren zu kaufen und zu verkaufen. Da zum Kaufen Geld gehört, Geld aber vererbt wird – so wie im Feudalismus die Privilegien des Adels –, entsteht der Widerspruch, den man bis heute vornehm »die soziale Frage« nennt: Die Arbeiter können nur ihre Arbeitskraft verkaufen.
Unter »Sozialismus« seien hier alle Bemühungen verstanden, diese soziale Frage zu beantworten. Der gegenwärtige Kommunismus gehört in diesem Sinne zum Sozialismus, ebenso wie das Werk von Marx. Aber ob Marx die Antwort gefunden hat, und

welcher Marxismus eine Ausarbeitung der Marxschen Antwort ist – das sind die Fragen, mit denen Marx heute die politische Intelligenz herausfordert.

Bezeichnet man die soziale Frage, die durch die industrielle Revolution entstand – und die sich gegenwärtig durch die Computertechnik wieder revolutionär verschärft –, als einen »Widerspruch«, dann benutzt man einen schulphilosophischen Ausdruck Hegels. Ohne Dialektik gesprochen, handelt es sich um die schreiende Ungerechtigkeit, daß diejenigen, die die Güter produzieren, nicht in den Genuß dieser – oder gleichwertiger – Güter kommen.

Ja, die Verhältnisse sind nicht so, wie es bei Brecht heißt. Es scheint, daß man an dieser Stelle, an der die Gerechtigkeit in die Überlegungen hineinkommt, zugleich an eine schwache Stelle der Marxschen Politologie gelangt. An eine Schwäche, die sich noch im Godesberger Programm auswirkt, wenn es dort heißt: »Freiheit und Gerechtigkeit bedingen einander.« Dieser Orakelspruch wird oft wiederholt. Das »Einanderbedingen« wird gern als Spannungsverhältnis interpretiert – dadurch wird aber nichts klarer.

Ein klarer Satz wäre dagegen: »Willkür und Ordnung beschränken einander.« Dieser Satz ist aber zugleich trivial: Je mehr Willkür erlaubt ist, desto weniger Ordnung, und je mehr Ordnung, desto weniger Willkür ist erlaubt.

Wer mit »Freiheit« nur Willkür meint, sollte das sagen. Man tut sich gegenseitig schwer mit den Grundwerten Freiheit und Gerechtigkeit. Ich zitiere aus dem Buch *Demokratischer Sozialismus*, hg. von Thomas Meyer, München 1980: ». . . die Schaffung realer Freiheitsspielräume (ist) das Spezifikum des demokratisch-sozialistischen Verständnisses, nach dem Freiheit dem Menschen nicht a priori gegeben, sondern ›Ergebnis gesellschaftlicher Leistung‹ ist.« »Gerechtigkeit . . . soll . . . einem jeden ›gleiche Rechte und gleichwertige Lebenschancen‹ in der Gesellschaft (eröffnen).«

Freiheit meint hier also den Willensspielraum des einzelnen, der nur dadurch beschränkt ist, daß alle in einer gerechten Ordnung leben, in einer Ordnung, die allen realiter gleiche Chancen schafft, einen für den einzelnen optimalen Willensspielraum zu bekommen. Zu diesem Freiheitsbegriff sagt Thomas Meyer zu Recht in seiner *Einführung in den demokratischen Sozialismus* (1982): »Geschichtlich ist der moderne Sozialismus die konsequente Wei-

terentwicklung der liberalen Freiheitsbewegung der Neuzeit. ... Sozialismus will Freiheit für alle Menschen in allen Lebensbereichen erfüllte Wirklichkeit werden lassen.«
Diese »konsequente Weiterentwicklung« der liberalistischen Lehre von der Freiheit aller einzelnen als dem Zweck von Gesellschaft und Staat war schon die politische Grundlage für den wissenschaftlichen Sozialismus von Marx. In seinem technisch-ökonomischen Ansatz, nach dem der Staat nur ein Herrschaftsinstrument der Bourgeoisie ist, weil diese in der technischen und ökonomischen Wirklichkeit, also in der Gesellschaft, herrscht, entsteht das Problem, wer dann die Rechtsordnung des Staates bestimmt, wenn es keine herrschende Klasse mehr geben wird. Die berühmte Formel von Engels lautet, daß der Staat dann »abstirbt«. Die Produktionsverhältnisse, die der industriellen Produktion angepaßt sind, werden eine Gesellschaft bestimmen, die keine staatliche Gewalt mehr braucht. Die Gesellschaft selbst wird die Rechtsordnung tragen, ohne (staatliche) Diktatur.
Das ist in der Tat konsequent weitergedachte liberalistische Staatslehre. Aber welche Gründe sprechen für diese Staatslehre? Sie entstand in der Neuzeit in Frankreich und England durch Theoretiker wie Bodin, Hobbes, Locke und Montesquieu. Sie wurde in den USA Bestandteil der Verfassung und steht seit 1949 im bundesdeutschen Grundgesetz. Das war für die westdeutsche politische Kultur ein großer Schritt, der die »Verspätung« gegenüber den westeuropäischen und nordamerikanischen Staaten korrigierte. Denn die liberalistische Staatslehre hat bei uns den Untertanenverstand des Obrigkeitsstaates und die Anbetung des reinen Machtstaates überwunden. Aus der Anerkennung dieser Staatslehre als der Grundlage unserer politischen Kultur folgt allerdings nicht, daß die Überwindung von Obrigkeits- und Machtstaat nur auf dem liberalistischen Weg möglich ist. Die Marxsche Gesellschaftstheorie, die meint, ohne Staat auskommen zu können, fordert, insbesondere in der Weiterentwicklung durch Lenin, dazu heraus, die liberalistische Staatslehre neu zu überdenken.
Diese Staatslehre geht von der Fiktion aus, die Menschen lebten primär in der Gesellschaft, die sich durch Technik und Ökonomie am Leben erhält. Erst sekundär kämen Staatsorgane, speziell Parlamente und Regierungen, hinzu. Um die Freiheiten der Bürger zu schützen, wie die Liberalen sagen – um die Arbeiter zu unter-

drücken, wie Marx sagte. Der Primat der Gesellschaft vor dem Staat ist dem Liberalismus und Marx gemeinsam.

Der Primat der Gesellschaft vor dem Staat ist eine theoretische Fiktion, nicht etwa eine Tatsache. Tatsache ist dagegen, daß wir alle als Staatsbürger geboren werden. Und daß die in der Neuzeit erdachte liberale Fiktion eine notwendige Grundlage aller politischen Wissenschaften wäre, wird durch die Geschichte dieser Wissenschaften widerlegt. Für die politische Theorie der Antike (vor dem Christentum) hatte der Staat den Primat vor allem anderen. Die griechische Polis und die römische Republik sind der Theorie nach Gemeinwesen, in denen die Würde des Menschen – im Unterschied zum Tier – darin besteht, in freier Mitbestimmung Träger einer Rechtsordnung zu sein.

Das ist die antike, republikanische Staatslehre. Sie wurde in der Neuzeit durch Rousseau wieder aufgenommen und von Kant und Hegel gegen die liberalistische Staatslehre vertreten. Im modernen Sozialismus wird diese Kontroverse fortgeführt, wenn es um politische »Emanzipation« (für den Liberalismus) oder politische »Partizipation« (für den Republikanismus) geht. Daß Marx konsequent antirepublikanisch war – auch das ist eine Herausforderung an die politische Intelligenz, vor die uns Marx heute stellt.

Politische Vernunft und der Begriff Sozialismus

Meine sehr verehrten Damen und Herren,
wir wollen heute nachmittag versuchen, uns über Fundamente unseres politischen Denkens zu verständigen – also über Fundamente, die uns allen gemeinsam sein können. Solche Fundamente unseres Denkens sind leider ebenso schwer zugänglich wie die Fundamente eines alten Gebäudes: wir müssen uns den Weg dahin erst erarbeiten.
Dazu wiederum brauchen wir einen gemeinsamen Ausgangspunkt. In diesem Bayerischen Seminar für Politik scheint es mir angebracht, von einer jetzt 15 Jahre alten Rede auszugehen, die für uns noch genau so aktuell ist, wie sie 1968 war: die letzte politische Rede, die Waldemar von Knoeringen gehalten hat.
Erst mit dieser Rede als Ausgangspunkt werde ich dann sagen können, in welchen Schritten ich versuchen möchte, mit Ihnen gemeinsam zu Fundamenten zu gelangen. Damit die Gliederung meines Vortrags verständlich wird, bitte ich Sie also vorher, Ihre Aufmerksamkeit der Rede Knoeringens zuzuwenden. Sein Thema war »Anthropologische Orientierung der Politik«. Das Godesberger Programm war damals wie noch heute für die SPD verbindlich: Sozialdemokrat wird man dadurch, daß man sich – aus welchen Gründen immer – zu den Grundwerten Freiheit, Gerechtigkeit, Solidarität bekennt. Knoeringen benutzt diese, wie er sagt, »Worte und Begriffe« als Orientierungsmarken. Zunächst zitiert Knoeringen einen Soziologen, um das Wort »Orientierungsmarke« einzuführen: »Es ist unmöglich, nach einer Orientierungsmarke zu segeln, die wir an den Bug unseres eigenen Schiffes genagelt haben.« Nachdem dies niemand bestreiten wird, bekennt sich Knoeringen zum demokratischen Sozialismus als der Orientierungsmarke, »nach der wir segeln«. Er führt dazu aus:
»Wir haben uns oft die Frage vorgelegt: ist der Begriff Sozialismus, selbst wenn wir ihn immer mit dem Beiwort freiheitlich, demokratisch oder humanistisch gebrauchen, für uns, für das, was wir wollen, noch aussagekräftig? Ist er nicht mißbraucht wor-

den? ... wird nicht täglich das kommunistische System der Unfreiheit als »Sozialismus« gepriesen? Wir belasten uns doch und stoßen jene Schichten ab, die den Unterschied zwischen unserem Sozialismus und dem Kommunismus nicht verstehen. ... Ich gestehe, daß ich auf lange Strecken des Weges der letzten Jahre ... – um Mißverständnisse zu vermeiden – den Begriff Sozialismus wenig gebraucht habe. Wenn ich mich heute ganz bewußt zum demokratischen Sozialismus bekenne, so aus folgender Überlegung: es gibt Worte und Begriffe, die für uns über den Zeiten stehen, weil sie einer tiefen Sehnsucht, einer Hoffnung, einem Orientierungsbedürfnis des Menschen Ausdruck geben. Freiheit, Gerechtigkeit, Wahrheit sind solche Begriffe; aber auch Christentum, Humanismus und Sozialismus.«

So weit Knoeringen. Er zählt zwei Arten von »Worten und Begriffen« auf, die, wie er sagt, »für uns über den Zeiten stehen«. Nämlich *systematische* Begriffe der politischen Vernunft, wie z. B. Freiheit und Gerechtigkeit, und *historische* Begriffe, wie Christentum und Sozialismus. In einem strengen Sinne stehen nur die *systematischen Begriffe* »über den Zeiten«. Alle *Wörter* dagegen wandeln sich mit den Sprachen – und die *historischen* Begriffe stehen nur »für uns« über den Zeiten, das heißt nämlich, daß z. B. Christentum und Sozialismus geistige Bewegungen sind, deren Lebensdauer unsere eigene Lebenszeit weit überragt. Meine Damen und Herren, mit der erforderlichen Unterscheidung der Wörter von den Begriffen, und der historischen Begriffe von den systematischen, haben wir ersichtlich Aufgaben vor uns, zu deren Lösung viel zu tun ist.

Ich werde im folgenden mit dem leichteren Teil beginnen, nämlich in Teil I mit der Definition historischer Begriffe, und zwar in der historischen Reihenfolge: Christentum, Kapitalismus, Liberalismus und Sozialismus.

Schwieriger wird es, wenn nach systematischen Begriffen der politischen Vernunft gefragt werden muß. In einem Teil II werde ich kurz die Geschichte der politischen Vernunft skizzieren bis zu gegenwärtigen Meinungen. Erst in Teil III kann ich versuchen, aufgrund einer politischen Anthropologie eine Orientierung der Politik in unserer post-traditionalen, sog. pluralistischen Gegenwart zu finden. Die Schlußthese wird – wieder mit historischen Begriffen formuliert – lauten, daß der demokratische Sozialismus am Scheideweg steht zwischen Liberalismus und Republikanismus. Aber bis dahin ist noch vieles vorher systematisch zu klären.

Damit komme ich zu Teil 1, der Definitionslehre historischer Begriffe. Die politischen Wissenschaften gehören bei uns zu den Geisteswissenschaften, d. h. es wird philologisch-historisch gedacht – hermeneutisch ist das Modewort dafür. In dieser Tradition ist es durchaus üblich, historische Begriffe, wie z. B. Christentum, zu definieren – auch dann, wenn dabei aus parteilichen Gründen verschiedene Definitionen konkurrieren. Jedenfalls sind die Wörter für solche historischen Begriffe keine Eigennamen, wie z. B. Jesus oder Marx. Auch die Taten und Worte historischer Personen sind keine historischen Begriffe, sondern Geschehnisse. Der Tod Jesu ist ein Geschehnis, Christentum ist aber ein historischer Begriff. Hier muß nämlich definiert werden, wodurch Taten und Worte als »christlich« von den »nicht-christlichen« (früher sagte man »heidnischen«) unterschieden werden sollen. Zur Definition historischer Begriffe braucht man Wörter. Das sind Eigennamen oder Kennzeichnungen von Dingen und Geschehnissen. Es sind aber auch Begriffswörter. Versucht man allein mit Begriffswörtern zu definieren – Knoeringen tut das in seiner Rede beiläufig, indem er »christlich« durch das Streben nach einer barmherzigeren Welt definiert –, dann erhält man keinen historischen Begriff. Definierte man allein durch »mehr Barmherzigkeit«, dann wären viele Buddhisten Christen – und die meisten Christen wären dann Heiden. Zur Definition des Christentums als einer geistigen Bewegung gehört, daß diese Bewegung in der Spätantike als eine Antwort auf den Sinnverlust der politischen Institutionen der römischen Republik entstand. Der Satz »Jesus ist Christus« gab für die Christen die erlösende Antwort. Und diese blieb das Mittelalter hindurch in Geltung. Nach dem christlichen Mittelalter entstand der Kapitalismus, wenn man der Begriffsbildung Sombarts folgt. Das ist das Wirtschaftssystem, das in Europa die mittelalterliche Wirtschaftsordnung ablöste. Es ist charakterisiert durch Kostenkalkulation und das Gewinnstreben privater Unternehmer auf dem Markt. Der Hochkapitalismus entsteht, als die kirchlichen und staatlichen Bindungen des Absolutismus durch den Liberalismus zerbrochen werden. Der liberalistische Staat ist dadurch definiert, daß er die Freiheit der einzelnen schützen soll, insbesondere seine freie wirtschaftliche Tätigkeit.

Meine Damen und Herren, um nicht Ihre Zustimmung für meine späteren systematischen Bemühungen schon jetzt zu verlieren, beschränke ich mich hier auf Minimaldefinitionen, wie sie in jedem Lexikon zu finden sind. Unter »Sozialismus« findet man dort etwa: »Sozialismus ist die seit der Industrialisierung im 19. Jahrhundert entstandene Bewegung, anstelle der liberalistisch-kapitalistischen Wirtschaftsordnung eine neue gemeinwirtschaftliche Ordnung herbeizuführen.«

Das Lexikon, das ich zu Hause habe, fügt hinzu, daß die neue Wirtschaftsordnung »Gleichheit, Gerechtigkeit und Solidarität« verwirklichen soll. Abgesehen davon, daß diese Triade von Grundwerten eine willkürliche Auswahl aus der »Freiheit, Gleichheit, Brüderlichkeit« von 1789 und der »Freiheit, Gerechtigkeit, Solidarität« von 1959 ist, gehören solche systematischen Grundwerte nicht in die Definition historischer Bewegungen. Das ist nur Rhetorik – keine Bewegung kann doch z. B. Unfreiheit oder Ungerechtigkeit auf ihre Fahnen schreiben.

Jede politische Bewegung ist selbstverständlich der Versuch, in der jeweiligen Gegenwart politische »Grundwerte« zu verwirklichen. Der politischen Vernunft ist die Aufgabe gestellt, die vermeintlichen »Grundwerte« zu prüfen, ob es denn »Werte« sind, ob sie allgemeine freie Anerkennung wert sind. Ob die in der Bewegung vorgeschlagenen Mittel geeignet sind, die vernünftig begründbaren »Werte« zu verwirklichen – das ist für die jeweilige Gegenwart darüber hinaus noch zu begründen.

Da wir hier die *Fundamente* erörtern wollen, haben wir die Aufgabe noch vor uns, allererst zu begründen, daß es systematische Begriffe der politischen Vernunft gibt. Die herrschende Meinung – der Historismus – behauptet, daß alle Begriffe nur historische Begriffe seien. Nach ihm steht z. B. auch der Begriff Gerechtigkeit nur für die dem historischen Wandel unterworfenen *Vorstellungen,* die die Menschen mit dem Wort »Gerechtigkeit« verbinden. Die Gerechtigkeitsvorstellungen stehen in der Tat nicht über der Zeit. So kommt ja auch der gegenwärtige Pluralismus der Werte zustande: man redet von den Wertvorstellungen. Von einer Definition der Werte – ganz zu schweigen von einer Begründung der Definitionen – ist nicht die Rede.

Während die technische Vernunft bei uns eine feste Tradition von Definitionen und Argumentationen hat, ist für die Lösung politischer Probleme bei uns von einer Tradition vernünftigen Argumentierens nur wenig zu bemerken. Aber es gibt eine Geschichte der politischen Vernunft. Sie ist allerdings in Teil II, den ich jetzt beginne, schnell erzählt. Politische Vernunft entstand als eine wissenschaftliche Tradition in der klassischen Antike bei den Griechen – sie kulminierte in Platon und Aristoteles. Mit dem Hellenismus setzte ein Niedergang ein, bis in der Spätantike das politische Denken durch christliche Theologie überdeckt wurde. Seitdem haben wir den Primat des Individuums, dessen Würde in seiner Beziehung zu Gott liegt. Das ist der Primat des individuellen Seelenheils vor der res publica, vor dem Gemeinwohl, wie man ungenau übersetzt. Nach dem Mittelalter verliert das Christentum durch humanistische Bildung und die neuzeitliche Naturwissenschaft seine allgemeine Verbindlichkeit. Die Menschen als Individuen kümmern sich nicht mehr primär um ihr Seelenheil, sondern um materiellen Besitz, um wirtschaftlichen Erfolg. Das ist die säkularisierte Form des christlichen Primats der individuellen Interessen vor der res publica, vor dem Staat, wie es dann in der Neuzeit heißt. Die politische Verfassung und die Rechtsordnung wird dem Zweck untergeordnet, die freie Entfaltung der Individuen, insbesondere ihre wirtschaftlichen Erfolge zu ermöglichen und zu sichern. Politik wird dadurch eine technische Aufgabe – und politische Vernunft wird uminterpretiert in die skeptische Weisheit der Toleranz gegenüber allen Religionen und Ideologien. Für den Liberalismus liegt die Würde des Menschen in der freien Entfaltung des einzelnen. Diese Entfaltung geschieht durch seine Tätigkeit in der Gesellschaft, das heißt sofern sie über das Private (Familie und Freunde) hinausgeht, im Pluralismus der Kirchen und der Wirtschaft. Über dem Privaten gibt es außer der Gesellschaft zwar auch noch den Staat, aber darunter versteht man im Liberalismus die Regierung (einschl. Parlamenten und Justiz), die aus Angestellten der Gesellschaft besteht. Sie werden dafür bezahlt, daß die tüchtigen Mitglieder der Gesellschaft möglichst große Freiheitsräume für ihre Entfaltung haben. Und die Untüchtigen wenigstens kleine – das ist sozialer Liberalismus. Gegenüber diesem liberalistischen Staatsbegriff, der sich gegenwärtig in der westlichen Welt durchgesetzt hat, wird häufig nur den Deutschen – selbstverständlich den Westdeutschen, östlich der Elbe ist alles anders – ein »Sonderweg« zugeschrieben. Danach ist für die (nach Plessner) verspätete Nation nach 1945 die »reeducation« nicht gelungen. In Westdeutschland gibt es noch Untertanen und auch Amtsträger, die obrigkeitsstaatlich denken. Außerdem gibt es Bürger, die sich nicht am Pluralismus der Werte freuen, sondern sich eine für alle konsensfähige Orientierung ihres Lebens wünschen, sofern es nicht bloß privat ist. Der Politologe Weidenfeld (ein Berater Kohls) redet von einer »geistigen Grundströmung des antirationalistischen und antiliberalen Denkens«, die bei uns nicht abgebrochen sei.

Abgesehen davon, daß es auch in Frankreich – seit Rousseau – einen Widerstand gibt gegen die anglo-amerikanische Notlösung der skeptischen Toleranz als der politischen Weisheit letzter Schluß, läßt sich in Deutschland in der Tat ein »Sonderweg« auf Kant und Hegel zurückführen. Allerdings ein Sonderweg, der nicht zum Untertanen führt, sondern ein Sonderweg, der die Würde des Menschen darin sieht, Bürger eines Staates zu sein, dessen Gesetze von ihm in Freiheit mitbestimmt werden. Historisch gesehen, ist das ein Rückgriff auf die *vor*christliche Antike, auf die politische Theorie der Griechen und auf die politische Praxis der römischen Republik. Dieser deutsche »Sonderweg« ist eine Gegenbewegung gegen den politischen Liberalismus. Sie ist etwas schwer zu entdecken, weil sie vom Liberalismus *und* vom obrigkeitsstaatlichen Nationalismus verdeckt ist. Um auf sie aufmerksam zu machen, möchte ich ihr einen eigenen Namen geben: die republikanische Gegenbewegung, kurz: Republikanismus.

So weit führt eine historische Betrachtung der politischen Vernunft. Auf die systematische Frage, ob es eine vernünftigere Lösung politischer Probleme gibt als die politische Praxis, in allgemeinen, freien Wahlen eine Mehrheitsentscheidung zu finden – auf diese systematische Frage für Teil III meines Vortrags habe ich aber noch keine Antwort gegeben. In der SPD sind die Meinungen über diese Frage ersichtlich geteilt. Ich kann die Frage jetzt so formulieren: braucht der Sozialismus statt des Liberalismus als neue politische Theorie einen Republikanismus?

Einerseits heißt es z. B. in einem Bericht der SPD-Arbeitsgruppe »Neue Strategien« (vom Juni 1984): »Die gemeinsamen Anstrengungen zur Sicherheitspartnerschaft bedeuten keine Verwischung unterschiedlicher Machtinteressen der Blöcke oder unterschiedlicher Wertvorstellungen. Aber auch unsere Überzeugungen, unsere Werte und gesellschaftspolitischen Ziele sind nur im Frieden erfolgreich durchzusetzen.«

Da kann ich nur sagen: Wie wahr! Aber ich möchte darauf aufmerksam machen, daß hier die eigenen Wertvorstellungen absolut gesetzt werden. Noch nicht einmal die Möglichkeit, daß die eigenen Wertvorstellungen korrekturbedürftig seien, wird in Erwägung gezogen. Aber nur der Gegner sei in seinen Wertvorstellungen dogmatisch, so wird unterstellt. Zwischen liberaler Skepsis und kommunistischem Dogmatismus bleibt hier für die politische Vernunft kein Raum mehr.
Andererseits formuliert Peter Glotz aber für die SPD eine Bejahung der politischen Vernunft gegen bloße Mehrheitsentscheidungen. Er schrieb (auch im Juni dieses Jahres) in der *Zeit*: »In der Staatsform, die wir uns ausgesucht haben, ist Recht ein auf Konsens angelegtes – und angewiesenes – Ordnungsprogramm. ... Deshalb müssen wir es uns zum Prinzip machen, in vernünftigem Argumentieren eine zwanglose Einigung zu versuchen ... und alles zu tun, was den Gemeinschaftsfrieden mit politischen Mitteln herstellt.« Glotz orientiert Politik hier an der »zwanglosen Einigung«, also am allgemeinen, freien Konsens und nicht am Gewinn allgemeiner, freier Wahlen. Das ist in meiner Terminologie: Republikanismus.
Aber für Teil III genügt es nicht, Meinungen über den Sozialismus zwischen Liberalismus und Republikanismus zu zitieren. Wir müssen uns eine Begründung für konsensorientiertes Argumentieren in den politischen Wissenschaften systematisch erarbeiten. Dazu ist zunächst der Unterschied der theoretischen Politik zur praktischen Politik zu klären. Ich nehme das Beispiel der Gesetzgebung. Die praktischen Politiker müssen stets unter Zeitdruck entscheiden. Sogar Verfassungen, wie unser Grundgesetz, entstehen nur unter Zeitdruck. Deshalb sind in der praktischen Politik Toleranz und Kompromißbereitschaft hohe Tugenden. Die Theorie ist per definitionem von diesem Zeitdruck entlastet. In der Theorie darf man stets sagen: »non liquet« (die Sache ist noch ungeklärt). Genau deswegen halten viele Politiker die Theorien für nutzlos.
In der Technik kann sich kein Praktiker ernsthaft eine solche Mißachtung der Theorien leisten. Das wäre viel zu ineffizient. In der Technik gibt es nichts Praktischeres als eine gute Theorie, wie Helmholtz gesagt hat.
Warum gilt das nicht auch in der Politik? Nun, bei technischen Problemen ist der Zweck, der gewünschte Zustand, der erreicht

werden soll, vorgegeben. Es geht »nur« noch um die zweckmäßige Wahl der Mittel. Jede bloß subjektive Meinung über die erwartete Wirkung eines Mittels ist irrelevant – es kommt allein darauf an, für die Erwartungen Gründe anzugeben, die für jedermann nachvollziehbar sind. Und genau das tun technische Theorien, seitdem sie in der Neuzeit (auf dem Fundament der griechischen Mathematik) erfunden wurden.

Die Ziele unserer Technik sind aber nicht von Natur vorgegeben. Es muß vielmehr *vorher* eine Einigung über die technischen Ziele, allgemeiner: die technisch-ökonomischen Ziele erfolgt sein. Vor der Technik kommt allemal die Politik. In traditionalen Kulturen gibt es Autoritäten, die die Ziele setzen. Bei uns war das bis 1918 so – und noch danach hatten wir 12 schreckliche Jahre lang einen »Führer«. Erst seitdem leben wir »post-traditional« und Politik hat die Aufgabe, eine Ordnung des Zusammenlebens herzustellen, so daß über Ziele ein allgemeiner, freier Konsens der Betroffenen möglich wird.

Diese Definition von Politik ist aus einer politischen Anthropologie zu begründen, wie sie Knoeringen in seiner zitierten Rede fordert. Ihr Ausgangspunkt dürfte unbestritten sein, nämlich die Tatsache, daß Menschen soziale Lebewesen sind. Im Unterschied zu den sozial lebenden Tieren leben wir Menschen aber nicht in einer naturalen Ordnung, sondern in einer normativen Ordnung. Das heißt, die Ordnung unseres Zusammenlebens entsteht durch Normen, die von uns selbst gesetzt werden. Als Menschen werden wir zwar im Familienverband geboren, aber wir leben stets in politischen Verbänden, d. h. in solchen Verbänden, die sich selber ihre Gesetze geben. Seit der Neuzeit sind das die Staaten. Politische Praxis hat die Aufgabe der Erhaltung und Verbesserung der normativen Ordnung. Kann es zu dieser Praxis eine Theorie geben? Wer sich mit dem Liberalismus zufrieden gibt, verneint diese Frage. Er bejaht den Pluralismus der Ordnungsvorstellungen – und er ist bereit, um des Friedens willen, die Mehrheitsvorstellung zu tolerieren. Die These meines Vortrags ist, daß dies nur eine Notlösung, nicht das letzte Wort der politischen Vernunft ist. Republiken brauchten nicht so unvernünftig zu sein. In der Post-Traditionalität ist es unvernünftig, die bloß faktische Mehrheitsmeinung als neue Autorität anzuerkennen. Das war in der vorchristlichen Antike selbstverständlich. Aber als sich nach der Herrschaft des Christentums und der absoluten Monarchen die

Auflösung der Traditionen wiederholt, begann man mit einer anderen Anthropologie als die Griechen. Der Liberalismus als erste Antwort auf die neuzeitliche Post-Traditionalität ist nämlich ein säkularisiertes Christentum: er geht davon aus, daß der Mensch – wie der Gott des Alten Testaments – primär einen freien Willen habe. Die Würde des Menschen liegt in seinem freien Willen als einzelner. Das ist eine mythische Anthropologie. Die Griechen waren durch solche Mythen nicht belastet. Daher ist ihre Anthropologie für uns systematisch nachvollziehbar. Ich schlage Ihnen eine Formulierung in 3 Sätzen vor.

(1) Der Mensch hat Empfindung: er kann durch Lust und Schmerz lernen.
(2) Der Mensch hat Phantasie: er kann seine Lust- und Schmerzempfindungen zu Wünschen hochphantasieren.
(3) Der Mensch hat Vernunft: er kann durch Denken unter seinen Wünschen wählen.

Mit dieser entmythisierten Anthropologie, in der der Wille nicht vorkommt, stellt sich uns das Problem einer normativen Ordnung unseres Zusammenlebens unter der Bedingung der Post-Traditionalität noch einmal neu. Entweder setzen einzelne oder Teilgruppen ihre Wünsche mit Gewalt gegen die anderen durch. Das bewirkt Gegengewalt – und damit letztlich Bürgerkrieg. Oder man sucht – als einzige Alternative – die gewaltlose Einigung über die normative Ordnung, indem für und gegen normative Vorschläge argumentiert wird, *ohne* einzelne oder Teilgruppen als Autorität auszuzeichnen. Die zwanglose Einigung, wie es bei Glotz heißt, entsteht nur, wenn ohne Ansehen der Person argumentiert wird. »Ohne Ansehen der Person« zu argumentieren, ist seit der römischen Republik die Maxime aller Amtsträger. Es ist das Vernunftprinzip selbst. Denn nur, wenn in diesem Sinn »vernünftig« – man sagt auch »sachlich«: ohne Privilegierungen durch Macht oder Reichtum – argumentiert wird, kann allgemeiner, freier Konsens erreicht werden.
Der Frieden ist nicht höher als die Vernunft, er ist vielmehr, wie ein Sprichwort sagt, das Meisterwerk der Vernunft. Für den Technokraten, der Vernunft auf technische Vernunft reduziert, ist der Friede höher als *seine* Vernunft. Darin ist er sich mit den Christen leider einig. Erst durch eine entmythisierte Anthropologie läßt sich für die Vernunft – das heißt für das Argumentieren ohne

Ansehen der Person – die Politik als ihre primäre Aufgabe vor der Technik begründen. Für jede Machtpolitik ist nur technisches Denken erforderlich. Die Tatsache, daß der Mensch nur in politischen Verbänden leben kann, eröffnet aber die Aufgabe, Normensetzung ohne Gewalt zu ermöglichen. Hierzu ist politisches Denken erforderlich. Die politische Theorie liefert für die politische Praxis die Orientierung am allgemeinen, freien Konsens. Das ist die Orientierung an der Idee der Republik. Die Theorie kann die kurzfristigen Entscheidungen der Praxis nicht antizipieren – aber ohne Theorie tappt die Praxis im Dunkeln. Im Zusammenbruch der römischen Republik formulierte Augustin als neue Orientierung für die Menschen: »Gott und die Seele«, und er wiederholt: »Gott und die Seele – sonst nichts.« Der Liberalismus – und auch der Marxsche Sozialismus – haben die Suche nach Gott durch den technisch-ökonomischen Fortschritt ersetzt.

Im Zusammenbruch dieses Fortschrittglaubens ließe sich in rhetorischer Zuspitzung wie bei Augustin auf die Frage nach einer Orientierung für unser Leben antworten: Staat und die Familie. Staat und die Familie – sonst nichts. Die »Familie« steht für das Private, »Staat« steht für die freie Teilhabe an der normativen Ordnung unseres Zusammenlebens. Alles, was bei uns zwischen Familie und Staat ist: Religion, Technik, Wirtschaft und auch Kunst, Spiel, Sport ist gegenüber der res publica, der normativen Ordnung, sekundär. Denn dies sind alles nur partikulare Interessen – im allgemeinen Interesse liegt bei sachlicher Betrachtung nur der allgemeine, freie Konsens selbst.

Mit dem Primat des Staates als der *res publica*, durch die das Leben einen Sinn über das Private hinaus gewinnt, verschwinden die begrifflichen Schwierigkeiten, die üblicherweise mit den Grundwerten bei uns verbunden sind. Sie lassen sich jetzt als Grundbegriffe der politischen Vernunft rekonstruieren. »Gerechtigkeit« ist nur das Wort, mit dem wir diejenigen Ordnungen auszeichnen, die sich jeweils durch vernünftiges, am allgemeinen, freien Konsens orientiertes Argumentieren ergeben. Definiert man, wie im Liberalismus, Freiheit durch den (zunächst christlichen, dann säkularisierten) freien Willen des Individuums, dann steht Gerechtigkeit gegen die Freiheit, nämlich gegen die Willkür, daß man machen kann, was man will. Willkür ist aber politische Unvernunft. Die Freiheit der politischen Vernunft ist die Freiheit, auch gegen eigene Wünsche der sachlichen Argumentation folgen

zu können. Nur mit dieser Freiheit, die an der freien Zustimmung der anderen orientiert ist, gibt es Gerechtigkeit, d. h. eine normative Ordnung ohne willkürliche Privilegierungen.
Der dritte Grundwert des Godesberger Programms, die Solidarität, läßt sich meines Erachtens dagegen nur historisch verstehen. Das christliche Schlagwort der Brüderlichkeit von 1789 wurde durch den Kampfbegriff der Solidarität der Arbeiterklasse ersetzt. Solange die soziale Frage der Mitbestimmung und der Gewinnbeteiligung in der Industrie nicht durch politische Vernunft gelöst ist, müssen die Sozialisten in der Tat durch Solidarität für eine solche Lösung kämpfen. Der Sozialismus steht dabei an einem Scheideweg. Will er für alle im Kapitalismus Unterprivilegierten die liberalistische Freiheit der Besitzbürger erkämpfen, so daß alle, wie man sagt, Kleinbürger werden – oder will er, daß alle, ob Dreher oder Direktorin, in gleicher Weise freie Republikaner werden. In anderer Terminologie heißt die Alternative: Emanzipation zum Besitzbürger oder Partizipation als Staatsbürger. Für die Herstellung von mehr Gerechtigkeit durch allgemeinen, freien Konsens ist nicht Solidarität, sondern Bürgersinn, Teilnahme an der *res publica* erforderlich. Das ist für den Sozialismus unter den Bedingungen der Industriegesellschaft vor allem eine Bildungsaufgabe. Eine Bildungsaufgabe, die in den politischen Wissenschaften selbst beginnen muß. Nur durch theoriegeleitete Bildungspolitik kann der Sozialismus den Liberalismus überwinden und sich zu einem Republikanismus weiterentwickeln.
Die politische Orientierung an der Idee der Republik (statt an der bloßen Mehrheitsmeinung einer pluralistischen Gesellschaft – so als ob man beim Segeln nicht den Polarstern als Orientierungsmarke benutzt, sondern nur den Kurs der jeweils größten sichtbaren Gruppe anderer Segler), diese republikanische Orientierungsmarke eröffnet für den Sozialismus die Chance, sich vom Ökonomismus zu lösen, zugleich aber die Marxschen Analysen der Abhängigkeit der politischen Bildung (des »Bewußtseins«) von den ökonomischen Verhältnissen (dem »Sein«) als Paradigmen für politökonomische Analysen unserer Gegenwart zu nehmen. Da die Industriearbeit weniger als 30% der Erwerbstätigkeit ausmacht, darf sich der republikanische Sozialismus nicht mehr – um seine Identität zu wahren – an die Lexikondefinition klammern, für die Industrie »anstelle der liberalistisch-kapitalistischen Wirtschaftsordnung eine neue gemeinwirtschaftliche Ordnung

herbeizuführen«. Die Vergesellschaftung oder gar die Verstaatlichung der Industrieproduktion darf nicht als *einziges* Mittel festgehalten werden, um die ökonomischen Bedingungen der freien Partizipation aller Bürger an der *res publica* zu verbessern. Statt einer »neuen gemeinwirtschaftlichen Ordnung« der Industrie ist für unsere Gegenwart allgemeiner nach Alternativen zur liberalistisch-kapitalistischen Ordnung zu suchen, nach einer Wirtschaftspolitik, die an Frieden und Vollbeschäftigung orientiert ist – und die ökologisch sinnvoll ist. Denn wir leben nicht mehr in der klassischen Industriegesellschaft des 19. Jahrhunderts. Daß sich unsere Gegenwart vom 19. Jahrhundert auf viele Weisen unterscheidet, das ist unter Politökonomen unbestritten. Kontrovers wird aber die Diskussion um eine Gegenwartsbestimmung, wenn es um die Relevanz der Unterschiede und um Prioritäten für die relevanten Unterschiede geht. Da die liberale Skepsis bezüglich aller Prinzipienfragen, der sogenannten letzten Sinnfragen, auch in den Wissenschaften zum Prinzipienpluralismus und damit zum Rückzug auf wertfreie Wissenschaften geführt haben, werden die Relevanz- und Prioritätsfragen der Gegenwartsanalyse von verschiedenen Prinzipien aus, entweder offen dogmatisch oder nur latent, diskutiert. Deshalb haben gegenwärtig die politischen Wissenschaften gegenüber der praktischen Politik jeden glaubwürdigen Anspruch als Ratgeber für Orientierungen verloren. Das hat sich in den letzten hundert Jahren ereignet. Der Verrat der Intellektuellen, »le trahison des clercs«, wie es bei Julien Benda hieß, wurde erst vollzogen, als die Machtpolitik als die einzige »intellektuell redliche« Politik von führenden Geistern (in Deutschland vor allem Nietzsche, später Spengler), also von verführenden Geistern verkündigt wurde.

Durch eine Prinzipienkritik wird aber aus dem sogenannten Vorletzten der Politik die letzte Sinngebung, die dem Menschen im post-traditionalen Denken möglich ist. Alles, was über die freie Teilnahme an der transsubjektiven Ordnung des Staates (und der Staaten untereinander) hinausgeht, ist nur subjektives Wunschdenken. Diese Fortführung der Kantischen Vernunftkritik ist eine Aufgabe der polititschen Wissenschaften – um des Friedens willen. Das heißt aber nicht, daß das Umdenken vom kapitalistischen Liberalismus zum sozialistischen Republikanismus eine Reform (oder Revolution) »von oben« sein müsse. Hier könnten Bürgerbewegungen schneller etwas verändern als eine Wissenschaftsreform. Aber für den Intellektuellen, der in der institutionalisierten Wissenschaft tätig ist, ist selbstverständlich die Chance größer, durch die Wissenschaft etwas zu bewegen, als durch seine Bürgerstimme, die er wie alle anderen hat. Als Wissenschaftler plädiere ich daher für eine Wissenschaftsreform durch die Wissenschaften selbst – und *hoffe* dabei, daß keine irrationale Bürgerbewegung derweil die Anstrengungen der technischen und politischen Vernunft über den Haufen rennt. Wissen kann man darüber nichts.

Nachweise

»Rationale Grammatik«, aus: *Theorie des wissenschaftlichen Argumentierens,* hg. von Carl Friedrich Gethmann, Frankfurt am Main 1980, S. 73-94.

»Praktische und theoretische Modalitäten«, aus: *Philosophia Naturalis* 17, hg. von Joseph Meurers, Meisenheim/Glan 1979, S. 261-279.

»Ein konstruktive Deutung des Dualismus in der Wahrscheinlichkeitstheorie«, aus: *Zeitschrift für allgemeine Wissenschaftstheorie* IX, 2, Wiesbaden 1978, S. 256-275.

»Protogeometrische Sprachspiele und geometrische Theorie«, aus: *Erkenntnis- und Wissenschaftstheorie,* Akten des 7. Internationalen Wittgenstein Symposiums 1982, Wien 1983, S. 304-316.

»Konstruktive Analysis und das geometrische Kontinuum«, aus: *Dialectica* 32, 3-4 (1978), S. 221-227.

»Geometrie als meßtheoretisches Apriori der Physik«, aus: *Physik und Didaktik* 4 (1980), S. 291-299.

»Autonomie und empirische Sozialforschung«, aus: *Methodologische Probleme einer normativ-kritischen Gesellschaftstheorie,* hg. von Jürgen Mittelstraß, Frankfurt am Main 1975, S. 244-265.

»Konstruktive Wissenschaftstheorie und politische Vernunft«, aus: *Dialog statt Dogmatismus,* hg. von H. Heimann, Köln 1978, S. 95-104.

»Versuch einer wissenschaftlichen Grundlegung des Demokratischen Sozialismus«, aus: *Demokratischer Sozialismus – Geistige Grundlagen und Wege in die Zukunft,* hg. von Th. Meyer, München 1980, S. 29-41.

»Politische Anthropologie«, aus: *Vernunft, Handlung und Erfahrung,* hg. von Oswald Schwemmer, München 1981, S. 104-116.

»Marx heute«, aus: *Nürnberger Nachrichten* 22/2 (1983).

»Politische Vernunft und der Begriff Sozialismus«, aus: *Sozialismus in der veränderten Welt*, hg. von H. F. Hollederer und J. Jantzen, München 1984.